"还原式"思维下的高校思政课教学创新

高齐天　著

 郑州大学出版社
· 郑州 ·

图书在版编目（CIP）数据

"还原式"思维下的高校思政课教学创新／高齐天著. — 郑州：郑州大学出版社，2020.12（2024.6 重印）
ISBN 978-7-5645-7265-5

Ⅰ. ①还…　Ⅱ. ①高…　Ⅲ. ①高等学校 – 思想政治教育 – 教学研究 – 中国　Ⅳ. ①G641

中国版本图书馆 CIP 数据核字（2020）第 177724 号

"还原式"思维下的高校思政课教学创新
"HUANYUANSHI" SIWEI XIA DE GAOXIAO SIZHENGKE JIAOXUE CHUANGXIN

策划编辑	刘金兰	封面设计	苏永生
责任编辑	秦熹微	版式设计	凌　青
责任校对	王中加	责任监制	凌　青　李瑞卿

出版发行	郑州大学出版社有限公司	地　　址	郑州市大学路 40 号（450052）
出 版 人	孙保营	网　　址	http://www.zzup.cn
经　　销	全国新华书店	发行电话	0371-66966070
印　　刷	廊坊市印艺阁数字科技有限公司		
开　　本	710 mm×1 010 mm　1／16		
印　　张	11.75	字　　数	216 千字
版　　次	2020 年 12 月第 1 版	印　　次	2024 年 6 月第 2 次印刷
书　　号	ISBN 978-7-5645-7265-5	定　　价	56.00 元

目录

前言

　　创新是引领发展的第一动力。

　　教育事业要发展,也需要创新,需要每一个教师和教育工作者的创新研究和创新实践。唯有创新,才能抛却旧方式下的不合理因素,选择适合事物发展需要的新内容、新形式,实现事物向更合理的、更好的方面改变。在现代教育技术特别是现代信息技术取得突飞猛进的发展背景下,传统教育方式的弊端逐渐被凸显出来。现代信息技术(包括多媒体技术)运用在教学之中,为教学方式创新提供了丰富、便利的条件,打开了改革传统教育方式的闸门。各种创新型教学方式喷涌而出,推动着教育水平与效果的提升。但是,如何科学看待传统教育方式的合理因素,以及如何在波浪式的创新更迭中让那些"曾经的新方式"的价值不被忘却,则需探讨在创新中"守正"的话题。

　　作为与创新对应的概念,守正意味着对已经存在过的事物或现象之中的合理性内容的肯定和继承。如果说创新是向前看,追求对现存事物或现象的超越,那么,守正则是向回看,全面审视已有事物或现象的价值,以期实现其在历史空间前进过程中的积淀。因此,创新与守正的关系问题,从哲学上讲,就是事物前进中的发展与继承、否定与肯定的关系问题,二者对于事物发展所起到的作用同等重要。只知创新不知守正者,无异于掰玉米的猴子。既如此,就势必涉及在创新的必然趋势和潮流中,如何把握"变"与"守"的内容问题,涉及事物发展规律的正确把握。对于教学来说,就是涉及对教学规律、教育规律的把握问题。只有正确地把握了这些规律,才能使"变"与"守"、创新与守正、发展与继承有一个基本的原则、依据,才能使新和旧的教学方式都能坚持正确的演进轨道。否则,忘却了这些规律的根本性作用,只倚重那些浮于教学表层的方式、形式问题,那么,无论是旧形式还是新形式,无论是传统教学方式还是创新型教学方式,在应用中都会偏离正确的轨道。"还原式"思维正是试图通过规律性的认识来理性驾驭种种教学方式,避免其"跑偏",实现校正、纠偏作用,使它们能够"回归""还原"到正确的轨道上。这是贯穿本书的基本思想。

教学创新,不是一个纯理论问题,而更多地属于教学实践的问题,需要在不断的教学实践过程中摸爬滚打、艰辛探索。其中,每一个简单的想法,每一个单独的教学方式,其是否正确和科学,都需要在教学过程中去验证,在满足学生需要、得到学生认可的过程中去验证。而这个过程,无疑是复杂的,需要投入大量时间和精力。同时,思想政治理论教育课程作为育人课程的特殊性,在市场经济条件下,在各种非马克思主义思想的干扰下,影响其教学实效性的客观因素,会不同程度地抵消教师在教学研究和创新中的主观努力与付出所能起到的作用,加剧课程教学与创新的复杂与艰辛程度。所以说,尽管从学术研究的角度看,本研究的理论深度相对浅显,却包含着笔者从事高校思政课教学多年来的经验总结,令人生出"几番辛苦几人知"的感慨!

所幸新时代条件下,各高校的思政课教学正迎来一个前所未有的发展机遇。无论是从中国的飞速发展所彰显的制度优势来看思政课教学的大环境,还是从高校思政课得到自上而下的重视来看思政课教学的小环境,目前各高校思政课教学的局面正大为改观、令人欣喜!本研究之所以能够付梓成书,从根本上归功于这样的大环境和小环境,是它们为本研究提供了可靠的现实条件,奠定了理论研究的基础。在此,特别感谢我任教的兴义民族师范学院马克思主义学院的院长贺敏,正是她领导之下所大力推进的课程教学改革的种种举措,极大地促进了笔者在课程教学改革实践中的各种探究与思考,在本书的编写过程中起到"水到渠成"的效果。

受笔者水平局限,书中所言内容难免存在种种不足之处,诚恳希望各位专家、同行和读者不吝指正!

高齐天

2020 年 6 月于兴义

第一章 高校思政课教学创新的现状与再思考

高校思政课教学创新所取得的成绩以及存在的问题,都启示着思政课教师应以"还原式"思维来指导和校正自己的教学改革实践,从而使高校思政课教学创新能够把握基本的原则,坚持正确的方向。

一、目前高校思政课教学创新的高光区

高校思想政治理论课(简称"思政课")教学的改革与创新,是近些年来高校思政课教学的主旋律。"案例式教学""启发式教学""互动式教学""翻转课堂""体验式教学""情景式教学""现场教学""多媒体教学"等种类繁多的教学模式不断涌现,对于改变伴随传统灌输式教学模式所形成的单一枯燥、抽象难懂的理论说教状况,激发学生的学习兴趣,提高思政课教学的实效性,起着毋庸置疑的积极作用。纵观这些创新型教学模式,它们的亮点主要集中在以下几个方面。

(一)教学双方地位的调整

相较于理科内容教学以及中小学思政课教学来说,高校思政课课堂是课堂教学"满堂灌"现象最容易发生的地方,其客观原因主要在于高校思政课的实际操作性、技术应用性弱于理科教学内容,而理论的思维深度以及理论教学任务又都高于中小学思政课教学。高校思政课的独特性极易导致其授课主体的教学偏向:理论完整与透彻的讲解成了教师的第一要务;真理的告知过程取代学生思想的认同过程。因而,课堂成为教师唱独角戏的舞台,学生成为知识的被动接受者。

思政课教学改革推进以来,越来越多的教师注意到了单向注入式或"填鸭式"教学的问题,教学改革纷纷向学生主体地位和作用的方向发力。以下是一份基于对三所高校进行的调研所形成的数据(表1-1)。

表1-1　三所高校思政课教学模式调查表①

问题	本校教师上课时采用的教学模式		思政课,除教师授课外,您认为最好的教学方式	
选项及被选比例	选项	被选比例	选项	被选比例
	"填鸭式"教学	10.9%	情景教学、案例教学	52.4%
	教师主导,学生参与的互动式教学	47.0%	主题班会、讨论、演讲	42.7%
	教师与学生平等参与的探究式教学	29.4%	专题讲座	25.8%
	专题式教学	12.7%	辩论、观看电教片	50.9%
			参观爱国主义教育基地	24.5%
			社会实践	33.9%

从表格数据可以看出,三所高校的思政课教师仍在使用"填鸭式"教学的,仅占10.9%,而注重学生在教学中的主体地位和参与意识的教学模式中,仅互动式教学与探究式教学两项即占比76.4%。这份数据显而易见地反映了一个具有普遍代表性的事实:高校思政课教学已经从以教师教为主的传统模式向学生参与的模式改进。事实上,正是因为注重了学生在教学中的地位转变,从而扭转了其在课堂上静态、寂然存在的尴尬局面。他们开始在课堂上活跃起来,热情和兴趣被激发,带动了思维的运转。情感、情绪、兴趣等非理性因素最终助推学生的思维理性去思考教师导向的课程话题,原来似乎只与思维相关的内容变得与自己的全部身心都相关起来;之前怠惰思考和漠然接受的内容,现在变成了在积极思考下,在不同思想的碰撞下,更加主动的自我认知体系的同构性内容。

学生在教学中的主体地位的认识与挖掘,改变了传统教学模式中的教师地位。高校思政课教师逐渐让渡原来独霸的舞台,从舞台的中心向边角移动,由主演身份向导演身份转变。以思政教育内容为核心,以教师、学生共同参与教学过程的"一体两翼"的教学生态,正焕发出勃勃生机。

---

① 刘丽明:《高职院校思想政治理论课教育教学的现状分析及对策研究》,云南大学,2014,第23页。

（二）受教育主体的接受规律受到尊重

受西方"接受美学""接受理论"和相关心理学、教育学思想的影响和启发，高校思政课教学的改革和创新日益转向注重受教育主体在教育活动过程中的思想状态和心理接受规律。学生在学习过程中不再被视为机械的知识受体，而被看成有着丰富的情感世界、经验基础和思维能力的主动的知识审视与建构者。把学生作为文化接受的目标主体而又漠视其本有的文化前在的"反文化"教学生态日趋消退，而重视学生的文化前在，即重视学生业已积淀的经验知识和思维能力的教学生态正在良性发展。通过诸如"案例教学""情景教学""体验式教学"等形式，学生的经验世界在教学接受过程中被翻查出来，成为认同新观念的基础，成为教师思维掌控下印证、认同新知识的无可替代的材料，成为学生的主体能动性、创造性所赖以生发的基石。全新的教学生态所促成的学生思维中的知识体系，不再是从一个仓库向另一个仓库的移动和存储内容，或者是从一个文本向另一个文本的复制内容，而是在循循善诱的引导之下，成为学生以自己的经验和能力进行再加工和再创造的对象。

（三）思政课教学的实效性受到关注

随着教学改革的向前推进，强调教学实际效果，强调马克思主义的理论知识对于学生行为的实际影响，正在逐渐成为高校思政课教学思考的主方向。强调高校思政课教学实效性，与强调其立德树人的根本任务是完全一致的，它们都需要否定知识传授为课程教学终点的教学思维，需要改变传授死知识、识记死知识的旧的教学方式。在此方面，思政课教师想方设法让学生理解所学知识，重视学生运用知识分析和解决实际问题的能力，加强实践教学活动，改变一张试卷定成绩等做法，都充分体现了对学生能力培养与行为养成的重视，即对思政课实效性的重视。当然，这种重视因受到具体教学方式改革的推进程度的限制，目前尚不能得到充分发挥。但是，在思政课教学中，只强调把课本教学任务的传达完毕视为教学任务完成的观念，已日趋式微。强调知识的转化，强调知识对学生思想和行为的影响力，日益成为高校思政课教学的主导思想。

（四）现代多媒体和信息技术的运用

现代多媒体和信息技术的应用，作为现代科学技术进步的结果和体现，为课堂教学提供了新的技术手段，也为高校思政课教学改变传统教学模式提供了有利条件，成为高校思政课教学改革和创新凸显自己亮点和特色的主要区域。

多媒体和信息技术体现在高校思政课教学创新方面的特点和优势可以集中概括为三个方面：①感性、生动。生动的图片、动画、音频、视频，以优美的视觉和听觉效果弥补了传统板书教学的视听局限，冲淡了理论教学的抽象性和枯燥感，吸睛效果明显。②丰富了课堂容量。以课件形式展现的文字内容，可以节省大量的板书时间，为扩充教学容量腾出了时间和空间；课件展示的图文内容一方面可以代替大量文字所不能言意的信息传递，另一方面又可以成为教师话语表达的背景和补充，以立体空间效果避免了"花开两朵各表一枝"的单语言渠道传递信息的局限。③准隐性教育。多媒体教学技术的应用，可以凭借事实材料的展示、师生之外第三方语言即"他说"的介入等方式，让事实说话，让第三者说话，有效回避教师的显性说教对学生造成可能的"逆反应激"（对相反意见产生逆反心理的应激反应），产生"师不言"而"生自明"的"准隐性教育"效果。

二、高校思政课教学创新的问题焦点

与传统灌输式教育相比，当前各高校思政课教学改革与创新呈现出很多新的特点和优势，总体上来说无疑表现出教学方式的进步性，预示着思政课教学方式创新的方向和趋势。但是，思政课教学不存在所谓"包打天下"的绝对形式、绝对模式。如果思政课教师不去细细品味、研究和利用这些已经呈现的创新模式，而是简单模仿、停留在形式层面去运用，难免会产生许多新的问题，尽管这些问题未必就是这些新模式本身的漏洞和缺陷。事实上，在大量的教学创新实践中，也确实反馈出新的问题，可以典型归纳如下。

（一）理论教学的整体性缺失

在教学过程中，大量感性材料的应用、学生活动的参与、教学课件的板块割裂等，难以避免地对教师理论教学的广度与深度思考造成了一定的干扰，造成理论教学整体性的缺失。例如，笔者在一次听课过程中发现，授课教师在讲"道德的本质"时，为了说明"道德是由社会经济基础所决定的一种社会意识形态"，让学生对比两个材料：1997年中国广州的共享雨伞事例和1996年瑞士共享单车事例，结论为两个城市经济水平的差异决定了两个城市市民道德水平的差异，然后再用一句"仓廪实而知礼节"就结束了该话题。为了讲明教材中对道德本质的抽象性规定，该教师运用了案例分析，启发学生思考并自己得出结论，这本身即是对教材的突破，体现了新的教学理念，能够在具体的感性认知中对道德本质的抽象规定产生形象的理解和把握。但是，由此而衍生的意识相对独立性话题却不能只字不提，否则就容易产生

"富人就一定比穷人有道德""穷人就一定不守法"之类不合实际的结论；或使学生形成简单的线性思维。当然，如何在许可的时间内恰当地补充这个话题，则是教学智慧中最基本的详略处理能力的问题。

之所以强调思政课理论教学的完整性，就是要培养学生理性思维的周密性、全面性，从哲学角度讲就是要培养学生的辩证思维能力。只有让学生培养和运用辩证思维能力，放弃形而上学的思维方式，避免在空间与时间维度因看问题不周全所产生的片面性，才能让他们深刻洞察纷繁复杂、千变万化的社会现象和人事规律，认清社会现实，不被错误的观念和理论误导，才能具备适应社会需要的道德素质和政治素质。苏格拉底讲"知识即美德"，意在说明知识引导善行，无知引导恶行。"没有人故意为恶"，所有人都是向着自己心中想象和认定的"善"去选择自己的行为的，但只有智者才能区分善恶，无知者却把恶当成善去追求。苏格拉底的这个思想启示我们，错误行为产生的一个重要根源在于思想本身的认识偏差。认识偏差意味着认识水平的局限性和片面性，最终导致极端的错误行为。因此，培养学生全面思维能力，是促成学生正确行为的根本思想保证，是思政课作为一种理论课首先需要完成的重要任务。这一任务是最终实现思政课育人目标的重要途径和基础，无论思政课教学方式如何创新，都不应被弱化和忽视。

（二）抽象思维的培养弱化

图片、音像的感官刺激，教学案例提供的感性理解，使原本抽象的理论教学变得"具象"、生动起来，也因此使难懂的理论内容变得容易明白和接受。但对于这种方式的介入，教师应当充分认识其利弊得失，做到"深入浅出"的兼顾：既"向下走"又"向上走"，既向经验层面"浅出"以求学生理解，又向理性思维层面"深入"以求提高学生水平，切不可顾此失彼，捡起芝麻丢了西瓜，得不偿失。而事实上，这种顾此失彼、得不偿失的情况就存在于一些教师的创新型教学中。从表面上看，有些教师改变了一言堂的纯理论说教方式，代之以花里胡哨的各种多媒体形式，以及种种别开生面的互动形式，让课堂活跃起来。但当课后考查学生对相关理论知识内容的理解和掌握情况时，却往往发现不少学生比较迷茫，只能回答一些只鳞片爪的东西。说严重一点，课堂教学看起来很热闹，实际上学生啥也没学到。教学改革迷失了方向，高校思政课教学方式出现了某种意义上向着中学思政课教学方式退步走的现象，导致学生只是在认知水平上多了一些常识性教育，而在以抽象思维为核心的理论水平上却没有得到多大提升。

（三）教师对课堂的引导力不足

与"理论教学的整体性缺失"和"抽象思维的培养弱化"相关联的问题反映在教师层面,则是教师对课堂的引导力不足。在各种新式教学方法使用中,部分教师缺乏经验,要么无法有效地、自然合理地把不同的认识包括错误认识引导到正确的轨道上,要么抓细节、抓个体而弱化了整体的教学目标的传达。在某一次课上,授课教师在讲"爱情观"时采用了讨论式、互动式教学。针对爱情的本质问题,让学生结合经典爱情故事讨论发言。学生积极参与,课堂气氛很活跃。但最后让听课者发现,学生收获最多的是明白了什么是真正的爱情,而没有在"大学阶段是否应该谈恋爱"或者"如何对待恋爱失败的结局"这样一些话题上做出明确认识和判断。实际上,这样一些话题对于大学生来说,其意义更为重大,与大学生的感情、学习、生活的现实联系更为密切,更具有实际意义。出现这些问题,显示了在教学目标与方向上的失控。在课堂上,如何做到既让学生个体在互动式教学中参与进来,真实表达个体思想差异问题,发挥学生的主体性,又能做到在学生五花八门的见解展示过程中,使学生的某些错误思想认识得到改变,使课程教学按照应有的目标和方向推进,这考验的是教师对课堂的引导力和掌握力。

列宁"灌输理论"中的"灌输"一词,其最初的含义是指:教育者要宣传的理论不会在受教育者内心自发生成,需要教育者由外而内地引灌和输导。"灌输理论"的本义强调了"灌输"的原因问题,而显然不是在方法意义上强调的。但是,当它被包括思政课教师在内的教育工作者当作一种方法,表现出不考虑学生接受能力的情况下生硬地讲解,强迫学生接受"灌输"的时候,教育方法的改革就势在必行。这也是现代教育改革所致力改变的主要问题。在改变"灌输式教学"而采用其他新方式新方法的教学过程中,一方面需要注重学生的主体性,注重学生的参与性,另一方面,也一定不能忘记"灌输理论"最初产生的原因,也就是说,教育者一定不要忘记,学生无论如何发挥自己的主体性、参与性,书本理论的知识不可能在他们自己的内心自动产生。因此,一定要在强调学生的主体作用的同时,积极发挥教师的主导作用、引导作用、启发作用,这是在课堂上加强教师引导力,加强对课堂的控制力的问题实质。教师引导力发挥的基本思想和路径是尽管书本理论并不为学生所自有,但可以为学生所理解与接受,因为理论本身是从人们的经验世界中产生的,而学生或多或少具备一些这样的经验。通过学生的主动参与,调动学生的经验认知基础,把握学生在接受相关理论时所具有的接受基础、接受能力,就能找到学生接受思政课理论的能力起点。然后,以此为对接点,将学生的思想引导到理论教育的轨道上,实现有效对接。

三、高校思政课教学创新中的"还原式"思维概述

(一)"还原式"思维的内涵

理解何谓"还原式"思维,首先需要理解"还原"的含义,然后弄清"还原"在思政课教学过程中的特定含义。

从纯粹的文字意义上理解,"还原"就是回还、回复到原来面貌、原有方向,描绘的是事物变化中形成的轨迹和状态,体现的是对正在离开原初状态和轨迹的纠正。

将"还原"一词运用到思政课教学当中,它表达的是这样一个思维方式:当各种教学模式存在问题需要改进而又茫然无措时,"回到原点",找到初心(或本心)及其所指向的方向。当然,这个"原点"不应该只按文字的表面意思而简单化为一个"点"的内涵。它在"还原式"思维中的含义,立足并突破了向"原点"回归的数理逻辑的"点状"表达,纳入了立足于原点的"线性思维"和"立体思维"的辩证逻辑表达,即立足于原点对"所在何处"的整体思考及"欲往何处"的方向定位。至于"还原式"思维在本书的含义是什么,诚然不能如此泛泛而论,还是应当拿到具体的思政课教学环境中,针对其试图解决的问题去具体把握。作为对各种教学模式的反思,"还原式"思维一词表达的是指正或校偏思政课教学的某种方向,使之回复到思政课教学本有的、应有的状态或方向,可以从下述几个方面来理解。

第一,向系统性理论的内容与特征还原。教师启发诱导、学生互动参与的设计与实施以及学生参与状况与问题所滋生的不确定性,都极易打断教师理论教学内容的整体性(包含教材框架下的理论整体性以及教师因材施教所展现的思维拓展形成的整体性)。当然,导致理论及其阐述的整体性被打断的因素还有很多,比如教师的理论修养,以及因课时局限而改变教材原有结构的专题式教学模式,等等。无论形成原因如何,它们造成的结果是一样的,即破坏了理论的系统性和理性思维应有的严密性。"还原式"思维正是强调向理论及理性思维的整体性还原,是对创新教学形式下重形式轻内容、弱化理论教学和理性思维现象的反思。

第二,向作为认识起点的感性认识还原。"灌输式"教学、"填鸭式"教学的问题根源就在于:不去考虑学生的接受能力和接受基础,远离学生的感性经验实际,直接以教材的理论表述或文字语言进行照本宣科地讲授,给学生以远离生活现实的"假大空"的感觉和印象。理论作为理性认识成果,是在

感性经验、感性认识基础上概括、抽象总结出来的,因而也是建构在感性经验的基础上的。正是因为二者之间的这种联系,才会出现这样的情况:受教育者虽然没有教育者所拥有的理论水平,但却具有理解这些理论的感性经验基础。"还原式"思维正是呼吁将高度概括、高度抽象的高高在上的理论知识在讲授中"接地气"化、"还原"化,即进行通俗化、经验化解读,还原理论所概括的经验事实"真核",从认识过程的角度还原到认识形成的经验基础阶段,使抽象的理论变得具体、明白起来。

第三,还原思维发展的必然方向。人类意识的产生之所以意义非凡,正在于它具有高度的能动性,与动物的心理本能划清了界线,成为人类产生的重要起点,也标识了人类思维的发展方向。老子"无为"思想出于对社会乱象的反思,劝告人们向着"昏昏""闷闷""复还于婴儿"的思维方向退化式演变,表现出"崇尚人的感觉或本能的自然性,排斥人的理性发展方向"的逆向思维,是对人的意识或思维发展由感性到理性、由简单到复杂发展必然性的无视。如果我们在教学中只重经验解读、只重形象化表现,而轻视抽象理性思维的培养,则无益于大学生思维水平的提高,客观上会造成老子"无为"思想提倡的思维退化演变的结果。"还原式"思维正是提醒"形象式"教学不要脱离思维认识和发展的本来道路和方向,在采用生动、形象的教学形式基础上注重学生抽象思维的培养。

第四,把受教育主体思想接受的过程还原到受教育主体内因作用的过程。辩证唯物主义告诉我们:外因是变化的条件,内因是变化的根据,外因通过内因而起作用。"灌输式"教学、"填鸭式"教学恰恰忽略了学生的内因作用。作为受教育的主体,学生的情感、意志、心理、思想等是内部因素,教师则是影响学生接受教育的外因。教师的理论传授与学生的情绪和思想等产生共鸣,才能引发学生的思考过程,调动其认识能力,使之自觉消化教师讲授的理论内容。如果教师不考虑学生内因作用的发挥,将课堂变为自顾自说的"一言堂式"教学,往往令学生感觉不知所云,即使勉强记住了一些知识,也不能灵活运用。此种意义上强调"还原式"思维,就是要求把学习、消化、运用理论的主动权还给学生,使其掌握的知识成为真正理解的、能够运用的真知识。

第五,向政治方向的还原,还原思政教育的育人初心、教育出发点。政治性是思想政治教学必须首先坚持的基本原则之一,不能以任何理由背离这个原则和方向,因为它涉及的是我们的教育"为谁培养人,培养什么的人"的根本性问题、初心问题。正如习总书记所说:"培养什么人,是教育的首要问题。我国是中国共产党领导的社会主义国家,这就决定了我们的教育必须把培养社会主义建设者和接班人作为根本任务,培养一代又一代拥护中国共产党领导和我国社会主义制度、立志为中国特色社会主义奋斗终身的有用人才。"①思政课教学方法无论怎么创新和调整,都不能脱离这一思想的主导,否则就是舍本求末、本末倒置。但在实际情况当中,却不乏因为一些因素导致思政课程的政治性淡化、边缘化、空泛化、标签化,马克思主义在部分思政课教学中出现了一定程度的"失语、失踪、失声"现象。"还原式"思维正是对这些问题的纠偏,要求在处理好怎么教的方法创新基础上,在进行"学理性"研究与讲述的辅助下,还原思政课本身的政治强音,"理直气壮讲政治"。

综上所述,"还原式"思维是指在思政课教学创新中,变向调整思想偏差,还原课程教学性质、目的及其规律的思维方式。

(二)"还原式"思维的特征、适用层面及基本致思

1."还原式"思维的特征

(1)非独立性。"还原式"思维是一种思维模式、思维方式,而非一种具体的教学模式、教学方式。它是对诸多教学模式的反思,是对具体教学模式自身材质、能量或使用者的误操作引起的漏洞进行修补、升级时所需要的思维模式,因而体现或隐现在任何一种优秀的教学创新模式之中,而非在具体教学模式之外独立存在的东西。

(2)工具性和稳定性。如果说不断涌现的新型教学模式表现出多变性器物特征的话,那么,"还原式"思维则表现出相对稳定的工具性特征。与同一工具可以创造、维修、更新不同器物一样,同一"还原式"思维可以审视、判断、创新不同的教学模式。一方面,"还原式"思维以唯物辩证法为基本的思想武器,善于用一分为二的眼光审视各种教学模式,发挥各种教学模式中的积极有利因素,摒弃其消极或不利因素,努力实现优势互补,力争在政治与学术、内容与形式、价值与知识、理论与实践等方面实现有机结合。另一方面,可以让千变万化的教学模式优劣自现的方法,就是用"还原式"思维所致思的几个基本要点对其进行拷问:教学内容是否完成? 教学方式是否合理? 教学效果怎么样? 教学目的是否达到? 总之,具体教学模式是变化的,作为"还原式"思维所依据的思维方式、所致思的要点因素,却具有催生和审视具

---

① 人民日报社:《习近平全国教育大会重要讲话金句速览》,人民网,2018年9月11日,http://edu.people.com.cn/nl/2018/0911/c1053-30286259.html,访问日期:2020年5月20日。

体教学模式的工具性和相对稳定性。

（3）多维性。在各种教学模式的反思中，"还原式"思维表现出既关注宏观的、整体性的问题，又关注微观的、局部性的问题；既关注根本性的问题，又关注细节性的问题；既关注内容，又关注形式。比如，在反思多媒体技术的"碎片化"弊端时，"还原式"思维展现的是对理论的整体性内容的关注。再如，对于传统灌输式教学，"还原式"思维从"理论内容不能在受教育者思想中自发生成"的意义上肯定"灌输"的必要性，但从"不顾学生接受状况而采取生硬说教形式"的角度否定"灌输"的价值。其对灌输式教学的否定就带有宏观性，即否定远大于肯定；而对各种创新教学模式的反思，则是在宏观肯定的前提下进行的微观调整性思考。

（4）多向性。"还原式"思维是对具体教学模式的反思，但它不能被简单、错误地理解为向原有方式、原初状态的回归，即使它其中包含有这样的方向。比如，在让学生更容易理解和接受抽象的理论内容时，"还原式"思维要求的是向感性经验起点的还原，发挥形象认知的优势，方向上呈现出向低处看的特点。而在提升学生理论水平的时候，则需要学生进行训练和培养抽象、概括的理性认识能力，此时"还原式"思维体现的是还原思维发展规律的本然状态，方向上呈现出向高处看的特点。再比如，在"理论教学"与"实践教学"之间，在"灌输式"与"启发式"之间，"还原式"思维分别体现了相互渗透的对向行进和左右权衡的横向偏移。

2."还原式"思维的适用层面

"还原式"思维适用于对各种教学模式的校偏，既包括传统教学模式，又包括各种创新模式。

首先，在传统教学模式的校偏意义上，"还原式"思维集中反映出对教育规律的还原。在提倡对传统灌输式教学模式进行改革的人们眼中，灌输式教学的弊病十分明显：教学手段单一，教学内容抽象难懂、枯燥乏味，教学效果很差，学生厌学情绪浓重，等等，不一而足。如果对这些弊病进行总结，则不难发现其中的核心层面，即"没有意识到受教育者的主体地位和主观能动性，更没有尊重教育规律性特征，强制受教育者被动接受[①]。""教师是主动者，是教学过程的主体和课堂活动的中心，教师的职责就是把人类的文明无私地传授给学生；学生有如'知识容器'被动接受灌输，成为教师权威的服从

---

① 李唯：《论"灌输"与灌输式教育》，《滁州学院学报》2010年第1期。

者,接受教师的驯服。"①针对灌输式教学的问题,"还原式"思维正是要求把思维的主动权还给需要思想的主体,恢复其主体地位,发挥其主观能动性,尊重和顺应教育的接受规律,从而唤醒受教育者内在的积极情绪和认识基础。当下流行的各种教学创新和改革,基本上都可以归类于对传统教学模式的反思,属于"还原式"思维的产物。

其次,在创新型教学模式的校偏意义上,"还原式"思维旨在校正创新道路上背离了创新的本来目的,背离了教育规律,背离了教育方向的错误做法。不过,相对于传统教学模式的负面问题来说,创新型教学模式的负面问题是非本质性、非板块性、非整体性的。因此,"还原式"思维对于创新型教学模式的纠偏是在总体肯定下的局部否定,是对于模式肯定下的具体操作误差的个体性提醒。换而言之,"还原式"思维在反思创新型教学模式中,并非认为其整体教学模式有问题,而是具体的、局部的环节或区域有不足;不是创新思路不对,而是部分教师的教学操作没有按创新模式本有的思路走下去。比如,在创新教学模式下,图片、音像等感性材料的运用,是对空口说教的传统教学的反向思考,基本方向是没有错的。但是,如果因为这些感性材料的使用,而让感性思维代替了理性理维,则是违背了思维发展规律的趋势,就需要"还原式"思维的介入,以还原思维发展的自然规律的作用。这属于对创新模式"在总体肯定下的局部否定"。再比如,在实施"快乐教学法"创新时,如果教师将其实施为纯粹的娱乐性质,偏离了思想政治教育的轨道,达不到应有的德育智育目的,此时"还原式"思维的介入则属于"具体操作误差的个体性提醒"。总之,在对创新教学模式进行的反思中,"还原式"思维所否定的不是创新教学模式本身的整体性问题,而是局部性、个体性问题,因而不是对创新教学模式的质的否定,而是应该如何更加科学地完善。

3."还原式"思维的基本致思

"还原式"思维所展现的还原方向的多重性(如前所述的五个方向),反映了其所试图解决的一些具体问题。如果将其试图解决的这些微观问题进行整合,则会发现其所包含的两个基本致思线路。

(1)理论教学任务的完成。高校思想政治理论课是宣传马克思主义理论,对大学生进行思想政治教育的主渠道,要求在课堂上完成马克思主义理论的系统学习,完成马克思主义理论课程和思想政治教育课程(即"两课")的理论学习。而系统的理论学习则是帮助大学生形成正确的世界观、人生

---

① 　李太平,李炎青:《灌输式教学及其批判》,《高等教育研究》2008 年第 7 期。

观和价值观的思想基础,是实现立德树人核心目标的基础。因此,所有的课堂教学形式都必须服务于思政课的理论教学内容与德育培养任务。在这一方面,较多的问题集中反映在各种创新教学模式之中。有不少教学创新与改革的形式偏离了内容、冲淡了内容,甚至伤害了内容,"思政课教学出现了庸俗化、娱乐化和政治淡化的现象"①。在这种情况下,"还原式"思维就是要实现向理论教学内容、任务的还原,确保思政课教学的基本思想和基本内容不能丢、不能变。

(2)理论教学任务完成的顺畅性。影响思政课理论教学任务顺畅完成的主要因素,在于学生方面的真学、真信问题。一方面,既因枯燥无味的思政课教学形式而失去了对课程的兴趣,又不能摆脱对成绩的功利性追求,一些学生对于思政课的学习存在着消极应付现象:课堂上考勤代签、说话、玩手机、三心二意、不参与互动,平时不学考前突击等。这种情况下,学习不再是学习者自身动力推动的结果,而是变成了缺乏动力与激情的假性学习、抵触式学习。思政课教学内容在学生不能真学的状态下,呈现出从教师到学生的信息传递障碍,灌下去的药遭呛、遭反胃呕吐。另一方面,"学习好的同学未必思想好"的现象告诉我们,思政课教学的目的不是让学生记住一些理论知识、考出个好成绩就万事大吉了,能够使学生政治素质、道德素质得到根本上的提升才是最终的实践性目标。诚然,政治素质、道德素质的提升、体现与考量需要立足于学生的行为活动,这也是思政课教学需要再开展社会实践活动的原因。但是,这并不意味着在课堂教学实施与考量中,学生的道德、政治素质提升就无法实现。根据"真学方能真信,真信方能真行"的逻辑推理,可以发现,课堂教学是否让学生做到真信——信其所听、信其所知,决定着将来学生在实际生活是否真行——行其所信。因此,是否真信,影响着知识接受过程以及行为转化过程的通畅性。灌输式教学的根本问题就在于只顾硬性注入,不讲注入的通畅性,不考虑注入的知识能否无阻碍地被学生真正接受,不考虑教学过程是否因学生的不理解、误解甚至抵触而被中断。"还原式"思维,正是促使各种教学创新模式在采用符合学生心理需要、认知规律和接受规律的形式下,避免思政课教学停留在"知"的表面,重视从"知"到"信"再到"行"的逐步渗透与转化,从而使教学目标和任务得以顺畅完成。在这个意义上,"还原式"思维强调的是教学形式的转变,使学生在得

①　万新娟:《关于思政课教学庸俗化、娱乐化和政治化的分析》,《党史博采(理论版)》2018年第3期。

当的教学形式下心情愉悦地主动接受教学内容。

总之,"还原式"思维是在强调内容与形式、目的与手段并重的意义上,对思政课教学模式及其创新所做出的反思。它既反对不讲形式、不讲方式只顾理论说教的灌输式教学,也反对只讲形式和手段而忽略理论教学内容和目标的某些创新型教学中的问题,力图使思政课教学能够在尊重教学规律的基础上,实现内容与形式、目的与手段的统一。

四、习近平"3·18"座谈会讲话对高校思政课教学创新的启示

2019 年 3 月 18 日,习近平总书记在北京主持召开学校思想政治理论课教师座谈会并发表重要讲话,为学校思政课建设指明了方向,对高校思政课教学创新具有重大的指导性意义。

(一)思政课教学创新的智慧之源——教师

"办好思想政治理论课关键在教师,关键在发挥教师的积极性、主动性、创造性。"习近平总书记的这句话可谓是一语中的、语重心长,不仅明确了思政课教师作为施行教育的主体因素对于教育过程的影响力,而且表达了对思政课教师要积极负责地从事思政课教学工作的殷切期望,对于思政课教师具有极大的激励和鞭策作用,特别值得一些在高校思政课教学及其改革中表现被动的教师深思和反省。

任何一堂课的教学,背后都饱含着课前备课过程中时间和精力的付出。不同形式、不同效果的教学,反映出不同层次、不同质量的付出。有些教师不愿意进行教学创新的很大一个原因在于不愿意付出更多的时间与精力。传统式教学相对简单,它主要依靠的是对教材内容的研究与熟知,以及课堂讲述时的语言表达与技巧。而创新模式的教学却需要在这个重要方面之外思考和解决更多的问题,例如课件制作、教学手段、教学设计等,其中任何一项都需要创造性的发挥。因为要创新,就意味着不同于以前、不同于别人的创造,而创造不仅需要智慧,更需要时间和精力。就拿课件来说,有经验的教师都知道,创造性地准备一堂 50 分钟时间的精美课件,如果按 30 页的课件量计算,每页课件按 10 ~ 20 分钟的平均用时计算,往往需要 300 ~ 600 分钟时间。当然这还是建立在前期的教案制作和教学设计已经完成的基础之上,如果统计上这两个方面及其他工作,耗时则更长,"花 20 小时备 1 小时的课"对于教师来说是常有的事儿。

然而,教师们在教学创新过程中的辛勤付出却往往因为种种原因不能得到相应的回报,这种情况在不同层次的学校有不同程度的表现,总体上属

于受"重科研轻教学"思想观念影响的结果。只有改变高校教学领域"重科研轻教学"的思想观念和体制性因素,才能从根本上改变教师们在教学领域创新动力不足的状况。

习近平总书记对高校思政课教师作用的重视,对于教师工作积极性发挥的重视,以及对高校思政课教师的殷切期望,一方面,势必促进各高校建设相关机制的改革;另一方面,势必激励思政课教师队伍的自身建设。作为高校思政课教师,应当具有比其他专业教师更加过硬的政治素质和更高的职业道德水准,坚决落实习总书记对思政课教师提出的"六个要"(政治要强、情怀要深、思维要新、视野要广、自律要严、人格要正)的要求,看轻个人得失,看重学生成长,在教学改革与创新上用心、用情、用功,努力完成思政课教学的根本任务。

(二)思政课教学创新与改革的原则

改革与创新的基本问题是怎么改、改什么的问题。习近平总书记在"3·18"座谈会讲话提出的"八个相统一"(政治性和学理性相统一、价值性和知识性相统一、建设性和批判性相统一、理论性和实践性相统一、统一性和多样性相统一、主导性和主体性相统一、灌输性和启发性相统一、显性教育和隐性教育相统一),深刻总结了思政课教学长期以来形成的规律性认识和成功经验,应当成为在改革与创新的基本问题上长期坚持的基本原则。

对于如何具体地坚持"八个相统一",习近平总书记在座谈会上进行了言简意赅的阐述,本书也将在后面的相关章节中具体说明,这里就不一一展开。在此,笔者试从两个方面说明如何宏观地坚持"八个相统一"。

坚持"八个相统一",要求思政课教学在创新上处理好八对矛盾的关系,处理好八对矛盾之间的平衡与张力问题,避免顾此失彼、左支右绌。比如,在"主导性和主体性"的关系处理上,传统教学模式中缺乏对学生主体地位的认识,以教代学,不能有效发挥学生的主体作用;而创新教学模式中,又经常矫枉过正,过分强调学生的主体地位和课堂参与,忽略了教师主导作用的有效发挥。再如,"灌输性和启发性"的关系处理上,传统教学模式一味灌输,教师唱独角戏;而创新教学模式下,又过于重视启发形式,在能够启发的简单问题上加强了教学互动,但学生无法从自有经验基础导向的理论认识上避难就易,放弃了由外向内的"灌输"路径,放弃了重要理论的讲授教学法,只能"大众化",不能"化大众"。

坚持"八个相统一",并不是要在八对矛盾关系的处理上采取"中间路线",而是该偏重的方面必须偏重,该偏重的时候可以偏重。在政治性和学理性、价值性和知识性、建设性和批判性、统一性和多样性这四对矛盾关系处理上,必须首先坚持和倚重政治性、价值性、建设性、统一性,因为它们涉及的是思政课教学的立场、方向、大局、目的等根本性问题,只能强化不能弱化。理论性和实践性、主导性和主体性、灌输性和启发性、显性教育和隐性教育,这四对矛盾之间关系的轻重把握,则可以根据教学的具体内容、具体情况、具体场合、具体对象分别对待。

第二章 通识教育与高校思政课教学创新

准确把握通识教育的内涵及意义,有助于在高校思政课教学中融入通识教育的基本思想,克服思想政治教育面临的种种不利因素。同时,也有助于理解"还原式"思维的致思方向及其合理性,使高校思政课教学的创新得以切实有效的实施。

一、通识教育含义辩正

(一)通识教育的概念及历史演变

通识教育(General Education)作为一个外来翻译词,它的思想理念和教育精神可以追溯至古希腊时期的亚里士多德所提出的自由教育(Liberal Education)。在教育"应当注重生活的实用还是应当注重德性的修养或卓越的智识"[①]的出发点上,亚里士多德认为,如果注重面向生活的实用性或有用性,教育或训练只能把受教育者培养成"低贱""鄙俗"的"工匠,雇工和其他诸如此类"的人,而这显然不是教育应有的目的。"因而,应当有一种教育,依此教育公民的子女,既不立足于实用也不立足于必需,而是为了自由而高尚的情操。"[②]故而,他反对功利性的求知目的,崇尚"为了知而追求知识,并不以某种实用为目的……我们追求它并不是为了其他效用,正如我们把一个为自己、并不为他人而存在的人称为自由人一样,在各种科学中唯有这种科学才是自由的,只有它才仅是为了自身而存在"[③]。

出于社会发展和神学传播的实际需要,建立于十二、十三世纪的欧洲大学,在教育理念上开始向有别于亚里士多德理解的自由教育方向发展,展现

---

① 亚里士多德:《亚里士多德全集(第九卷)》,苗力田主编,中国人民大学出版社,1994,第272页。

② 同上书,第275页。

③ 亚里士多德:《亚里士多德全集(第七卷)》,苗力田主编,中国人民大学出版社,1993,第31页。

出明显的就业谋生、物质创造意义的功利目标,学生"毕业后主要成为祭师、律师、医生等专业人员,服务于教会、世俗政治或市政当局"①。在学科内容上,设置了神学居支配地位的文、法、神、医四大学科。其中,文科(Liberal Arts)属于通识教育,教学目标旨在培养学生的文化道德修养,以"七艺"(即逻辑、语法、修辞、数学、几何、天文、音乐)为主要教学内容。学生只有修完文科内容,才有资格申报其他三科的专业性学习。但是中世纪大学在知识化和功利化之间越来越趋向后者,呈现出各种弊端:①保守主义倾向严重。在排斥新知识、坚守旧知识的宗教腐朽思想影响下,"学科课程的内容,是很贫乏、很固定、很形式化的。它把真正文学,完全忽而不顾,并绝鲜注意启发人的想象力和生活的美感方面"②,教学形式刻板单一,学生的思想被禁锢在对旧知识的生硬接受与死记硬背之上,理性作用受到严重压抑。②职业化教育问题。以就业为导向的大学教育把职业教育当作致思的焦点,专业科目在课程教学中占领重要位置,忽视"文科"的基础性、"纯知识"教育,"甚至一些大学把人文主义当作一些不实用的东西予以排斥"③。③"名利化"严重。中世纪后期,无论是教师还是学生都把提高社会地位、获取个人享受当作人生追求。"有的教师住所富丽堂皇,有的教师追逐权力","教师职业只是他们人生的一个过渡阶段,他们在教学时随时准备着向更好的权力地位攀升"④。不少学生上大学只是为了提高社会地位、获取教师资格证书,而并不真正关心学习。

发端于 14 世纪意大利的文艺复兴运动,给整个欧洲带来了一场思想解放的风暴,也对宗教神学严重束缚下的欧洲高等教育的发展形成了巨大的冲击。在提倡以"人"为中心、反对以"神"为中心的人文主义文化价值观的影响下,以神学思想为核心的经院主义大学教育发生动摇,人文主义文化渗透到大学教育的各个角落。人文主义文化不仅体现在"文学"教学中,而且渗透到"法学"和"医学"科目之中。在人文主义文化的影响下,学科内容在四科基础上扩展到建筑学、经济学、伦理学、美术、地理学等众多学科,"文

---

① 谢一丹:《欧洲中世纪大学的发展对我国"双一流"建设的启示》,《高教研究与实践》2018 年第 2 期。

② 格格莱夫斯:《中世纪教育史》,吴康译,华东大学出版社,2005,第 95 页。

③ 欧小军:《论文艺复兴时期欧洲高等教育发展的文化选择》,《宁波大学学报(教育科学版)》2013 年第 3 期。

④ 王改改:《论中世纪大学的衰落及其对现代大学治理的启示》,《扬州大学学报(高教研究版)》2019 年第 2 期。

科"内容也增加了"希腊文、诗歌、历史"内容;人的理性得以尊重,学术自由得以发扬。尽管人文主义没有导致当时的高等教育发生根本性变革,但它对中世纪大学教育种种弊端的反思,对人才的培养所致思的变革理念,却对后世高等教育的发展方向产生了深远的影响。

在文艺复兴运动和启蒙运动相继兴起的思想风暴影响下,欧洲社会最终迎来 17—18 世纪社会革命、科技革命和工业革命的大爆发时代。经济和科技的迅猛发展,大大加剧了社会对人才特别是实用技术、专业技术型人才的需求,促使高等教育适应这种需求而做出相应变化。高等学校所授课程适应受教育者的就业生存需求,增设自然科学特别是技术科学和应用科学课程,课程设置趋向细化与专业化,通识教育课程的原有教学目标被弱化和忽视,"课程安排逐渐偏向于演绎逻辑、欧式几何,且偏向于实验课程的安排"①。大学教育不再是仅仅向学生传授知识而与社会需要相脱节的"象牙塔",而是力求实现受教育者与社会主义需要之间的无缝对接。实用主义的教育理念、功利主义的价值观占领了大学课堂。

在自然科学兴起而推动高等教育走向专业化、实用化和功利化的同时,通识教育日益旁落的洪流之中,开始出现一种不同的声音。1828 年,在杰里迈亚·戴校长的领导下,美国耶鲁大学发表了著名的《耶鲁报告》。《耶鲁报告》极力肯定以古典学科为主的人文教育的重要价值而排斥科学教学的实用化和专业化倾向。"大学教育最重大的目标和研究一门职业前的准备工作应当是使学生的思维能力平衡发展、使学生具备开放与全面的视野、以及均衡发展的人格。"②"大学教育的目的不是只教授部分学科的片面教育(partial education);也不是只囊括表面知识的肤浅教育;也不是为了完成专业教育和实用教育的各个细节;而是开展全面的课程,直到它们成为大学常用科目为止。"③为了支持《耶鲁报告》,美国鲍登学院(Bowdoin College)的帕卡德(A. S. Packard)教授在《北美评论》(*North American Review*)中发文,首次提出"General Education"概念(即被中文广泛地翻译为"通识教育"的英语表达),用以阐明学习共同科目(common elements)的重要性。帕卡德提出的

---

① 周燕妮:《人文主义视野下通识教育的形成与演变研究》,硕士学位论文,中原工学院,2015,第 18 页。

② 付宇:《〈耶鲁报告〉(1828 年)翻译报告》,硕士学位论文,四川外国语大学,2013,第 44 页。

③ 同上文,第 45 页。

"通识教育"概念没有立即被当时的社会广泛接受和使用,主要原因在于帕卡德提出的与"通识教育"相对立的所谓"特殊教育"(special education)、"专业教育"(professional education)现象在当时并不突出。但随着高等教育向专业化、实用化方向发展,"通识教育"在 20 世纪初被广泛关注而成为学者论著中的"热词",并最终成为后来美国哈佛大学发表的报告"*General Education in a Free Society*"即《哈佛红皮书》的论述焦点,引发了高等教育改革的广泛思考。《哈佛红皮书》就美国中学、哈佛大学的通识教育提出改革建议,认为通识教育内容应包括人文、自然和社会科学;重点应是传统而非变化;目标是帮助人们"有效地思考,交流思想,做出恰当的判断和区别不同的价值观念",从而培养情商、智商全面发展,把个人需要和社会需要有机结合的人。

(二)通识教育的内涵解读

1. 通识教育内涵理解中的歧义与混乱现象

现实生活中,人们对通识教育的理解五花八门,可以说是"有多少个作者探讨通识教育,就有多少种关于通识教育内涵的表述"[①]。造成这种歧义与混乱现象的原因大致有以下几种情况。

第一,作为一种教育改革的理念,通识教育包含着改革与创新者自身的将来式设想,而事物将来会成为什么样并非取决于其过去曾经是什么样的定性存在,这种现象特别表现在事物从不成熟走向成熟的过渡时期,导致通识教育的内涵必然包含着动态性内容。从通识教育比较成熟的美国来说,美国人在 20 世纪初期提出通识教育概念,主要是解决高等教育在面临学理研究与实际应用、共同学科与专业学科、超功利性与功利性之间的矛盾。而解决方式不可能简单地回到过去,回到科技应用和工业创造并不发达的古希腊时代,不可能单纯借助亚里士多德的"自由教育"来解决,不可能用简单的非此即彼的方式来解决,最多只能在二者之间寻求一种动态变化过程中的平衡,在历史前进的过程中寻求不同平衡点而对通识教育进行综合性平衡性的阐释,这是造成在西方思想演进下通识教育内涵出现历时态差异的一个原因。另外,20 世纪初美国各高校在共同课程的建设或者选修课的选择上,在把各种自己选中的学科内容纳入共同课程之前,势必要分别对其中的"通识"性意义进行不同的挖掘、梳理和阐释,以使这些学科具有通识性

---

① 李曼丽:《关于"通识教育"概念内涵的讨论》,《清华大学教育研究》1999 年第 1 期。

质,造成了在美国高等教育中对通识教育内涵注释中的共时态差异。而对中国人来说,今天的中国在强调科学技术是第一生产力,或者在实行高校扩招政策的情况下,对待高校教育的实用性、专业性与功利性的看法都难免与西方国家及其不同历史阶段的理解存在偏差,相应地就会对教育的通识性内涵做不同注解。不论是高等院校的课程改革,还是中小学素质教育,改革者也都愿意根据我国的具体国情、文化历史来注释通识教育的内涵。如果我们固化式看待通识教育,那么很多思想将很难理解。比如,中小学通识教育的提法,如果我们只从与专业学科对立的共同学科的角度理解通识教育,那么中小学课程没有专业性课程,所有课程本身就具有"通识性",这个阶段强调通识教育又有何特殊意义和必要性呢? 总之,动态变化与个体(包括国家个体、思维个体、课程个体等)差异,造成了通识教育内涵解读的差异。

第二,通识教育的思想内核已经被注入了不同文化、不同历史阶段的思想精髓。在西方历史特别是教育发展的历史上,正如我们前面所简略回顾的通识教育的演变历程中,不同的教育理念精华都已经被后来的通识教育的倡导和追随者们所消化和吸纳,其中包含了"liberal education"(自由教育)、"liberal arts education"(博雅教育或文科教育)、"humanism education"(人文主义教育)、"thorough education"(全面教育)等内容,因此,通识教育的英文表达"general education"中的"general"已经不能简单地理解为与"special"(特殊的)、"professional"(专业的)所表达的字面含义相对立的概念了。特别是像"人文主义"(humanism)这样的词语,在从文艺复兴到启蒙运动再到非理性主义思潮的历史演进中,其本身的内涵分别融入强调人性、崇尚理知、尊重人权、宣扬自由民主平等以及肯定人的非理性因素合理性等内容,再加上不同国家在自己不同的历史文化基础上对其注解,光是如何定义"人文主义"就不是一个简单的问题了,更不用说将其融入通识教育的内涵之中来理解通识教育本身了。

第三,语言文字及其翻译问题。排除上述语言文字的思想史内涵的影响之外,仅就英语"general"的文字含义,它就包含有"全面的、综合性的、普遍的、普通的、一般的"等细微意义差异下的不同文字理解,具有一定程度的一词多义性。因此,也有学者愿意将"general education"译为"普通教育""一般教育""普遍教育"等。现在广泛采用"通识教育"的译法来源于台湾学者高明士的研究。他试图摆脱"general"的文字局限性,更多地考虑"general education"作为教育手段的意义指向,旨在使学生"学识贯通"。显然,仅仅从"学识贯通"的意义理解"通识教育"是远远不够的,因为"学识贯通"的文字意义似乎更偏重于对教育的"专业"化造成学识孤立分离现象的纠偏,教育"自由""超功利"话题难以通过字面含义体现,在这个意义上的"通识教育"与"通才教育"的表达又有多少区别呢?或许这也是一些学者不愿意采用这个译名的缘故。

2.准确把握"通识教育"之内涵应坚持的基本原则

(1)整体化或全面化原则。正是因为通识教育概念所具有的复杂性,所以我们就应当对其进行整体化、全面化的把握,避免"盲人摸象"式的片面认识结果。实际上,个别人之所以难以与众人在此方面的看法达成一致的一个根本原因,正在于他对通识教育概念的某一方面特征的偏执,把通识教育等同于"人文教育"或"通才教育",或把通识教育理解为与专业教育无关或者相较专业教育的专、精而显得浅、泛的教育等。只有整体性把握通识教育的目的、内容、性质等各方面的特征,才能避开各种认识误区。

(2)概括化或抽象化原则。对复杂事物与现象的正确认识,需要具有透过现象看本质的能力,对多样化的现象进行概括和总结,抛开那些影响我们对事物本质把握的、不具有本质属性的部分,即需要一个抽象思维过程。比如,马的概念是对黑、黄、红、白等各色马匹的共性特征进行概括,而对其差异性特征的部分——马的颜色进行忽略和舍弃,即抽象,从而得出的本质性认识。针对通识教育的概念来说,就是要求我们在种种定义之中,发现那些在涉及通识教育的性质、目的、内容等对其本质认识具有决定性意义的共性表述,概括其中的核心内涵,对非共性的个性化见解加以忽略和摒弃,从而得出对通识教育概念的总体认识。

3.通识教育的含义界定

我国学者李曼丽博士曾对通识教育的概念及内涵进行过详细的研究,她对通识教育的历史演进及西方学界对此概念的种种阐释进行了全面的考察,对通识教育的内涵有着较为准确的认识。她说:"就其性质而言,通识教育是高等教育的组成部分,是所有大学生都应接受的非专业性教育;就其目的而言,通识教育旨在培养积极参与社会生活、有社会责任感、全面发展的社会的人和国家的公民;就其内容而言,通识教育是一种具有广泛性、非专业性、非功利性的基本知识、技能和态度的教育。"[①]如果对李曼丽这个表述的三个层面进行一个简单的概括,我们不妨将其定义如下:"通识教育是指

---

① 李曼丽:《关于"通识教育"概念内涵的讨论》,《清华大学教育研究》1999 年第 1 期。

在高等教育阶段采取的旨在培养学生综合知识、实际能力、健全人格的一种非专业教育性质的教育理念和教育方式。"

二、通识教育在我国的实施情况及问题

(一)通识教育在我国的实施情况简述

对于中国来说,通识教育是舶来品。西方国家特别是美国对通识教育的重视与探讨,最终引起了中国的重视和借鉴。

香港是中国最早引入通识教育的地区。1951 年兴办的香港崇基学院,仿效美国,开设人生哲学课,讲授基督教义。1963 年,香港崇基学院转并成为香港中文大学后,将人生哲学课改为通识教育课,并将课程内容从基督教义扩展到西方经典名著,强调对学生进行科学素质、人文精神和综合能力的培养。香港中文大学通识教育的实施,得到了同行与社会的肯定和推崇,20世纪 90 年代以后,通知教育课程在香港各高校普遍推行。①

1956 年美国基督教会创办的东海大学所实施的"宏通教育""通才教育",被认为是我国台湾地区通识教育的起源或最初形式,并随即得到"台湾清华大学"和台湾大学的积极响应和推广。在通识教育推行过程中,通识课程内容的确定,成为各高校争议的焦点。1996 年,在台湾 500 余位大学老师的共同呼吁下,各高校开始自主规划校本通识课程。同年,台湾"科委会"委托通识教育学会起草了"大学通识教育核心课程之规划"研究计划,促进了高校通识教育课程的开设。通识教育课程内容的选定,必然涉及对通识教育的内涵和目标的理解。为此,1996 年 6 月召开的台湾第 7 次教育会议将通识教育的主旨定义为:通识教育应促进人文、社会、科技文化的沟通,并发展全方位的人格教育,以培养健全的人为归属。1999 年,台湾通识教育学会对台湾 58 所高校进行了通识教育评鉴,极大地推动了通识教育在台湾各高校的全面实施。②

在内地,随着中华人民共和国的成立,高等教育开始向苏联学习,实行专业教育置于主导地位的人才培养模式,强调培养学有所用的"专才",否定旧中国高校"通才教育"模式的意义。20 世纪 80 年代始,中国内地中小学教学领域开始出现素质教育的提法和做法。素质教育可以被看作是中国内地

---

① 冯增俊:《香港高校通识教育初探》,《比较教育研究》2004 年第 8 期。

② 张德启:《台湾高校通识教育课程发展及其特色》,《河北师范大学学报(教育科学版)》2009 年第 9 期。

实施通识教育的最初形式,只要我们不拘泥于某种对通识教育概念的狭义理解,便可形成这种看法,因为素质教育所强调的人文精神、综合知识和实践活动等主要内容恰恰符合通识教育的基本理念。到 20 世纪 90 年代,各大高校也加入了素质教育的讨论和尝试,"人才培养理念从重视人才的专业知识向重视人才的综合素质和能力的方向转型"①。1993 年 2 月,中共中央、国务院颁布《中国教育改革和发展纲要》,提出"发展教育事业,提高全民素质"。1998 年,教育部印发了《关于加强大学生文化素质教育的若干意见》,成为引导和推动全国高校素质教育的指导性文件。直到今天,素质教育在全国各中小学以及不少高校中的倡导和推行比通识教育更为普遍。"进入21 世纪以来,一些名牌高校开始明确使用'通识教育'的概念,强调在本科低年级阶段实施通识教育,在高年级阶段实施宽口径的专业教育,许多学校纷纷效仿开设'通识教育选修课'。"②尽管通识教育在各高校的关注度及实施层面呈现出向上的趋势,但是迄今为止,全国范围内明确推行通识教育的高校在所有高校中的占比却非常低,很多普通本科院校并未制定通识教育的目标,教育目标仍然停留在以就业为指向的专业人才培养上。

（二）我国通识教育推行中遇到的主要问题

在西方国家特别是美国热衷的通识教育,为何在中国高校还比较缺乏推广的市场和落实的动力呢? 主要有以下几个相互关联的因素。

1. 高等教育办学理念与目标定位的困惑

办学理念、办学目标决定一个学校的整体发展,决定一个学校的教育模式。传统的"专业教育模式"作为通识教育施行的前期存在,其中包含的习惯性思维造成了高校办学理念的困惑:究竟是侧重培养学生的知识技能还是侧重培养学生的人文情怀? 究竟是优先满足国家和社会的现实需要,还是着眼于长远需要? 究竟是培养马上能用的专才还是具备宽厚基础的通才? 在这些纠结的思考中,由于对通识教育概念及其意义的认识不足,通识教育要么被当作与专业发展争夺土壤的对立性存在,要么被当作专业发展的辅助性工具,而它所具有的主导性价值不容易被决策者们所洞见,因而导致通识教育难以被更多高校主动地接受和真正落实。正是在服务于专业人

---

① 曹莉:《关于文化素质教育与通识教育的辩证思考》,《清华大学教育研究》2007年第 2 期。

② 余瑞君:《中国高校通识教育的探索:困境与对策》,硕士学位论文,重庆大学,2014 年,第 13 页。

才培养的办学定位之下,一般高校的课程设置大多偏重专业学科,尽可能地压缩具有通识教育性质的公共课课程及其课时,选修科目可有可无,学生人文精神的培养遭到"冷遇"。

2. 实用主义或功利主义的影响

在高等教育的发展中,实用主义或功利主义观念影响着从社会到学校、从教师到学生几乎全覆盖性的思维方式。在实用主义思维方式之下,办学定位、专业设置、课程设置、课程教学、课程学习都被相关主体以所谓的有用性加以审视和选择。在地方高校,无论是什么类别,都得把服务地方经济社会发展的切近需要当作办学方向。专业设置方面,瞄着市场设专业,根据就业行情的"专业预警"确定招生专业。教师选择课程教学或学术研究,则往往从所教课程是否有利于自己的专业发展,科研方向有没有经济社会价值的角度来考虑。学生在课程学习上,则更明确地表现为对未来职业有用的就听、就学,没用的不听不学或者持应付态度。

总之,实用主义灵魂萦绕在高等教育的整个空间。当然,实用主义的所谓有用与否的判断并非事物本身的真相,而是判断者急功近利的浅见薄识造成的错误印象。立足于长远目光、综合意识、整体考虑的通识教育,更容易被这种实用主义或功利主义思想当作"没用"的内容而受到漠视和排斥。

3. 学生的兴趣压抑和扭曲

对于亚里士多德提倡的"自由教育",如果我们排除其中包含的对下层劳动者的歧视因素,那么我们可以从中窥测到它所包含的兴趣动机致思。所谓的不自由的教育与学习,就是旨在生活需要、谋生需要的教育与学习,是因生活压力而在学习内容与方向上的受迫性选择。而自由教育与学习,则不考虑这种生存需要,不被生活需要的压力来左右教育与学习的方向。不为生活而求知,只为求知而求知,实现学习动机上与过程中的自由。这种"为知而知"的"纯知识"追求,虽然客观上难免包含对教育服务于社会需要的排斥,但它的实际意义并非在此,而在于它从主观上强调了受教育者的学习动机问题,强调的是受教育者本能的学习兴趣与爱好。兴趣是最好的老师,应当成为引导学生学习的根本动力。当谋求职业和个人利益成为学习动机的时候,兴趣和爱好就只有做出让步和牺牲,或者在强制的方式下去培养"变异"了的兴趣和爱好,即为了"黄金屋""颜如玉"去爱上书本,爱上所谓的"主科""专业课程"。学习变成了一种手段、一种苦差事。这样的学习在谋求到职业之后不知还能持续多久,恐怕对更多人来说,就业即意味着学习的终结。

学生作为受教育主体,其学习兴趣受到压抑和扭曲,势必成为影响其自由学习、接受通识教育的内在心理障碍,最终影响其在专业方向上所具有的潜能的挖掘。

三、高校思政课与通识教育的汇通

虽然说,囿于研究内容,本书不能在此为通识教育实施中所面临的问题提供一个完备的解决方案,但是,通过探讨高校思政课与通识教育的共性话题,不仅能够为高校思政课建设提供有益的启示,也能为通识教育摆脱不利困境提供部分参考。

（一）高校思政课与通识教育的融合点

1.高校思政课与通识教育的共性目标

起源于西方的通识教育与我国思想政治课教育在根本目标上有着一致性,都是为一定的阶级、社会和国家培养各自所需要的人才,都是在强调与知识目标有别的思想性、政治性目标,强调人的个体属性向社会属性的改造、转变或靠拢。

首先,我们来考察通识教育的育人特性。通识教育是在以美国为主的西方国家倡导并推进的。《哈佛通识教育红皮书》作为美国现代通识教育纲领性文本,其中所表达的育人目标可以反映出西方国家通识教育的共性理念,它指出:通识教育"旨在培养学生成为一个负责任的人和公民"[1],"反映出自由社会赖以存在的共同的知识与价值观"[2]。《哈佛通识教育红皮书》认为,专业化教育在传授知识的同时,造成了世界观、价值观和人生观的差异与对立,而这种差异与对立,受到现代社会民主与自由精神的指引,更容易导致现代社会走向分裂。通识教育正是利用人文精神教育的多种形式,进行共同价值观的教育,培养公民的社会责任感,达到社会的团结与稳定。

强调培养"负责任的人和公民",强调培育"自由社会""共同的价值观",正是西方式的"思想政治教育",或者叫"类思想政治教育",因为所谓思想政治教育就是指"一定的阶级、政党、社会群体用一定的思想观念、政治观点、道德规范,对其成员施加有目的、有计划、有组织的影响,使他们形成

---

① 哈佛委员会:《哈佛通识教育红皮书》,李曼丽译,北京大学出版社,2010,第40页。
② 同上书,第45页。

符合一定社会、一定阶级所需要的思想品德的社会实践活动"①,只不过西方国家的"类思想政治教育"所服务的阶级、国家和社会属性不同于中国的思想政治教育而已。

在我国,高等院校思想政治理论课,是对大学生进行思想政治教育的主渠道,在对大学生进行系统的马克思主义理论教学的基础上,集中体现和承担着教育立德树人的根本任务和总体目标。对于思政课教学的立德树人目标和意义,习近平总书记在 2019 年 3 月 18 日召开的全国学校思政课教师座谈会上说道:

> 办好思想政治理论课,最根本的是要全面贯彻党的教育方针,解决好培养什么人、怎样培养人、为谁培养人这个根本问题。扎根中国大地办教育,我们的教育是为人民服务、为中国共产党治国理政服务、为巩固和发展中国特色社会主义制度服务、为改革开放和社会主义现代化建设服务的。加快推进教育现代化、建设教育强国、办好人民满意的教育,说到底就是要培养担当民族复兴大任的时代新人,培养德智体美劳全面发展的社会主义建设者和接班人。

可以看出,中国的思想政治教育在对人的塑造方面,丝毫不避讳和隐瞒自己的政治立场,公开宣示它所服务的阶级对象和社会制度。如果不被西方通识教育所服务的所谓"民主制度""自由社会"所迷惑,我们就会很容易地看到它与中国高校的思想政治教育的共性,即为国家和社会培养健全人格的人——"全人"。只是,不同的政治立场衡量"全人"的标准截然不同而已。

2. 高校思政课与通识教育的"共同对手"

同为高校教育课程,中国的高校思政课与源于西方的通识教育有着共同的"对手"——专业课。二者在争取学生的注意力与改变学生的价值取向方面,都存在着与专业课程的冲突与制衡,都存在着被专业课程挤压生存空间的状况。

在通识教育视野下,教育可以从广义上分为两大类:"通识教育"(general education)和"专业教育"(special education)。通识教育产生和存在

---

① 张耀灿,徐志远:《思想政治教育及其相关重要范畴的概念辨析》,《思想·理论·育》2003 年第 C1 期。

的价值,正是针对专业教育这个对手在教育方向上产生偏差和缺陷的纠正和补全。无论是本科教育、专科教育还是职业教育,无一例外地都包含着对受教育者进行生存技能、职业技能的教育,体现了专业教育的根本目标和功用。专业教育的这种工具理性,首先解决和指向的是受教育者生存所依赖的物质基础,这本来无可厚非,但是,专业教育所专注的方向和视角难免使受教育者的思想滑向功利主义、实用主义的轨道,进而对学生的综合能力和人文精神产生影响。通识教育是通过人文学科教育,关照人的内在精神、内在品格的教育,弥补物化或指向物化的知识教育所造成的人格缺位,实现心、智两个方面的同步发展;通过非应用性的基础性自然学科教育,在厚实专业基础、进行知识教育的同时,培养自由学习的兴趣,积聚知识潜能,克服因求知的实用化、功利化造成的短视目标的局限。

我国高校思政课教学的实际状况、实际效果和致思焦点,也同样受专业教育所带来的客观性负面作用的影响。一方面,通过课堂观察不难发现,学生思政课课堂上的表现远不能与其在专业课课堂上的表现相比。他们在思政课课堂上抬头率较低,迟到、缺课现象严重,玩手机、打游戏、看闲书、打瞌睡、开小差儿等现象随处可见,而这些现象在专业课课堂上则出现较少。并且,学生在思政课课堂上的发问精神相对欠缺,问题水平层次较低,对本门课程的关注度和兴趣度都差强人意。造成这种现象的原因中,除了诸多外在因素之外,学生重专业课轻公共课是主要的内因。另一方面,大学生人文精神的缺乏和思想品质的滑坡,除了社会和时代的影响之外,与高等教育中存在的重智轻德的专业教育思维不无关系。从在校大学生追星潮、高消费攀比、性行为开放、无底线挣钱等不正常现象,以及诸如马加爵事件、药家鑫案件、复旦大学投毒案、北大学生弑母案等重大恶性事件所突出代表的人身伤害事件,到大学毕业后走上领导岗位后的种种以权谋私、贪污腐化现象,不禁令人质疑:我们的教育正在培养什么人? 难道真的是在培养"精致的利己主义者"吗? 思政课教学的作用究竟在哪里? 当然,我们不能仅仅因为这些并不占主流的现象就完全否认我们的大学教育和思政课教学的积极作用,但是种种负面现象的存在无疑地对高校教育理念和高校思政课教学起着相应的警示作用,倒逼着高校思政课向着人文精神、人格素质培养方面去下更多功夫,去和专业教育思维下客观形成和隐匿的功利主义、利己主义价值观争夺话语权,争夺制高点。

(二)高校思政课与通识教育的相互补益

如果说高校思政课与通识教育之间所具有的共性内容,解决了二者之间的汇通可能性的话,那么,探讨二者之间的差异和各自的优劣利弊,则是对二者之间汇通的必要性的解释,是研究二者相互补益所需经过的基本环节。

1. 高校思政课对通识教育的优势补益

西方舶来品的通识教育所试图克服的专业教育弊端中,功利主义是其主要对象。作为对功利主义的回击,通识教育的倡导者们纷纷亮出人文主义、自由主义、理性主义等撒手锏。不可否认,自文艺复兴运动之后,人文精神、自由意识、理性追求所包含的积极意义,不仅推动了欧美西方国家人性和社会的进步,而且也影响了全世界的文明发展。但是,这些思想在为西方政治服务的过程中,不断地融入了阶级与制度的内核,成为宣传资产阶级价值观的光鲜载体。依照资产阶级的阶级本性和资本主义制度的内在本质,无论宣传通识教育的精英们怎样去美化和鼓吹此种情况下的"人文主义、自由主义、理性主义",其中携带的资产阶级价值观及其所奉行的个人主义、英雄主义、利己主义等,已经与功利主义相差无几了,还能成为彼此相克的对立存在吗? 运用这些价值观念作为通识教育的内核与指导思想,已经显然无法从根本上抗衡功利主义的攻击。

如果用我国高校的思政课核心思想去替换和主导通识教育的思想内核,那么情况就会完全不一样。我国高校的思政课以马克思主义思想为指导,宣扬的是马克思主义的世界观、人生观和价值观,既包含了马克思主义经典作家留下的基本思想、基本原理,又汲取了中国优秀传统文化的营养,同时还包含了在新的时代条件下根据中国国情对马克思主义和中国传统思想进行创新运用所形成的时代精华,对于克服种种非无产阶级思想,改造各种腐朽落后的价值观,有着独特的作用力。因此,如果用我国高校思政课的基本思想去引领通识教育,抹去其中的资产阶级意识形态内核,就会还原其中诸如人文精神、自由意识、理性追求等作为人类文明发展的共同成果的积极意义,就会达到强强联合的效果,共同应对功利主义的挑战。

2. 通识教育对高校思政课的优势补益

高校思政课作为公共课教学所受到的影响,不仅来自专业课程附带的功利主义趋向,还来自家庭、社会和学校教育的方方面面。因此,我们不能将思政课所未能克服的功利主义观念及其带来的种种问题,简单归于思政课教学失败的结果。改变学生的思想状况,既需要专业教育思想的改变,也需要社会各方面、多渠道的共同努力。但是,学生对高校思政课的不尽如人意的接受状况,至少反映出目前高校思政课作为思想政治教育的主渠道对大学生施加的影响力是有限的、不足的。因此,高校思政课教师作为课程的讲解与宣传者,应该主要反思的是自己的教学理念和教学方法问题。传统的灌输式教学,不切实际的假大空说教,会造成学生学习兴趣的丧失,是造成思政课与专业课争夺价值观市场之前不战自败的首要原因。扭转这种被动局面,仅仅做一些形式与花样的翻新是远远不够的,还需要借助新的教育理念和教育规律作为内涵支撑。通识教育恰恰就是具备此种优势的一个重要借鉴方式,因为它强调学生人文精神的培养,强调关注学生的情感世界、认识规律,更能够有利于教师在此种关注之下尊重学生在教学过程中的主体地位和认知状况,从而选择适合学生兴趣和接受习惯的新想法、新路子、新方式,改变学生被动接受、被动学习的沉闷氛围。

四、通识教育视域下思政课教学创新的"还原式"思考

本书论述的主题内容是:对思政课教学的种种教学模式进行"还原式"致思,进而做出相应的教学模式改进与创新。刚刚我们探讨了通识教育与思政课教学的关系,那么通识教育究竟与思政课教学的"还原式"致思有何关联呢?

第一章曾经讲过,"还原式"思维是指在思政课教学创新中,调整思想偏差,还原课程教学性质、目的及其规律的思维方式。从"还原式"思维的定义之中,我们可以看出,"还原式"思维侧重两个基本方面:①政治性原则。无论采取什么形式进行教学,都必须清醒地意识到思政课程的育人目标、育人方向。②方法性(或技术性)原则。无论采取何种教学路径、教育方式必须依据一条基本的方法性原则即尊重教育规律。这两条原则体现的是内容与形式的结合,方向与道路的一致,是对在内容与形式、方向与道路关系处理上厚此薄彼、顾此失彼现象的校正与还原,最终使思政课教学"回归"到正确的道路上。

下面我们试从"还原式"思维所侧重的这两个基本方面(或基本原则),来考察一下通识教育对思政课教学的"还原式"思维所具有的借鉴意义。

首先,从政治原则上看,在我国实施和加强通识教育有利于保证和强化思政课的育人功能,符合"还原式"思维对育人方向的坚定追求。一方面,因为通识教育强调培养具有社会责任感的"全才",所以,只要在中国实施通识教育时强调中国所需要的社会责任感,保证人才的阶级属性、政治属性,通识教育就能实现对思政课的有益而无害的作用。另一方面,通识教育通过人文学科的增设途径来实现其育人目标,不仅补强了"课程思政"的文化基础,而且拓宽了实施思想政治教育的课程口径,为"课程思政"提供了基本思

想切入点。总之，通识教育通过人文学科教育路径，对学生进行不同于专业教育的思想教育，以期培养"德才"基础上的"全才"，既契合思政课教育目的，也警示着教学改革应当注意的根本方向。

其次，从方法性（或技术性）原则上看，通识教育的"自由教育"理念与"综合能力"培养，有利于思政课教学改革沿着符合教育规律的路线走下去。以"自由教育"理念为起点，在专业课堂之外推行更多的通识课程，特别是选修课程，不仅有利于学生成为"综合知识"扩展之上"无所不知、无所不晓"的"通才"，打破专业壁垒，适应复杂的现实需要，而且有利于学生在与多种学科的自由接触中找到适合自身发展的兴趣，同时还有利于学生在多学科知识所打开的更多思维空间中锻炼综合思维能力。在"综合知识""兴趣定位""综合能力"三者之中，后两者对于思政课教学及其改革来说，尤其具有借鉴意义。只有注重培养和利用学生的学习兴趣，思政课教学才能真正引发学生的自觉关注度，进而更深层次地学习和思考；只有注重学生能力的培养，而非只是知识的叠加，才能使学生在自主思维能力增强的基础上，在因循认识规律的线路上，自觉认同与真理性相联结的马克思主义的价值观内容。学生学习兴趣的激发与思维能力的培养，需要思政课教师避免不讲方式的生硬说教，需要尊重学生的主体地位，需要尊重学生的接受规律，与在教学改革中强化"还原式"思维意识异曲同工。

总而言之，虽然通识教育的教育目标与思政课教育目标并不完全等同，但其核心指向的两个方面，即综合能力培养与"全人"教育，都能够切实有效地服务于高校思政课教学，能够为思政课教学提供一个有利的人文教育大背景，有助于思政课教学育人意识的加强和教改思维水平的提升。因此，通识教育应该成为思政课教学关注和借鉴的一个重要话题。

第三章 "碎片化"现象与"还原式"思维

"碎片化"现象是引发"还原式"思维的一个重要视角。全面分析、评价"碎片化"现象，并以"还原式"思维作为思想原则，能够从容应对"碎片化"现象对高校思政课教学带来的挑战，并使其中的合理因素有效地服务于思政课教学创新的时代需要。

一、"碎片化"现象及评价

（一）后现代主义哲学思想中"碎片化"的内涵及评价

"碎片化"（Fragmentation）一词，在 20 世纪 80 年代常见于后现代主义的有关研究文献中，是解构主义思想的必然结果，其原义是指完整的东西破成诸多零块。要想准确理解"碎片化"的含义，需要首先从后现代主义的解构主义思想谈起。

1. "解构"——后现代主义的共同话题

由于后现代主义只是一种理论范式和社会思潮，而并非一种有着完整的理论纲领和特定研究内容的思想或理论体系，其涉及的内容包罗万象，哲学、文学、政治学、社会学、法律学、心理学、教育学，建筑学、艺术学等等，所以很难用简单的界定来把握后现代主义的内涵。但是只要认清其中包含的具有哲学意义的"解构"主义思想内核，就可以对后现代主义形成最基本的共识。"解构"主义思想的内核可以从以下四个层面来理解。

（1）解构"基础"。在后现代主义眼中，"基础主义"（Foundationalism）是一种传统思维模式。传统思维之所以执着于对事物本质、普遍规律的认识，是因其确信世界上存在着某种为人类理性思维的合理性做出最终解释的客观"基础"——"本体""实体"或"存在"。显然，这是得不到后现代主义的认同的。因为在它看来，世界上并不存在反映事物或现象之本质的普遍真理，也不存在这样的"本体""实体"或"存在"基础。所有理论所指的"本质""本体"只是在语言和文本中确立起来的，是人类主观思想和人体感觉的"文本"式表达。例如，当代法国哲学家德里达（Derrida）认为，文本即一切，文本之外别无他物。任何理论和价值都是"主体间性"（Intersubjectivity）或"互文"（Context）的意义，体现的是主体之间的认同意义和具体语境中的个体体验，并不具备客观性、普遍性含义。简单来说，后现代主义反对传统反映论所尊重的客观反映对象，认为任何认识都只是人的主体思维活动，不存在镜中照物之说。后现代主义的代表人物罗蒂认为，心灵犹如"中了魔法的镜子，满布迷信和欺骗"，真正的哲学必须是"无镜哲学"，真理不是"发现"的，而是在人的思想、文本中"发明"的。

（2）解构"体系"。既然解构了传统思想或现代主义思想中的"基础""本体"，将其作为主观的、非实然性的存在，那么后现代主义就有理由说明：传统哲学对于本体论和理论体系的追求偏向，是一种失当的选择。它认为，重本质轻现象、重必然轻偶然的偏向，是"本质"和"普遍性"思维的作祟，而本质是"不可言说"的，因而人们并不能实现对本质的把握，现象的个体化和偶然性则具有普遍意义，一切追求发现本质、把握必然、追求普遍性和整体性的企图都将徒劳无益。故此，后现代主义力主排斥理性、共识、总体、系统、规律，而强调差异、多元、片段、异质分裂。罗蒂指出，人们不再相信本质主义的大写哲学了，人们应该重视对偶然性的现象进行复杂性研究，以发散思维及其认识成果取代独断态度下的整体性结论。总之，后现代主义力图解构传统思想所把握的事物及现象的整体性，倡导多元化、个性化、"碎片化"[①]。

（3）解构"中心"。后现代主义宣告，传统理性对于普遍本质执着追求的"第一哲学"已经终结。它认为，"第一哲学"以其所谓的客观标准，去实现理论和认识的统一，以真理的一元性权威去评判一切，追求"把一切都放在理性的审判席上来加以评判"的目标，必然指向一种"中心"的、权威的价值独断。因此，它否定绝对理念、先验设定、终极价值，提出消除"中心"权威和价值统一，倡导人们拒绝无条件接受传统外在权威的集权性规范，拒绝中心权威对个性价值选择自由的控制和约束，肯定人的思想差异性和不确定性，追求人的思想自由和多元化，释放主体个性思考的能量。

（4）解构"深度"。既然本质被后现代主义理解为"不可信的"，或者说并非如现象似的真实性存在，它只是充满主观色彩的"主体间性"和"互文"性下的产物，那么，传统思想对于从现象到本质的深度思考（即"深度模式"）

---

① 葛晨虹:《后现代主义思潮及对社会价值观的影响》,《教学与研究》2013 年第 5 期。

的必要性自然就值得怀疑。后现代主义认为,本质并不可信,它并非如实体似的具有存在的真实性,而至多是一种价值意义。但所谓价值意义不过是人们的主观建构和文本解释,同样不存在客观性意义,只体现主体选择的判定和自由。因此,不仅从现象到本质的深度思考没有必要,而且从零碎现象到所谓的普遍意义、共性价值也应遭到摒弃。否定深度思考和普遍价值,必然走向现象的表面性和个体性。与传统思维路径相反,"解构深度""消除深度"主张从本质走向现象,从普遍价值观走向个体体验。德里达干脆说:"放弃一切深度,外表就是一切。"①

2."解构"主义中的"碎片化"现象及其评价

"碎片化"是"解构"理论的必然结果和目的指向。从解构"基础""体系",到解构"中心""深度",体现了后现代主义从真理观到价值观对传统思想和现代主义所进行的全方位批判,其产生的现象性(非意义性)结果则是理论体系和价值体系被消融、瓦解,是整体性、体系性和纵向深度性的支离和分解,形成一片片四处散落的"个体化""多元化""边缘化""现象化""表面化"等等不再由整体性与深度性相黏聚的零碎物象,即"碎片化"现象。

如果仅仅从一种现象、表现形式来理解"碎片化",那么并不能发现什么实质性的问题,而"碎片化"现象背后透露的后现代化主义的"碎片化"思考内容所具有的"意义性",则是问题的关键。

从积极的意义上看,"碎片化"思考的合理性主要集中在两个层面:第一,价值论层面。"碎片化"思考集中反映在价值追求上的个体重视和多元认可,有利于在反对强权、专制和一元化思想基础上,实现人的个性自由、个性释放。第二,认识论层面。①"碎片化"思考在意义生成问题上对"主体间性"和"互文"的重视,表达了认识主体对意义生成的主体差异性所具有的决定性价值,启示着意义主体主动性、能动性的发挥,有利于在个体体悟之上认识境界的自我生成、内在生成,避免外化意义对于主体灌输的失效性一面;②"碎片化"思考从本质到现象的致思转移,有利于克服在从现象到本质的抽象过程中所产生的对于个性的、特殊性、细节性现象的忽视,克服由此而来的"样板性""脸谱化""单调化"理解,形成对事物及其现象的丰富而生动的把握,还原现象的真实。

然而,"碎片化"思考的积极意义却十分有限,负面意义和影响甚至会超过或消融其积极意义。第一,"碎片化"思考所解构的"基础""本体""本

---

① 杨寿堪、王成兵:《实用主义在中国》,首都师范大学出版社,2002,第189页。

质",不只是一种事实认定过程,而且是一个意义生发过程,是人类对生存意义、价值的终极追问所找到的根基依托。劝化人们放弃对普遍本质的深化认识,使人们的认识水平停留在现象的、平面的层次,实际上是在铲除人类生存意义得以生成所凭借的对世界整体和深度认识的基础、根基,取而代之的意义根基却是表面的、零碎的土壤,使意义生成无处生根或者生根不稳,造成人生意义、价值和信仰因失去可靠的根基而导致迷茫和危机,进入"无根基时代"。第二,后现代主义在反对一元化之时,故意混淆价值与真理的区别,用价值多元化的合理诉求否定真理一元性的本质特征,否定真理性认识所具有的客观性内容,把真理内容的客观性与思维形式的主观性混为一谈。"主体间性"与"互文"作为人的意识内容,既有主观能动性的一面,又最终摆脱不了物质的决定性。马克思主义的认识论认为,意识是客观世界在人脑中的主观映象。人类的任何意识,从根本的意义上讲,都来源于对客观世界的反映,如果有区别,也无非是正确反映与错误反映而已。而如果因为强调了人的意识的差异性,而不承认它们所反映对象的客观性,必然否定人类认识的是非判断标准的客观性,即否定真理的客观性。第三,"碎片化"思考在追求多元思维之中,暴露出"一根筋儿"似的一元化思维问题。它在反对"本质论""普遍论""中心论""权威论"等观点上,陷入了非此即彼的片面化思维中。虽在独断论面前显示出前进一步的深化思维,但在辩证法从整体上把握"本质与现象""普遍与特殊""社会与个人"等关系,所肯定的现象、特殊性、个体(或个人)存在意义和价值面前,却显得简单、幼稚、偏执。如同2020年新冠肺炎疫情之下,西方国家的某些人为了追求所谓的绝对自由而不肯被暂时隔离或不肯被强制要求戴口罩一样可笑。这种片面、极端的思维方式,必然导致错误的、有害的实践。因为它缺乏从社会与个人的整体关系考察,不去强调二者之间的必要张力,否定社会价值的相对共识标准和相对确定性,而失偏于对个人价值追求的执着、执拗,势必引发自由主义、无政府主义的泛滥。

(二)外哲学话域的"碎片化"现象及评价

"碎片化"不仅仅是一种在哲学、语言文学等领域进行理论思考的观念物,而且在经济科技迅猛发展的当代社会,已经越来越成为一种广泛的现象和事实,大量地出现在社会生活的各个领域,其含义已经远非望文生义所能准确把握,其意义也要视具体情况而论。

1. 生产方式和生活方式的"碎片化"现象及评价

(1)现象。科学技术的发展是生产方式发生变革的推进器。如果说,进入近代之前,由于科学技术发展缓慢,人类社会的生产方式只是局限在用"男耕女织"的形象描述所代表的农业、手工业等屈指可数的行业之内的话,那么,进入近现代社会以来,特别是当代社会,科技革命的浪潮此起彼伏,一浪高过一浪,不仅推动着当代社会劳动力从落后产业方式向新兴产业方式转移,从第一产业向第二、第三产业转移,从单一的体力劳动方式向多样化的信息、技术、智力性、服务性等劳动方式转移,而且随着专业化分工越来越细,资金、技术、经验的积累越来越多,即使是同一行业内部,也越来越呈现出多样化的劳动样态。农民已经不再是只会种地的农民,工人更不是只会生产布匹、钢铁、水泥的工人了。而在信息技术产业领域,随着计算机技术、人工智能面向几乎所有产业的各种应用技术开发,工作人员的身份更加多重化,其劳动的内容呈现出跨产化、跨领域的多样化。总之,种种多样化生产方式、劳动方式的呈现,改变的既是某一产业在社会全部产业的劳动力占比处绝对优势形成的整体化印象,也是某一产业内部劳动内容、劳动方式整齐划一的整体化印象,是生产方式从整体化走向分散化、碎片化的具体表现。

继生产方式"碎片化"而起,社会生活方式从就业、收入、消费再到生活时间等各方面亦呈"碎片化"。①就业。多产业的出现与繁荣,给社会劳动力提供了更多的就业途径,现代社会的就业方式的"碎片化"与社会生产方式的"碎片化"同步出现。中国改革开放以后,高校毕业生就业逐渐从国家分配向自主择业的转变,充分反映了就业市场多样化所提供的广阔而自由的选择空间。②收入。社会收入的"碎片化",既体现在同一行业、阶层不再有相对一致的整体收入水平,而且也体现在某一单体劳动者收入来源的非唯一性。③消费。社会整体的进步,特别是社会收入的提高,带来的是社会成员消费理念、消费方式、消费层次的多样态特征。在中国,改革开放的巨大成就,让人们一改过去在吃饱穿暖观念上的单一化消费方式和水平,新的消费路径特别是休闲娱乐消费方式大量涌现,更好的消费项目更受青睐。④生活时间。生产技术和效率的提高,既对生活节奏的加快提出了强烈要求,又为其提供了无限可能性。高智能高技术产业所需要的源源不断的智力投入,要求劳动者生活节奏加快,不断的信息输入大量地切割着工作、生活的各个时间区。同时,高效率的社会生产所节余下的社会劳动时间,高科技的生活设备所节省的某一内涵生活行为的时间,一方面使劳动者压缩了工作时间的占比,另一方面,又使人们在同样的生活时间内,能够比过去完成更多的生活内容。总之,生活节奏变化造成生活时间的"碎片化",冗长的时间内完成单一生活内容的时代已经成为过去。①

（2）评价。"碎片化"现象在这一区域（即生产方式和生活方式）所展现出的积极意义要大于其消极意义。首先，它反映并符合社会发展与进步的规律。唯物辩证法认为，任何事物的发展都是一个从简单到复杂、从低级向高级的变化过程，人类社会的发展也是一样。生产方式和生活方式的种种"碎片化"现象，反映出人类在生产和生活方面从一元到多元、从低效率到高效率、从低水平低层次到高水平高层次的正向演进。其次，对于人的发展来说，它符合人的自由发展的需要。一方面，多元化、多层面生产劳动方式的铺开，能使不同能力、不同偏好的劳动者具有更自由的劳动选择，从而弱化和消除因社会生产方式低下及社会机制弊端所形成的被迫和不自由的劳动对劳动主体的强制和伤害。兴趣与劳动结合的可能性不断增强，劳动体现的个人兴趣和人生意义逐渐大于生存需要，"劳动成为生活的第一需要"渐露端倪。另一方面，收入和消费的"碎片化"表明，部分群体对劳动产品的占有特权逐渐被打破（尽管不同国家具体程度不同），劳动者生活的自由度和多彩度得到增加。

生产方式和生活方式"碎片化"的消极意义可以集中概括为两点：第一，生产方式的"碎片化"，体现的是社会分工的日益细化，一方面要求劳动者具备更深厚的专业基础、更精准的专业学习能力，加重了劳动者的精神负荷；另一方面，劳动者被细化分工固定在日益狭窄的工作"方格"之中，很难承受所学专业的市场暮落的结局，因为届时再转另一专业有更大困难。第二，生活节奏的加快，让人们在变动不居的生活中进行片刻式的生活体验，既容易产生焦躁不安的情绪，又容易使其对生活的体验、意义感悟停留在表面层次。

2. 文化的"碎片化"现象及评价

（1）现象。文化的"碎片化"表现为，不同民族之间的文化碰撞对某一民族固有文化的相对稳定结构的撕裂。就整个人类文化的发展史来看，应该说文化的"碎片化"现象一直存在，因为"凡是文化，必定与人的参与有关，在一定程度上就是人化。文化是人创造的，也是人定义的，向来没有一个完整的整体，更没有整体性，大多数人各遵循其一小部分，每个人都随时准

---

① 杨杰、李明：《"碎片化"生活方式的当代表现及其超越》，《皖西学院学报》2019年第6期。

备在自己的这部分中吸收进新的元素"①。但是,民族之间往来与交流的密切程度却直接影响着民族文化"碎片化"的程度。近现代之前,受交通状况、信息沟通途径和商品发展程度等因素的影响,国家、民族之间的往来在一定的区域、一定的时段都会呈现出相对缓慢、相对稀少的程度。也正因如此,才留下唐僧艰难取经、马可波罗远游中国、哥伦布发现新大陆这样的历史赞歌。相对稀少的文化交流,使民族文化在各自的发展轨道上,在农业文明悠然进化的慢节奏中,呈现出变化的缓慢和不易觉察的一面,并显性为结构稳定的整体样态。然而,在经济全球化的今天,这种状况却难以在更多的国家和民族内部存在。一个国家和民族不仅和越来越多的国家和民族进行各种交流,而且经受着异质的,甚至是对抗性意识形态和价值观念的冲击与碰撞。在冲击与碰撞中,特定文化的整体性、独立性被打破,受到异质文化侵蚀、渗透抑或浸蕴、熏陶,在解构、重构的过程中呈现出混乱、无序的"碎片化"状态。

(2)评价。文化"碎片化"体现的是外来文化对本土文化的冲击与解构,本土文化在这一过程中的态度决定着它的未来命运。古今中外无数个正反历史经验与教训都证明了这一点。历史证明,凡是正确地看待文化碰撞现象,并能对异质文化的利弊优劣进行比对鉴别的民族文化,必然能够对文化碎片进行有效融合和重构,而那些无视这种"碎片化"的客观存在与必然走势,抑或是那些在这种"碎片化"面前慌了阵脚,对外来文化盲目排斥或盲目接受的民族或其代表者,必将和它的文化一起被历史的激流涤荡得无影无踪。所以,决定文化"碎片化"这一客观现象意义的,不是其本身,而是文化拥有者或构成主体的主观态度与选择。

3. 信息传播与接收的"碎片化"现象与评价

(1)现象。备受当下学者热议的"碎片化"现象集中存在于信息传播与信息接收方式之中。这一现象又是和现代信息技术的推广,和多媒体、"互联网+"及大数据技术的长驱直进与广泛应用直接相关,或者说是这些技术催生下的产物。

先来看一下信息传播的"碎片化"现象。当代信息科技术革命的浪潮,推动了信息传播从硬件载体到软件内核的全方位改变。不仅是数字化技术将传统的书报、广播、电视等传播形式较为机械和相对单一的传播载体"整

---

① 严墨:《文化变迁的规律——"碎片化"到重构》,《中央民族大学学报(哲学社会科学版)》2006年第4期。

容""扩容"为电子图书、电子报纸、音像制品、数字广播（DAB）、智能电视、数字电影、触摸媒体，而且，基于互联网传输平台，以计算机、智能手机和其他移动端媒体为代表的新型信息载体（即"第四媒体"），开发出受人们青睐的"自媒体"传播平台和途径，诸如网络小说、网络直播、抖音、微视频、博客、微博、QQ、微信、贴吧、论坛/BBS 等等。"第四媒体"的兴起，打破了报纸、广播、电视"三足鼎立"的态势，形成"百舸争流"的局面。

接下来再谈谈信息接收的"碎片化"现象，其主要表现在以下两个方面。

第一，受众面的"碎片化"。在传播载体、平台及形式的多样化、"碎片化"过程中，信息传播的影响面、影响力也呈现"碎片化"趋势，信息传播从大众传播走向"分众传播"（或"小众传播""泛众传播"）。大众传播形式下，专业化、职业化群体凭借传播机构和技术，能够将其拥有的信息、思想通过传统媒体，传达和影响为数众多、各不相同而又分布广泛的受众。新媒体特别是自媒体技术的出现，使"分众传播"不仅突破技术屏障成为"可能"或现实的方式，而且迎合了信息社会下信息受众对海量资源的自由选择需求。与大众传播面对众多对象的信息传达不同，"分众传播"的受众显得较少和分散。

第二，阅读和学习的"碎片化"。生活节奏的加快，媒体传播方式的改变，促成了"碎片化"阅读和学习的产生。正如中山大学现代教育技术研究所的王竹立所总结的："'碎片化'学习（或学习'碎片化'）与知识（或内容）'碎片化'、时间'碎片化'、媒体（含空间）'碎片化'等概念关系的错综复杂，彼此往往互为因果。知识'碎片化'、时间'碎片化'、媒体'碎片化'等导致学习行为的'碎片化'，反过来又成为'碎片化'学习的外在表征，这些外在表征又引起内在的思维与认知的'碎片化'。"[①]"碎片化"阅读和学习所反映的，不仅是普通民众的非专业性阅读和学习方式的改变，而且也是专业学习群体的阅读和学习方式的改变。在以往的慢节奏生活方式和传统信息传播方式下，信息受众表现出以大段的时间接受更为全面和体系化的信息，而这种情况已经大大改变，学习时间的"碎片化"、知识整体的"碎片化"，成为信息接收方式的普遍表现与变化。人们在茶余饭后、逛街走路、等公交坐地铁、下班放学之余的时间碎片中，不时地将目光转移到以手机为主要载体的各种简短、即时的信息之上，"低头族"应时而生。

---

① 王竹立：《移动互联时代的碎片化学习及应对之策——从零存整取到"互联网+"课堂》，《远程教育杂志》2016 年第 4 期。

（2）评价。首先来说，作为信息技术革命直接作用下的结果，"碎片化"信息传播与接收表现出很多优势：①"碎片化"信息传播，实现了"分众传播"下地方媒体、普通阶层和个人都有了平等表达权力，既有利于通过接地气的地方性、小众性等特征所具有的特殊亲和力吸引受众，亦有利于制止不当权力的滥用，使普通民意、个人诉求受到普遍关注。②信息"碎片化"时代，信息来源广泛且成本低廉，降低了人们搜索的成本，省时省力高效。同时，"碎片化"信息通常以简短精练的文字来概括所要传播的内容，在一定程度上满足了当代人"快餐型"的生活方式。这都体现出"碎片化"信息传递的效率优势。③阅读"碎片化"最大的优势就是能够让人们在无法整合的零碎时间内，完成某件事，时间得到了有效的利用。而且，因为不是每一本书都要一字一句地阅读，那些有价值的信息才值得细细品味，所以，在这个意义上，阅读"碎片化"并不一定会造成思维的表层化、知识的零碎化后果。

从反面来看，"碎片化"信息传播与接收的不利因素也不容忽视。①众多信息途径对受众市场时间和人数的"抢占"，减少了"大众媒体"的影响面，主流文化和主流价值观的影响力遭到弱化。②在信息发布者主观因素和信息受众主观因素的影响下，一些新闻只能支离破碎地展示新闻事件的各个片段，很难全面深入地体现新闻事件的本来面目。信息"碎片化"容易造成信息失真、信息误解、信息讹传，造成不良社会影响。③居心不良的信息发布者，或出于个人利益，或出于政治目的，发布违背社会主义意识形态、价值观念的信息，容易使诸如新自由主义、历史虚无主义、民粹主义等各种错误思潮，以及功利主义、享乐主义等价值观，侵蚀那些缺乏判断力和自持力的受众的脆弱心灵。④一方面，"碎片化"阅读往往是一些娱乐性趣闻轶事，而不是经典文章，不利于文化素养的提高。另一方面，瞬时的阅读和学习，容易造成认识主体对事物的了解浅尝辄止，缺乏完整系统的认知，不利于知识的沉淀和思维逻辑的培养，容易产生浮躁和情绪化，理性程度降低，认识的广度和深度降低。

二、"碎片化"现象下高校思政课教学面临的挑战

"碎片化"现象在不同领域各个层面所表现出的无论是负能量、负意义、负影响，还是它的合理性层面，都对高校思政课教学提出了挑战。这些挑战包括很多方面，但大体可以分为内容与形式两个话题，下面分开论述。

（一）"碎片化"现象给思政课教学内容、目标带来的挑战

1. 后现代主义"碎片化"理论对马克思主义理论的冲击

马克思主义基本原理是高校思政课教学内容的重要组成部分，是向大学生宣扬马克思主义理论的主要课程，它所提供的世界观、人生观、价值观和方法论，是整个思政课教学体系的核心和灵魂。后现代主义的"碎片化"（或"解构主义"）思想，从哲学层次的核心领域所做的思考，都与马克思主义理论的基本思想背道而驰，其中包含的有限意义不足以掩饰其反马克思主义的嘴脸。与其说，它在泛泛地倡导所谓解构"基础"和"权威"，不如说它是针锋相对地解构马克思主义思想的哲学"基础"及其在我们中国这样的社会主义国家的思想指导的"权威"。其动机不纯、用意险恶，是在试图瓦解社会主义意识形态的基础上，为资本主义的意识形态张目，为资本主义国家的个人主义、利己主义等价值观念寻找托词，必须引起马克思主义理论工作者的高度警觉和重视。

首先，后现代主义对"基础""本体""本质"的解构思想，直接冲击了马克思主义物质观的话题基础，旨在消融马克思主义经典作家在具体解读辩证唯物主义物质观之前的背景意义。马克思主义哲学之所以以"物质"的研究为出发点，以物质统一性原理为基石，构建起辩证唯物主义和历史唯物主义的哲学大厦、哲学体系，就是在深刻洞察之前所有哲学话题核心，即对世界存在的真相、世界本质的认识和把握这一穿越古今的话题所做出的自己的答卷，是在仔细区分各种哲学对此基本问题的不同回答之上，总结前人的优秀思想成果，吸取辩证法的"合理内核"与唯物主义的"基本内核"发展而来的。正如恩格斯所说："全部哲学，特别是近代哲学的重大的基本问题，是思维和存在的关系问题。"①哲学基本问题是任何哲学派别都无法回避、必须做出选择和回答的基本话题，是划分所有哲学派别的唯一标准。马克思主义的物质观正是在这一基本问题所做出的自己的回答，明确无误地告诉人们世界的本质和真相只有一个，那就是物质。世界上除了物质，还是物质，别无其他。马克思主义的物质观和世界物质统一性原理，以无可争议的科学事实和理性思辨，无情地粉碎了一切试图在唯心主义一元论或所谓的二元论空间寻找思想根基的梦想，动摇和瓦解了一切非社会主义意识形态的

---

① 中共中央马克思恩格斯列宁斯大林著作编译局：《马克思恩格斯文集》（第4卷），人民出版社，2009，第272页。

基础。后现代主义的解构"本体""本质"的企图,正是代表了非马克思主义思想的无奈和恐惧心态,在马克思主义对其思想实质所做出的洞若观火、一针见血的批判之后,无法直视、无力回应之下的迂回侧击,其用心和目的都是显而易见的。在无法回避的哲学基本问题上,放弃对"基础"和"本质"的追寻,必然使"物质"概念存在的意义无从谈起,势必陷入后现代主义预设的唯心主义陷阱。

其次,如前所述,后现代主义以价值的多元性非议真理的一元性,否定马克思主义的真理观,进而否定马克思主义的科学性、真理性,对思政课上进行马克思主义思想教育产生极其不利的影响。具体来讲,思想冲击可以表现为三个方面:①通过否定真理的客观性,将一切真理都当作一种主观认识结果,引诱信众把马克思主义理论仅仅理解为符合思维逻辑和语言逻辑的主观意识,从而在纯主观思维领域中获得庄子式"是非莫辩"的必然结果,为自身的唯心主义诡辩论找到与马克思主义对抗的可能性。②马克思主义的权威性来自马克思主义的真理性,否认了后者,就等于否定了前者。社会主义国家坚持马克思主义的指导地位和思想权威,并以它为核心构成了社会主义的意识形态内容及其核心价值体系,从而能够和各种错误思潮做针锋相对的斗争。以否定专制、独裁、霸权为堂而皇之的理由围攻马克思主义的权威性和中心地位,是资本主义意识形态下一切无政府主义、个人主义、自由主义的惯用伎俩。③在价值观上,马克思主义所倡导的价值多元性,与后现代主义鼓吹的价值多元性也有着本质的不同,二者所引领的人性发展方向泾渭分明、高下立判。马克思主义的价值观倡导真、善、美的统一,强调在社会与个人保持必要张力的情况下,为个人多元价值的实现创造真实可行的空间。反观后现代主义解构思维深度,摆脱"本质"而停留于"现象"层次的思维方式,无非是在误导人们放弃对人生意义、人的本质等深层次追问所借以生发的高尚精神追求,从而滑向追逐声色货利的享乐主义、功利主义和利己主义的低级价值追求之中。总之,如果让后现代主义的这些"碎片化"理论来左右大学生思想的话,种种主观主义、无政府主义、享乐主义等思想,必将给思政课教学带来前所未有的阻力。

最后,后现代主义强调认识向现象的表层及个体驻足和贯注,表现出对思维以横向拓展与纵向深入去认识事物本质、形成系统理论的不满,从根本意义上来说,这是违背人的认识发展规律和方向的,也因此与辩证唯物主义认识论的基本原则相违背,对思政课教师向学生传授辩证唯物主义认识论、培养学生理性思维能力,造成了强烈的干扰,更不利于学生认识水平的提高。辩证唯物主义认识论是马克思主义哲学的重要组成部分,是对人类认识发展规律的科学总结，是对西方认识论研究史上优秀哲学思想继承和发展的结果。在与建立在对具体现象和个体事物认识所形成的零碎、片面的经验认识的对比中，辩证唯物主义认识论一方面肯定经验认识的"起点性"意义，另一方面却更重视理性认识对于人类所具有的巨大意义。之所以如此，正是因为，并非所有的事物和现象都能被直观的经验感觉所正确反映和把握。实际的情况却是，只有经历了感性认识向理性认识的飞跃，才能使人类的认识绕过众多的假象陷阱，到达事物的深层本质，认清事物的真相。人类个体从小到大、从幼稚到成熟的成长过程，反映的正是人类从感性经验认识到理性认识不断深化的认识发展过程。思政课教师传授马克思主义的认识论，目的也就是在尊重并遵循认识规律的基础上，教会学生掌握理性思维，从而提高辨别真伪、判定是非的能力。后现代主义的"碎片化"认知教唆，不仅动机不纯，而且极其有害。

2. 外哲学话域的"碎片化"现象对思政课教学内容的挑战

我国在改革开放后，在发展社会主义市场经济过程中，在各项事业飞速发展的过程中，社会生产方式、生活方式、文化内涵及其传播方式、阅读和学习方式等方面都发生了重大变化，特别是其中"碎片化"现象的出现，全方位、多角度地影响着人们思想观念的变化，不仅影响着大学生思想成长的大环境，而且影响着思政课教师自身思想和政治素质及其从事思政教育的大环境，对思政课教学有效传播马克思主义、弘扬中国传统文化、培养学生人文精神等方面，都提出了很大的挑战。

首先来看"碎片化"现象形成中，西方思想观念、价值观念的渗透对思政课教学的影响。一方面，有不同就有交流，就有交流的必要和内在驱动力；另一方面，有交流，就更能彰显异质事物的不同和差异，就必然存在异质事物自身或其主宰为该事物争取被认同而谋生存的较力。文化的交流更是如此。西方资本主义发展的优势早已在西方列强与晚清以降的近代中国的较量中被异常地放大出来，倒逼着中国走上向西方学习的道路。文化上的"西学东渐"所折射出的，是西方资本主义物质文明的突出优势所裹携的整体冲击力，而这个冲击力甚至穿越历史的跨度，穿越中华人民共和国成立后的社会主义制度优势区，持久地影响着改革开放以后的中国。在此期间，从来不乏"美国的月亮比中国的圆"的感叹和论调。当然，我们深信（并且一定程度上已经看到），资本主义的优势在中国特色社会主义建设伟大成就的光辉下早晚会丧失殆尽。但是，这仍需要一个过程，而在这一过程中，资本主义的思想文化、价值观念难免在西方某些国家别有用心的"和平演变"的思想渗透下,在国内某些政治野心家和某些利益个人或群体的美化包装贩卖之下,尚具有不小的市场,很能蛊惑一些缺乏辨别力的人,特别是年轻人。就拿"孔融让梨"的精神来说吧,据说在 20 世纪 80 年代的一段时间内,竟然被批成扼杀竞争意识的举动,认为它是与西方世界强调竞争意识以适应竞争社会的教育观念格格不入的!笔者在《思修》课教学过程中,曾经让学生讨论如何看待"孔融让梨"精神与竞争意识间的关系。结果发现,在给他们提出笔者的见解之前,很多学生难以识别"谦让精神"与"竞争意识"的关联度,往往简单地将二者放在对立的角度做出非此即彼的选择,也因而很难通过自己的思考给"孔融让梨"精神以肯定的定位。这种情况愈加地让笔者感受到传承中华文明所面临的沉重压力。如何摆脱西式思维对我们的是非判断标准所形成的话语霸权,避免以西方之是非为是非的错误倾向,使我们的优秀传统文化得以薪火相传、连绵不断,需要思政课教师下很多的功夫,特别是需要在大学生辩证思维能力的培养与提高上下大力气。

其次,文化的"碎片化"、生活的"碎片化"以及信息传播方式的"碎片化",往往成为各种错误观念赖以生发的"内在"因素,而当这些因素作用到高校思政课教师和学生身上的时候,其对思政课教学的影响和挑战,就不能不成为高校思政课教学目标实现的严重障碍了。之所以将上述三种"碎片化"现象称为"内在"因素,包含三层意思:①文化的"内在"传递。与西式文化影响的外在性相比,当传统文化在迎受西方文化冲击解体重构中的"不良碎片"(即糟粕成分)依然能够找到其生存土壤的时候,这些分离出的糟粕碎片,就成为影响文化"优化重构"的"内在"因素,是文化自身惯性作用的结果,更是糟粕成分惯性作用的结果。②思想的"内在"生成。在生活多层次享受的"碎片化"现象中,当一个人低级的生活欲望和乐趣被点燃或激发,进而促成其各种错误人生观、价值观的时候,我们就不能把形成这些错误观念的根源归咎于别人,归咎于外在的客观原因,而只能归于思想主体的内在原因。③思想的"内在"感染。信息"碎片化"传播路径,会在更多小众媒体拥有话语权的时候,以缺乏监管的失控状态,让媒体掌握者将其自身的某种错误认知和价值观念,在小圈层内部"内在"地感染或传染给其他圈内受众。

(二)"碎片化"现象给思政课教学形式带来的挑战

时间"碎片化"、专业"碎片化"、阅读和学习"碎片化"等现象,使学生更习惯于这些接受知识的途径和方式,对思政课教师的传统教学形式带来极大的挑战。

1. 对"灌输式"教学模式及其改变的挑战

"灌输式"教育思维和教学模式形成的主要原因是:认为受教育者没有前在知识背景或缺乏思维能力,教育只能由外而内地灌入、输入。如果说这个因素能够成为"灌输式"模式存在的理由的话,那么在阅读和学习"碎片化"时代,这个理由已经在丧失其合理性。一是如果学生非常关注其上课学习内容的话,他就会利用手机等设备便捷地在课前或课中对相关知识进行预习或查证;二是如果教师讲授的内容与其前在知识背景有矛盾或不足,那么他就不能安于静坐着听教师讲课,而是有一种与教师对话的内在冲动。这两种情况,都不应该被一个负责任的教师(包括思政课教师)所忽视,否则,学生对教师教学的满意度会大打折扣。这是传统灌输式模式受到阅读和学习"碎片化"带来的首要冲击。

如何应时而变,成功地转换教师角色,改变传统模式,是对思政课教师教学智慧、教学责任心的考验。加强与学生的对话、互动,重视学生课堂"讨论"的形式,不是意味着教师教学难度的减轻,而是相反。因为,教师应该把握的知识内容和知识结构并不能因此减少丝毫。除此之外,教师在备课过程中,需要在对学生的前在知识背景、认识能力等有所了解的前提下,进行详细的教学活动设计。在教学内容讲解中,主动设计能够引起学生思考、回答和讨论的互动性话题,需要教师多一些课堂应变能力和"战略定力",在课堂随时被"打断"的情况下依然能保证教学内容的完整性和流畅性,清醒地完成教学任务。一些教师不愿意改变"满堂灌"的方式,其中一个原因实际上是因为不变容易,而改变很难。但"碎片化"信息传播下,思政课教师不改变落后的教学方式将会被证明是"更难"的选择,会被学生随时进行手机查询得到的多样异质问题所倒逼。

2. 对"粉笔黑板"式教学的挑战

信息"碎片化"传播中,多媒体技术给学生获取信息带来了便捷,而且也给思政课教师改变"粉笔黑板"式教学带来了挑战。现在的大学生,是在多媒体技术广泛应用的环境中长大的,早已经习惯了多媒体给他们带来的声音、画面组成的生动、丰富的立体信息,习惯了多媒体给他们带来的感官刺激、感官享受。如果思政课教学还是用"粉笔黑板"式的简单教学方式,而不去考虑多媒体技术的应用,就会让学生对本来就"理论化""政治化"的思政教学内容更容易产生枯燥感、疲倦感,降低其学习兴趣度,影响教学的实际效果。

使用多媒体技术,思政课教师不仅需要学会对多媒体的技术操作,而且要让自己的教学内容和形式与多媒体技术实现完美融合,这些都考验着思政课的职业技能和职业操守。就拿兴义民族师范学院来说,一方面,通过近十几年教学条件的不断改善,全校实现了"一体机电脑+黑板"教学硬件的更新换代;另一方面,又在近两年,普遍推广"学习通""雨课堂"等软件。虽然说,目前全校几乎所有教师都能熟练地使用一体机电脑,而且有相当一部分教师也学会了用"学习通""雨课堂"作为重要的教学与互动平台,但是在学习阶段,在一些教师身上,却经历了掌握新媒体技术改变教学模式所带来的"阵痛"。不仅需要花时间、精力进行技术操作的培训,了解新媒体的各项功能,更需要持续地在每堂课的备课与教学环节,投入大量的精力,将原本单线路的教学内容、备课路径进行多角度、多模块的不断分割,既要注意教案中的活动设计,又要注意将教案中的主体教学内容部分以各种生动、形象的形式表达在课件上,还要将具体的互动形式,如课堂问题、讲论、课堂练习、问卷、课后作业等分模块预设到相应的教学平台。教师需要研究的不再仅仅是内容,而是要更多地考虑形式,才能满足学生对多媒体魅力下的种种感官接受需要。

3.对"课堂会面"式教学的挑战

由于种种原因,如教师科研压力、学校考核机制、学生学习自觉性等,高校教师与学生之间的联系程度远不如中小学阶段,"上完课走人"是高校教学的常见模式。再加之住房制度的改革,众多的教师不仅不能居住在学校校园内,而且往往与校区有着很远的距离,使学生与教师之间的课余联系变得更加艰难。如果一个教师已经习惯了这种"课堂会面"式教学,"上完课走人",那么,信息传播"碎片化"、学习"碎片化"、时间"碎片化"的出现,就会形成对这种方式的挑战,需要教师做出相应调整。

"课堂会面"式教学,不是意味着教师不能对学生的自我学习进行辅导,不能解答学生的疑问,只不过是将问题的解决过程集中在了课堂时间段。这种情况极度不适应学生"碎片化"学习的需要。因为尽管学生可以将"碎片化"时间与学习中的困惑集中带到课堂,但在课堂有限的时间内(尤其像思政课"大课"的常见形式),教师也不能一一解答所有问题。利用QQ、微信、手机短信等形式从逻辑的意义上能够克服这种不足,但需要考虑的另一现实是,学生在随时随处的课余学习中产生的疑问如何以这些形式传递给教师,那么教师业余时间备课、科研的整体时间和思路将会"碎片化"。如何适应学生"碎片化"时间及学习的需要,不仅要求教师改变"课堂会面"的简单教学模式,而且也要求教师科学规划自己的课余时间。

三、"还原式"思维——应对"碎片化"现象的策略性思考

"碎片化"现象对高校思政课教学提出的种种挑战,需要思政课教师积极应对,及时做出回应,研究出具体的方案。在本章内容的限定下,如何制定具体的研究方案和决策,不是这里研究的重点。通过"还原式"创新思维,为制定具体对策、方案提供一种策略式思考,是这里要特别探讨的话题。

（一）因势利导,还于"碎片化"规律的自然之道

讨论这个话题之前,先让我们看一组中国新闻出版研究院《第十六次全国国民阅读调查》统计的数据:

> 我国成年国民人均每天手机接触时长为 84.87 分钟,比 2017 年的 80.43 分钟增加了 4.44 分钟;人均每天互联网接触时长为 65.12 分钟,比 2017 年的 60.70 分钟增加了 4.42 分钟;人均每天电子阅读器阅读时长为 10.70 分钟,比 2017 年的 8.12 分钟增加了 2.58 分钟;2018 年人均每天接触 Pad（平板电脑）的时长为 11.10 分钟,较 2017 年的 12.61 分钟减少了 1.51 分钟。[①]

这组数据反映出碎片化学习呈逐年上升趋势的事实,反映出现代信息技术条件下碎片化学习趋势的必然性规律。任何一个关注教育规律和教学研究的教育者,都不应当无视这个规律。

如果我们不把后现代主义的主观思考、主观认识所形成的"碎片化"概念当作客观必然现象的话,那么,对于其他诸如文化"碎片化"、社会生产和生活方式"碎片化"、信息"碎片化"、学习"碎片化"等各种事物发展过程中产生的实际现象,纵使我们不完全接受"存在即合理"的思维观念,也应该对其中包含的规律性、合理性内容加以尊重,顺应其中有利于思政课教学的各种趋势,增强思政课教学操作的现实可行性和实效性。

关于这些规律在思政课教学中的具体运用,我们可以举例如下。

比如,利用时间"碎片化"规律,把本来在课堂整体时间内集中完成的大量内容,分解到学生课余生活的"碎片化"时间内,运用网络和媒体技术,将

---

① 传媒:《中国新闻出版研究院:第十六次全国国民阅读调查》,中文互联网数据资讯网,2019 年 4 月 29 日,http:www.199it.com/archives/868955.html,访问日期:2020 年 5 月 21 日。

分散的学习点发布到学生的手机等媒体,让学生在随时随地翻看手机之时进行轻松学习。这种"碎片化"也有利于克服"课堂会面"式教学的一些弊端,在减少课堂教学任务点传授的压力时,能增加集中交流互动的时间,能够提高课堂教学的个体针对性,避免"整体型"课堂教学的某些"整体化"问题。

再如,利用在传媒"碎片化"中学生习惯的感性认知规律,一方面,将教学内容制作成既图文并茂,又有音频视频内容课件等多媒体传播形式,充分调动学生的感官能动性;另一方面,可以在内容设计上添加多种即时性、热点性、地方性的信息材料作为案例和实证材料,既有利于丰富教学内容,避免空口说教的思政课教学弊端,又有利于增强教学知识的可信度。

(二)"以他平他",实现由"碎片"向"整体"还原

"碎片化"现象的典型特征是由"整体"向"碎片"的变化。这个变化过程体现在学习过程中最大的弊端,就是不利于理论学习整体性和深入性推进,是思政课教学中必须克服的。如果说,在教学中对"碎片化"现象的优势加以利用是一种尊重规律的选择的话,那么针对"碎片化"现象的弊端,就不能完全顺应其客观上的自发趋势,任由其问题泛滥,而应利用"碎片化"现象合理性中包含的必然性、规律性,"以他平他",克服"碎片化"的认知简单化的趋势和规律,实现由"碎片"向"整体"还原。当然,之所以能以"碎片化"现象的优势因素克服其不利因素,最根本的原因在于人类认识由简单向复杂发展规律的不可逆性。"碎片化"现象中的感性化学习、现象化思考对于学生抽象思维的培养、理论学习的深入不免会带来一定的消极影响,但只要思政课教师善于洞察和改进,那么就一定会利用大学生自身认识发展的上升趋势的必然性,来克服"碎片化"现象可能造成的问题。

至于具体操作,因为在后面的章节中会详细展开,这里简单举例如下。

启发式教学的运用。通过各种"碎片化"的教学材料,如案例、图片、音像等的运用,启发学生思考这些材料背后反映的问题,提高他们的概括能力和分析能力。他们可能一开始达不到教师要传达的理论认识要求的完整性和深度性思考,但只要教师善于发现他们思想的闪光,借机发挥,就能将其思维方向引至我们需要的方面和层次,改变其"碎片化"学习中形成的零碎和表面认识的状况,减弱甚至克服"碎片化"学习的负面影响。

讨论式教学的运用。创建一个富有认识广度或深度的主题,根据主题内容,安排学生搜集相关材料和知识点,并要求他们将自己在这些材料、知识点上所形成的零星认识,拿到课堂上(或课余时间)与同学进行探讨。相

信如果教师组织得当,那么这个讨论过程一定会让学生在不同认识层次上形成的差异性观点之间发生碰撞,进而调动他们的一切思维活力分别为自己的观点寻求合理性注释,同时尽力去发现对方论证中的缺陷和失误,这个过程就是学生认识深化的过程。有了这个讨论基础,老师就可以再从学生此时形成的较完整和较深入的认识状态出发,进行最后的总结和补充,形成更完整和更深化的认识结果。

(三)"投其所好",还原学生的主体地位

改变学生在课堂上学习的被动局面,还原学生的学习主体地位,一直是包括思政课教学在内的各学科教学改革的努力方向。在这个方向上,很多高校思政课教师纷纷通过各种多媒体技术的应用,通过各种教学模式的引入,取得了不少的成绩。这里想补充和深化的是,如何运用学生的"碎片化"时间和"碎片化"学习加强学生学习的主动性,以及运用新媒体技术充分调动学生在课堂上的参与意识。这个方面,首先需要明白的一点就是,"碎片化"学习反映了学习主体的主动搜索和接收信息的意识,以及在新媒体技术使用中,如发微信朋友圈、发抖音、发网络评论等,所表现出的自我意识、主体意识。思政课教师应当对其中反映的学生主动求知、表达自我的主体意识进行关注,并"投其所好"地加以教学模式和方法改进与创新。

下面以慕课堂教学的混合式教学为例进行简要说明。

慕课堂是一种在"中国大学 MOOC"平台上搭建并与之产生"同步""异步""独立"关联性的程序。它在观察和总结学生的学习状态,向教师提供一系列后台观测和评价数据方面所具有的优势,不是此处我们要谈的重点。而它能够发挥学生在"碎片化"时间学习网络优秀教学资源,以及在课堂上充分参与、发挥主体能动性方面,则是此处要介绍的主要方面。比如,教师在"中国大学 MOOC"平台上,运用后台管理权限,借用知名大学的资源,发布"SPOC"形成的 MOOC,安排学生线上学习,学生可以利用手机等媒体,利用闲暇零星时间,随时学上一阵,减少了课堂上一次性学习两个小时的时间和内容压力,既有利于增强学生对碎片化知识点的记忆效果,也有利于发挥学生的认知基础,提高独立思考能力。而学生的独立思考能力在"灌输式教学"中往往因为教师讲解的连续性而遭到忽视,不仅不利于学生认知能力的深化,而且本有的认知能力也因忽视而被压抑。线上学习之外,慕课堂提供的混合式教学的另一个过程,就是在课堂上完成的线下学习(对教师而言即线下教学)。慕课堂建设了一个微信小程序,作为教师课堂教学的重要互动平台,里面主要设有练习、讨论、问卷形式。这几个互动形式有利于克服以往纯粹"人工式"课堂互动存在的不利因素,如:扩大一个问题上的学生互动参与面,减少纸质材料印刷、发放、收缴及统计的难度,等等,可以更好地助推学生主体参与的广度和力度。当然,如何将这些互动形式与学生的线上学习有机联结,以及如何发挥教师对于教学理论见解的水平去针对性掌握课堂教学时间教学与辅导的关系,则是另外需要探讨的话题。但至少在这里,我们可以看到,通过新媒体技术发挥学生的"碎片化"学习的优势,使学生有了更多的主体作用的发挥空间。

第四章　高校思政课教学内容创新

高校思政课教学内容创新有着特殊的内涵。只有准确把握高校思政课教学内容创新的特定内涵，才能认识其意义，增强教学创新行为的自觉性，才能在具体的教学过程中，理解和思考高校思政课教学内容创新的种种方面和可为之处。

一、高校思政课教学内容创新的必要性和实施状况

近些年来，伴随着各种多媒体技术的广泛应用，以及各级教育主管部门对教学改革的重视，高校思政课教学的改革及创新举措层出不穷，很多创新方案都有不错的思考和应用效果，在提高了学生的学习兴趣基础上，极大地提升了思政课的教学质量，这是必须首先要肯定的一个方面。

但是，如果仔细观察，特别是通过论著搜索，就会发现，在各种教学创新的方案、举措与落实当中，与教学方式创新相关的占绝大多数，而与教学内容创新相关的，却相对少得多。那么，是不是因为思政课作为公共课使用国家教育部统编教材，教学内容已经十分完美，在教学中就不需要创新了呢？

如果用肯定的方式回答这一问题，那一定是很幼稚的想法，因为，做出这种简单武断的结论既经不起推敲，也不合乎现实情况。首先，任何一个书本化的、理论化的教材，都必然体现出理论的抽象性、体系性和经验的间接性，马克思主义理论教材更是如此。马克思主义理论教材所具有的一般理论书籍的这些特点，难免会被它的阅读对象，或因为间接经验的个性化特殊化而不容易被读者的常识性经验所认同，或因为理论的抽象性所隐去的其所针对性概括的经验事实不能为读者所想到，或因为理论的体系性造成写作者顾忌岔题现象而有所不论，等等，对其中一些内容心生困惑。其次，马克思主义理论作为公共课的教材，或许是因为公共课教学性质的因素，很多内容都是高度浓缩、极其简化的表达。比如《马克思主义基本原理概论》（下文简称《原理》）一本书，高度浓缩了马克思主义哲学、马克思主义政治经济学和科学社会主义三大块内容，而这三大块内容即使以同等篇幅各自独立

成书,亦未必能达到让人满意的详细程度。这种情况在《毛泽东思想和中国特色社会主义理论体系概论》(下文简称《概论》)、《中国近现代史纲要》(下文简称《纲要》)、《思想道德修养与法律基础》(下文简称《思修》)教材中也均有不同程度的体现。再者,马克思主义科学性的一个重要体现在于它的批判性和开放性,这个特征让它不仅以批判的思维对待含有相对真理性内容的一切认识成果,而且也刀口向内,随时接受时间、地点、条件变化带来的考验,在它的继承者、传播者那里实现新的发展和创新。在当代中国,马克思主义中国化正是一个热点话题,需要学者和政治家们认真思考。因此,马克思主义课程教材不是终结性结论。还有,生活的时代性、丰富性、即时性特征,让教材内容本身即使随时更新也难以够用。比如,《思修》课的内容,需要教材、更需要教师密切注意学生的时代特征的变化来处理表达内容,至于《形势与政策》教材应时更新的特点则更不必说。

那么,是不是在教材不能进行终结性、完备性、充分性表达的情况下,我们的教师已经在各自的教学实践当中已经做足了功课,对教材内容实施了充分的补充、充实、完善的教学行为了呢? 根据笔者在自己所任教的学校的切身感受、实地考察的部分高校的情况以及在各级组织安排的研修活动期间,经过同行交流形成的对相关学校的了解和通过各种论著所了解的各高校实际情况,等等,可以形成这样一个待各位同仁商榷的看法:一些学校,特别是有名气、有实力的学校,做得相对要好;一些教师,特别是科研、教学能力强,职业态度好的教师,做得相对要好;而情况与之相反的学校与教师身上,在这方面,还存在不同程度的不足之处。也许这个结论会让人产生是凭空想象的情况,但因为缺乏实际数据和具体点名,请恕笔者不能做出太多必要的论证和辩解,只需思政课一线教师能有这种感受即可。当然,即便笔者无意列出全面翔实的材料来证明该看法,我们也不妨举一些个例,从某些角度来证明一下确实有不少学校和教师在从事教学内容的创新。例如:在两次跟团考察、交流中(一次是于2017年12月18—21日前往遵义师范学院马克思主义学院考察,一次是于2019年6月23—25日前往黔南民族师范学院参与"民族地区高校思想政治理论课教学改革研讨会"),了解到两个学校的马克思主义学院分别在对贵州特别是当地的红色资源挖掘整理研究的基础上,将这些资源作为教学内容创新的结合点渗透到思想政治课的"四课"之中,成为两校思政课教学内容改革与创新的亮点。另外,我们还可以查阅一些教师发表的论著来反馈这一事实。如《山西本土文化融入高职思政课的价值与策略》(吕尚道)、《中华优秀传统文化融入高职思政课教学的路径研究——以〈习近平用典〉为读本》(李俊平)、《高职院校融入强军思想的大学生思政课教学研究》(蒋利佳),《00后大学生新特征与思政课教学话语实效性研究》(陈红照),等等,分别论及以本土文化和传统文化内容,以及结合学校特点、学生时代特点的内容等,作为思政课教学内容创新的研究与实践指向。这些材料足以说明,重视教学内容改革与创新的学校与教师并不乏见,只是相对于研究与探索教学方式改革的群体来说,就相对少了。

教学内容的创新被冷落的真实原因是什么?我们从一项很有代表性的研究文献来说明。先看下图(图4-1)。

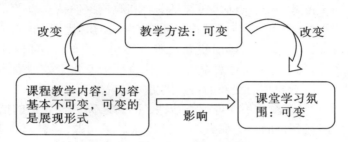

图4-1　影响思政课教学效果的三个因素

该图明确地表达了影响思政课教学效果的三个主要因素,即:课程教学内容、老师的教学方法和课堂学习氛围。研究者认为:"教师的教学方法是可以改变的,课堂学习氛围也会随着教学方法、课程教学内容展现形式的变化而发生变化",唯独课程教学内容不能改变,因此"要提高大学生对'思政课'的满意度,最根本的是改变教学方法。"①

这项研究的结论很能代表大部分思政课教师的普遍认知,同时也能反映出很多人对教学内容创新的含义还存在着一定误区。实际上,也正是因为思政课教师对教学内容创新的含义及作用存在着错误的认识,导致思政课教学方法改革重于教学内容改革的局面,进而造成了形式大于内容、形式重于内容的现象。改革与创新中的思政课教学存在着教学内容趋向浮浅、割裂、华而不实的趋势,不利于提高学生的抽象思维水平、辩证思维水平。与灌输式教学相比,其负面影响未必更小,因为如果教学内容处理得当的话,不顾学生兴趣与参与度的灌输式教学至少还有重视理论内容和理论思维的优势。

① 覃宇华:《研究性学习在高校"思政课"教学中的运用研究——以云南大学为个案》,硕士学位论文,云南大学,2017,第28页。

总之,一方面,思政课统编教材内容既丰富又简约的特征要求我们,不能因教材的"简约化"就在课堂内容教学中"简单化",而应该根据需要采取多种方式调整或增进相关内容,加强教学内容改革,使马克思主义理论道理讲的更透彻、更通俗、更贴近实际、更具吸引力和亲和力。另一方面,还需要灵活处理教材与课堂教学的关系,处理好理论著述与理论转述的关系,实现教案备课内容对于教材的超越。使教学内容的安排既能通俗易懂,又不失学科的理论素养,避免目前无论是传统教学模式还是创新教学模式都存在着的在理论转述中或高深莫测空洞抽象或浮浅支离的现象。

二、高校思政课教学内容创新的内涵和意义

(一)高校思政课教学内容创新的内涵

要理解高校思政课教学内容创新的内涵,需要澄清一下它与马克思主义理论创新的关系。

思政课教学内容创新与马克思主义理论创新既相关联,又含义不同。

一方面,思政课作为宣传马克思主义理论的学科,其教学内容创新必然包含着对马克思主义理论创新的某些内容应用,反映理论创新的成果。如果不能对马克思主义理论的某些教学内容进行创新,势必不能有效地反映和解释社会现实的变化,不能有力回应各种错误观点和错误思潮,因而不能真正实现思政课的思想政治教育功能,不能真正完成相应的教学任务。

另一方面,思政课教学内容的创新侧重点不同于马克思主义理论创新。马克思主义理论创新主要是针对当代情况的变化来突破和发展马克思主义的"原理论"问题,是马克思主义中国化、时代化的需要,是为了解决马克思主义经典作家在具体历史条件下形成的某些具体论断和个别阐释不能解释现时代新现象的问题,而对马克思主义的"原理论""原著作"所实现的理论突破。思政课教学内容的创新则是针对马克思主义理论教学中存在的形式主义、教条主义,以及针对教学内容在说理不透、说理不全现象所提出的要求。因此,思政课教学内容创新并不必然地寻求对马克思主义理论的突破和创新,而是为了解决思政课教学自身面临的问题,为了保证马克思主义理论原汁原味、入耳入心地"转交"到学生心中。简单来说,马克思主义理论创新是要突破马克思主义"原理论""原内容",以求发展马克思主义;思政课教学内容创新则是力求具体阐释、论证和运用马克思主义的"基本原理",以求在坚持和宣传马克思主义方面的有效性。

总之,高校思政课教学内容创新是指,为了保证马克思主义基本原理在

教学中得到合理解释和有效传播,而在理论解释与证实方面做出的对课堂理论教学内容的调整与补充。

(二)高校思政课教学内容创新的意义

刚才我们从教材不能成为束缚教学内容的角度,侧重谈到思政课教学内容创新的必要性。但是,为什么一定要考虑教学内容的充实、丰富和完善呢? 实行教学内容创新有何意义或作用? 对此,可以总结为四个方面。

1. 是追求真理、增强和体现思政课"学理性"的需要

追求真理,是求知者的努力方向和执着秉性。李大钊说:"人生最高之理想,在求达于真理。"亚里士多德说:"吾爱吾师,吾尤爱真理。"更有无数个像布鲁诺、马克思、李大钊、蔡和森、刘胡兰一样的科学家、思想家、革命家和革命烈士,为了认识真理、坚持真理和实践真理而历经磨难,甚至付出生命代价,他们所表现出的思想和行为足以展示真理的强大魅力。正因为如此,古今中外的一切保守势力、落后分子和反革命派才对真理和追求真理的人们充满恐惧和憎恨,进而穷尽一切卑鄙手段压制真理,迫害追求真理的人们。但事实证明,反动派试图通过折磨、残害等手段让坚持真理的人们害怕而最终放弃真理的一切努力都是徒劳的,因为当真理融入热爱它的那些灵魂中的时候,也同时将其意志和肉身都一起化为金刚。

思政课内容所宣讲的马克思主义的真理,是通过一代又一代的思想家、革命家和社会主义建设者不断认识和追求的结果,需要当代大学生将其当作自己人生的指南,引导自己更好地服务社会、报效祖国,同时实现自我价值。但是,如何才能让马克思主义的真理真正成为学生的行为指南呢? 首先需要的第一步,就是让学生真知的问题。根据明代思想家王阳明的"知行合一"思想,"真知即所以为行,不行不足谓之知"[1],"未有知而不行者。知而不行,只是未知"[2],让知识转化为行动的关键,在于如何让这个知识成为学生的思想真正认可的"真知"。要让马克思主义的"真知"成为学生认可的"真知",除了实践的作用之外,重要的思想前提、思想路径,就是发挥理论的说服力,要充分讲"理",以无可辩驳的论证过程和论证方式征得学生的理性认知,铲除其接受的认识屏障,打通思想路径。

思政课教材以自己特有的表现形式传递了学生需要掌握的马克思主义

---

① 王守仁:《王阳明全集》,上海古籍出版社,1992,第 42 页。
② 同上书,第 4 页。

理论的基本信息,为教师的课堂授课提供了基本思路和整体架构,是教师课堂教学应该利用的基本的依据性材料。但由于教材内容相对存在的很多因素,如理论化、抽象化、简约化、平面化等,再加上一些其他外在影响因素,如社会不良现象和非主流认识等,造成教材内容与学生思想的距离。这个距离,是需要教师下功夫特别是补充和调整教材内容来说明的。如果不考虑这些因素,而是照本宣科、死讲书本,则难以让马克思主义的真知成为学生的"真知""真信",难以发挥真理对知识分子的真正影响力。

只有进行教学内容创新,依据教材而又超越教材,充分进行"学理性分析",让学生"真知""真信",才能发挥真理对其追求者独有的理性魅力,才能发挥马克思主义真理的影响力。

2.是照顾学生接受能力和培养学生思维能力的需要

"书从无字处读起",一方面反映了书本的文字内容作为著书者创作的结果形式,其中很多地方因为种种表达限制,如服从体系需要,而省去了如此表达的背后注释,造成了阅读的困难;另一方面,根据格式塔心理学(gestalt psychology)的"场理论","场"大于"分子"叠加,任何文字表达的整体意义都不是简单的字字相加,其中包含着结构与间架的功能,这些却不是简单的文字符号所能传递的,因而需要读者的"在场"还原,从字里行间散发的多重信息去解读。

思政课内容的学习也需要这种"书从无字处读起"的功夫,而这种功夫不能通过学生的独自学习来完成,需要教师利用自己的理论素养和经验积累进行中间阐释与解读来帮助学生完成,因为学生在这两个方面因心智原因尚存在一定的理解障碍。教师利用自己的理论和经验基础消除学生理解障碍的过程,显然就是对书本内容进行"个性发挥",经过相关知识补充和相应经验材料加入,进行教学内容创新的过程。从一定的意义上讲,如果没有这个过程的必要,也就没有教师职业存在的必要。

另外,培养学生思维能力既是思政课教学的一个总体的能力目标,又是通过教师对教材内容的多向"解构"分析来实现的。只要教师不把知识传授当作唯一目标,就会产生充分解读这些知识的动力,为了传达一个表面上看似简单的"是什么"的知识,而去加入"为什么"的复杂推理过程解析,增添教材体系和篇幅所不能容纳的更多知识材料。

3.是培养学生兴趣的需要

"兴趣是最好的老师",调动大学生对思政课学习的兴趣,是提升思政课教学效果的高效途径。影响学生对思政课学习兴趣的因素有很多,从教师的教学层面观察,可以分为教学内容与教学形式两方面因素。教师对教学内容与教学形式缺乏掌控力,是让思政课缺乏吸引力的一个重要原因。其中教学形式方面的掌控力问题,下章内容单独涉及,这里先看教学内容方面的掌控力问题。在教学内容方面,有些教师,要么是"照本宣科""复读"书本内容,要么多年一个教案不变,要么"千人一面"地面对所有专业运用一种解读方式(指内容方式),其结果造成了该解释的不解释,解释了的不对口味,始终让学生与书本之间原本存在的距离依然存在。长时间的思想困惑积压下去而不能及时清零,就会造成学生思想的疲惫困倦,本来可能的兴趣感便会溜走。聪明的教师或者肯下功夫的教师则会相反,他们总是想尽办法研究教材,去努力发现那些影响学生理解的部分然后增添解读内容,或者根据不同专业学生的知识爱好选择不同材料进行针对性的教学,或者利用即时性事件增添鲜活教学材料,这些措施要么因困惑的解除使学生产生"轻松感""获得感",要么因对新鲜事物的"好奇"和对熟知事物的"感情积淀"产生"兴趣迁移",引发和培养学生对思政课的学习兴趣。

4.是回应各种干扰因素的需要

思政课教学最终要完成的一项政治任务是:为社会主义建设事业培养合格的接班人。这一任务所体现的鲜明政治方向和政治立场注定其内容不会受到所有人的欢迎和认同。凡是站在资产阶级立场上,为资本主义意识形态唱赞美诗的人,一定会挖空心思地钻马克思主义理论的空子,歪曲马克思主义的理论观点,成为思政课教学最强烈的干扰因素。政治敏感度高、责任心强的教师,就会通过各种媒体信息、文章信息了解这些思想动态,在理论教学涉及的相关内容中注意相应的回应。而缺乏忧患意识、政治敏感度不高、责任心不强的个别教师,则表现出"闭目塞听"或"充耳不闻"的状态,在相关话题中就会无的放矢,缺乏针对性,缺乏问题意识,对学生进行思想政治教育的效果就会大打折扣。因此,针对影响思政课教学的各种错误思想、错误观念进行回应,使思政课教学的目标落在实处,真正实现"立德树人",就应当进行相当教学内容的思考和充实。

三、教学内容创新中的"还原式"思维

教学内容创新是个开放性话题,其所涉及的思政课内容扩展的横向维度(多方知识)、纵向维度(知识的纵深)与时间维度(时代内容)都不是一言能蔽之、一次能了断的,所以即使下面我们尽可能地对扩展的内容方向做分类,也只能是粗略的探讨。为了避免由于种种不能进行详细扩展与延伸所

带来的局限性,我们需要引入"还原式"思维来作为教学内容创新的基本思路,希望有益于同行读者的领悟和自我拓展。

在第一章对"还原式"思维的内涵解读中,我们是在对思政课教学创新的整体把握上对"还原式"思维方式进行说明的。这些说明当然可以用来理解其具体运用在教学内容创新方面的基本思想,但我们还是可以在此方面做出一些更具针对性的解释和说明。

正如第一章所提到的,"还原"是回到"原点",即回到思政课教学的出发点(包含各个层面的出发点),然后站在这个出发的"原点"寻找"初心",去审视我们所采用的教学模式有何弊端,重新定位它离开的那个应有轨道和方向在哪儿。这也意味着在已经展开的教学模式中发现问题、出现迷茫的时候,我们才更有运用其作为指导的需要。因此要想更进一步明白其含义,就有必要结合在思政课教学的内容把握上存在着的问题来讲,这一点需要说明,也需要大家注意其针对性价值。从思政课教学中存在着的内容处理上的问题角度上观察,"还原式"思维体现下面几层含义。

第一,还原理论本色。理论作为通过理性认识过程所形成的结果,首先表现的是理性认识在对事物及其现象把握上的整体性、全面性和深刻性,是在克服和排除经验认识对事物及其现象的表面化、零碎化、片面化印象基础上形成的,即使其在表达的某些部分、某些环节,为了理解和论证的需要,仍然包含了某些经验认识的成分,但所有理论性知识总体上所代表的是理性认识的特色,而不是经验认识的堆积、杂合。因此,对事物及其现象认识上的整体性、全面性和深刻性,正是理论的本色,或者准确一点来说,是马克思主义所代表的所有真正科学的理论所具有的本色。

但是由于种种原因,如:内容与形式关系处理不当造成形式伤害了内容,失去理论表达的整体性和深度性效果;教材自身体系对部分内容的省略或简化处理,造成相关理论内容的隐退;教师作为理论的转述者,或因课堂时间的局限造成教师处理教材的掌控力不足,造成详略失当,该重视该展开的没重视没展开,或因理论素养欠缺,不能敏感把握容易产生理解障碍的区域而去补充;等等。最终影响了理论本色的发挥,不能做到论证充分、深刻,不留逻辑死角和空洞,而失去以理服人的理论本能。

避免说理不清、讲理不透的问题,就得要求教师在提高个人理论素养的前提下,重视思政课作为思想政治教育工作的理论教育渠道所应当具有的特色,发挥理论的说理强项,把握好教学内容的选择和调整,做到以理服人,而不是以理压人,生硬地迫使学生认可和接受。

第二,还原"认识之本"。理论作为理性思维、思维认识的表现,从人类认识产生的总体源起、最初原点上看，它以人对客观事物的感性认识、经验认识为基础，凭借人的意识创造性能力对这些感性经验认识进行加工而形成。简单地说，感性经验认识是理性思维表达的理论所形成的基础。正是因为这个基础性意义，即感性认识对理性认识的建构意义，也让它成为理解理性认识的基础。如果挖去了理性认识的建构基础而去理解理性认识，要么十分困难，要么误入歧途。中国哲学史上有名的"白马非马论"，就是这类错误的典型表现。本来，"马"作为通过抽象的理性认识过程所产生的认识结果，是在对具体马匹的"形""色"等具体形象即感性认识内容进行综合考量的基础上，将颜色印象当作非主要的、非本质的特征加以忽略，对形体印象当作主要的功能性特征加以保留而形成的概念。结果呢？反过来再打量"马"时，却将那些"生产""概念之马"的黑、黄、红、白马横甩一旁，将"具象"之马与"抽象"之马分割开来，以"马者，所以命形也。白者，所以命色也"的说辞，产生"白马非马"的怪论！持此说者，为何不去反思一下，世界上有"形""色"分离之马吗？如果没有黑、黄、红、白马，"马"从何来？这就是认识论上的忘"本"。当然，在这里笔者无意否定名家思想在中国智慧积淀形成过程中的积极意义，只是以此为例，旨在说明离开了感性认识基础，理性认识的内容或结论将不可思议、难以理解。可再略举一例，如若将"运动"从具体的运动物体上移开，另认其为一种脱离物质而独立存在的概念现象，那就只能说出这样难以理解的怪话了：说"运动"，不是指有什么东西在"运动"，它和"运动"着的物体的变化轨迹没丝毫关系，"运动"是不"运动"的，因为它是概念，而概念是不存在"运动"的。

在思政课的理论内容不易被理解的原因之中，其中一条正是因为在理论陈述所展示的理性认识中，由于理论的体系需要或者理论创作者、宣传者的主观选择，并不是所有的抽象理性认识，都一一针对具象感性认识内容，不能期望理论书本都被印刷成"看图说话""小人书""画报"之类儿童作品。人们的抽象表达与抽象理解的能力既受个体成长的年龄阶段影响，也受个体思维成长的水平影响。成人阶段的抽象思维水平不用说要比儿童阶段要高级得多；经常搞理论研究和创作的人，其抽象思维水平也自然远高于非同类劳动的人。所以，我们可以看出，要让思政课的理论内容直接被青年学生所完全理解，会有多困难。这其中的障碍，除了抽象，还是抽象！因为抽象，缺乏形象，让抽象思维能力不足的学生无法将思政课的部分理论内容与其内心积淀的感性经验联系起来，少了认识和理解的感性基础，理论内容变得高深莫测起来。

"还原式"思维正是在上述意义上，要求思政课教师在教学内容的讲解中多增添一些生活实例,以弥补书本知识抽象有余而观感不足的缺陷,实现"接地气""通俗化"的讲解效果。理论通俗化的教育、讲解过程,实质上就是重新给理性认识内容寻找并连缀其所生发的"原点""基础点""根本处",让理性认识之本的感性内容重新"还原"和再现。

第三,还原学习的内生动力。在教育学中,兴趣与学习的关系是研究者关心的核心话题之一。如果说兴趣对学习的积极作用是早已被发现并公认的现象,那么,兴趣到底是如何从人的深层意识结构影响学习态度与能力的,则是教育学、教育心理学致力研究的一个方向。先看一组研究数据:

> Estes 和 Vaughan(1973)发现四年级学生在有兴趣文章的阅读中的记忆与推理能力与无兴趣学生有显著性差异。Asher 和其同事(Asher,1979,1980;Hymel & Wigfield,1978;Asher & Markell,1974)的研究都发现五、六年级的学生对感兴趣话题的文章的理解明显好于无兴趣学生的理解。Fransson(1977)的研究同样发现兴趣对大学生的理解与回忆具有重要作用。而 Schiefele 和 Krapp(1988)认为:话题兴趣引发学生知识组织结构的变化,并假设基于兴趣的阅读可能引发的是学习过程及结果质上而非仅量上的差异。①

这组材料表明,兴趣影响学习者的记忆、理解、推理能力和知识组织结构,并且这种影响具有本质性、决定性意义。兴趣虽然只是一种与理智因素相异的情绪,但却是影响并推动理智因素前进的内在动力。这一结论再次提醒思政课教师,教学中必须想方设法调动学生学习兴趣,必须改变在某些教学中出现的沉闷现象。

那么,如何引发学生的学习兴趣呢? 是凭借教学手段如多媒体的应用? 还是靠功利性目的来驱动? 抑或是靠别的什么? 我们试用杜威的教育学思想来说明这些问题。杜威认为,兴趣的生长是借助关系才带来的生长,使联系的意义、组织的力量映入人们想象的和情感的人生观,使分裂的个人获得一致和统一,具体而言,关系的实现靠"居间事物"(Inter-esse),即完成的动作、克服的困难、使用的工具等相互间的互动来达成,因此,真正的兴趣应

____

① 涂阳军:《先前背景知识、兴趣与阅读理解之关系研究》,硕士学位论文,华中科技大学,2006,第15页。

该是自我通过行动与某对象或者观念融为一体的伴随物,也就是说,能够调动主客体之间互动过程充分延展的兴趣才是真正的兴趣,才体现为主体和客体融合的良好关系。如果认为"注重兴趣,就是把某种富有魅力的特征,加到本来不感兴趣的教材,用快乐行贿,引诱儿童注意和努力"①,那么,纵使激发了情绪,也无法让学习者对教学产生真正的兴趣。同样,在杜威看来,正是关系和关系中的事物直接影响着兴趣的性质和个体的生长,因为"如果它们(指事物)是低级的、无价值的或纯粹自私的,那么,他的兴趣也必然是这样,而不是相反"②,也就是说,兴趣主体所关注的兴趣客体,影响兴趣的程度而影响主体的成长。从杜威的相关思想,我们可以得出这样的推论:①仅仅靠教学的形式创新来调动学生的兴趣,那么这个兴趣不是真正的兴趣,因为其缺乏强烈而持久的动力;②引发兴趣的内容不同,兴趣水平也不一样,因此,关注教学内容引发的内在兴趣,比关注诸多外在兴趣诱惑如功利性目标,则更有层次,更富影响;③排斥功利性目标的"自由教育",就是在试图寻求支撑学习的更强劲的兴趣动力。

通过上面所讲的兴趣的作用、来源、影响力,我们可以对运用到教学内容创新的"还原式"思维形成这样的认识:"还原式"思维方式旨在通过内在的教学内容创新,而非外在的教学形式或功利性目标诱惑,来寻找引发学生强大兴趣的原始动力或本能动力,即通过一个还原学习的内生动力过程,提高教学效果。

第四,还原育人初心。我们党一直都很重视"立德树人"在教育工作中的核心地位,并把它作为全部教育工作的根本目标、根本任务。党的十八大报告指出,"把立德树人作为教育的根本任务,培养德智体美劳全面发展的社会主义建设者和接班人"。习近平总书记2018年5月在与北京大学师生座谈时指出:

> 要把立德树人的成效作为检验学校一切工作的根本标准,真正做到以文化人、以德育人,不断提高学生思想水平、政治觉悟、道德品质、文化素养,做到明大德、守公德、严私德。要把立德树人内化到大学建设和管理各领域、各方面、各环节,做到以树人为核心,

---

① 约翰·杜威:《民主主义与教育》,王承绪译,人民教育出版社,1990,第134页。
② 约翰·杜威:《杜威教育论著选》,赵祥麟、王承绪译,华东师范大学出版社,1981,第130页。

以立德为根本。

思政课作为集中宣传马克思主义理论的课堂，更应该清醒地认识"立德树人"的意义，自觉地把握"立德树人"的总体目标和出发点，并围绕这一目标和出发点，把握好教学内容。但一些思政课教师要么只顾教学形式不重教学内容，要么泛泛而论无的放矢，不仅不去根据自己眼前存在的某些非主流思想或错误观念在课堂上进行针对性的批判，更有甚者还因个人思想浅见而身陷错误观点或思潮的泥淖之中，把思政课堂当作肆意发表不当言论和个人情绪的舞台，利用马克思主义的阵地干着反对马克思主义的事情，歪嘴和尚念歪了经，这都表现出在"立德树人"目标和出发点上的忘记初心。

"还原式"思维就是要求思政课教师在"立德树人"目标和出发点上，牢记初心，不忘使命，立场坚定地宣扬马克思主义思想和社会主义意识形态，关注社会动态和学生思想，因时而化地调整和补充相关教学内容，并将个人的学术研究与课堂教学区分开来，避免将某些不成熟的观点甚至是错误的观点带到课堂上来，把"立德树人"的目标还给思政课堂，还原思政课教学的育人初心。

四、教学内容创新的应用

创新，意味着对老观念旧做法的反思和改进，也意味某些所谓"新"观念、"新"做法的再反思和再改进。在高校思政课教学内容的创新话题上，意味着要对教学内容的把握上存在不足甚至是错误危险的现实状况，予以反思、调整和改进，既要牢牢把握马克思主义的思想原则，以课程教学的基本思想、基本内容为纲目、为主线，又要努力突破教材和个人眼界的局限性，随时增进具有教学针对性、学科针对性、学生针对性、问题针对性的教学内容，丰富课堂知识，打造课堂"个性化"特色，力求在增强学生兴趣基础上，富有成效地完成思政课教学的根本任务。

（一）"清炖式"的理论教学

展开这个话题之前，先举个例子。

2019 年 5 月，黔西南布依族苗族自治州在州委组织部、宣传部、州教育局的组织下，进行了一次主题为"上好思政课，我们来比武"的教学技能大赛。参赛对象既包括来自全州中小学教师，也包括全州大中专及本科院校教师，当然也包括笔者所在的学校——兴义民族师范学院的五位思政课教师。而笔者则有幸以评委身份参加了本次比赛的评选过程。这次活动总体来说还是比较成功的,给笔者留下的深刻印象也不少,结合此处的话题,想讲两点:①笔者参与评分的比赛小组里,选手中既有中小学教师又有大中专以上学校教师,他们在教学特点上显出了较明显的差异。中小学选手更偏重教学形式的新颖化并加强教学互动,选手们往往以充满演讲激情的方式,引领学生齐立、拍手、呐喊,鼓动和感染学生情绪;大中专以上学校选手的授课则相对"安静",启发、互动的形式闪光在相对长的理论内容的展开过程中;②比赛结束总结大会上,主办方安排了当地极负盛名的两个州直中学的两位校长分别向大家传授教学经验,其中一位校长讲的经验让笔者感触颇多。这位校长教的是高中政治课,他分享了自己在讲授"实践是检验真理的唯一标准"时的方法。他根据自己一次游玩中的切身经历发现,同样一种水果,在观感上被商家分为两类,结果买来吃的时候却产生了某种"上当"的感觉,好看的水果不好吃,不好看的反倒味道好。于是他把这种品尝"实践"之下得出的正确认识经验搬到了讲解实践标准的课堂上。用他自己的话说,"学生一看二尝就明白了什么叫实践出真知,看似复杂的真理检验标准一下子就全清楚了,那还需要老师再空讲理论吗?这堂课最后取得了不错的效果,学生反映挺不错"。

这个材料,如果仅仅从教学内容角度观测的话,首先可以反映出中小学思政课与高校思政课的一个区别:中小学思政课主要是让学生通过生活感知接受思政课常识;高校思政课则强调让学生通过理性思考接受思政课理论知识。当然,笔者并不是完全否定当前高校思政课课堂教学向中学模式学习的意义,只是建议在改变教学形式活跃课堂气氛调动学生积极性方面,高校思政课教师不妨参考和借鉴一下中小学的优秀经验。但是,这些形式的借鉴一定要符合大学生年龄段的心理与智力特点,通俗化、生活化教学方式只是为了理论认知的需要和凭借,而不能因此导致学生思维水平和理论水平幼稚化、简单化,不是以实践感知代替理论分析。高校思政课最终还是要培养学生的理论素养完成理论教学的重要任务(尽管它并非高校思政课教学的根本任务和最终目标)。就这位中学校长的教学经验来说,该经验也许很适合高中政治课教学,对高校思政课教学也有借鉴性,但它并不十分适合高校思政课教学,因为在"实践是检验真理的唯一标准"话题上,它应当解释这个几个逻辑疑问:①真理有何特性?②检验真理的标准应该符合什么要求?③实践有何特点使其胜任这样的标准?④该标准是唯一的吗?"逻辑"能否胜任此标准?⑤偶然成功的实践是否意味着取得了真理性的认识?可以说,不解释清楚这些问题,就不能在真理标准问题上给人以令其信服的答案,就不能发现诸如"是非莫辩"(或"不可知论")、经验论、唯理论、实用主义以及"唯书"的教条主义和"唯上"的权威主义等在真理判断问题上错误观点的问题实质。

高校学生一方面有了一定的思维水平,有能力接受有一定理论难度的思政课教学;另一方面,与社会的接触面迅速加大,各种社会观念对他们的影响日益复杂,他们需要的不再是一些简单的常识经验,而是需要分析问题和解决问题的能力,才能以不变应万变地适应社会。所以,高校思政课教学应当与中小学思政课教学有着不同的特点,需要加强对教学内容进行学理性的分析,既要改变不重视道理分析不重视学生的接受状况而只照本宣科讲授死知识的现象,又要避免为了所谓的教学方式创新,造成理论教学深度、广度严重缺位,不利于学生思维水平的快速提高的现象。为此,需要针对性地反对两种常见的思政课教学方式:一是在两节课的授课过程中,教师一口气讲下来,中间没有任何互动,只留最后十分钟学生发言集中提问。这种方式对于层次高的学校、理论思维水平高的学生来说,未必不是好的选择,但对于层次较低的学校却普遍不适。二是教师过分注重学生互动和学生的参与度,而将课堂内容讲解安排得支离破碎,理论教学的系统性和深邃性受到严重影响。如果我们把第一种方式称为"水煮式"教学,第二种方式称为"油炸麻辣式"教学的话,那么这两种教学方式均体现了在教学内容的说理层面的不足,需要选择另一种方式即"清炖式"教学来避免二者的不足。

"清炖式"教学是介于"水煮式"教学和"油炸麻辣式"教学之间的教学内容处理方式,是既照顾理论的整体性,又考虑接受者的接受状态的双重需要,比较适合思政课教学的某些课程、某些条块,主要是理论性较强的内容。它主要针对两个偏差:①不对教学内容加以"处理"以增加"普适性"的现象;②对教学内容过程"处理"迎合了重口味、"低消化能力"需要,却伤害了理论本身的完整性,弱化了学生抽象思维能力的培养。在校正两个偏差方面,"清炖式"教学不是站在中点式的选择,而是倾向于朝"水煮式"教学一端靠近,侧重于对学生理论素养和研究能力的提升,侧重于理论"居高临下"的"化大众"(而非因"大众化"的需要"被大众化")。重视学生理论素养和抽象思维能力的提升,既是学生自身成长、向更高学习阶段迈进的需要,也是让学生立足于万象丛生的社会生活中和各种是非、价值观念混杂难辨的社会意识中,能够做到心中有定数、"任尔东西南北风"的成熟和自信的需要。社会现象的复杂性、非马克思主义思想和非社会主义意识形态的理论性表现及其诡辩性特征,要求应对者的"道高一丈"。如其不然,则一方面,思政课教师想尽"方法""办法"的课堂教学,却难以取得"征服"学生的成功;另一方面,一到现实生活中,一到社会阶段,学生又立即在各种乱象的困扰和

"魔道"思想的说服下败下阵来,为其所"征服"。复杂的现象、复杂的问题需要一个复杂的头脑来应对,简单化、感性化、通俗化可以是过程,但绝不能是结果。只有学生让习惯于理论学习、理性思辨,才能逐步教会他们运用辩证唯物主义和历史唯物主义的观点,全面分析细心辨别,去直面迎击各种似是而非的错误观念的侵扰,才能保证他们人生观、价值观的积极态势,才能最终证明思政课教学的成功之处。相反,任何哗众取宠的方式只能迎合部分学生的口味,赢得一时一地的叫好声。

那么,"清炖式"教学具体是如何操作的呢? 在尽可能避免由于互动切块、感官表现等造成的诸多因素干扰的基本思路下,必要的油盐调料、必要的内容处理、教学设计还是要有的,可以根据情况采用以下方式:①自习式教学。提前布置和课堂布置自习、自看内容,读不懂的地方存疑、集中发问,由其他学生或教师回答。此种方式既可避免对学生阅读和理解的基础能力的忽视,又可以找准教师说教的发力点。在有针对性地回答学生困惑的过程中让教学成了"有的放矢",即使不是感官的解读,也会降低理论的空泛程度,学生也会因"思有所得"而感到某种充"实"感。②"问题式教学"。教师在内容讲授中,要有"问题意识",包含两个层面:第一,教学内容呈现中,随时以疑问的形式(可以包括设问和反问,此情况下不希望也不排斥学生回答)代替平铺直叙的陈述式进行讲解,既可启发和引导学生思考、增强讲解针对性,又可以通过"半脸"对话形式弱化"独角戏"的单调。第二,在教材、理论内容正面讲授基础上,以问题方式加入反面见解的干扰,然后再予以理论澄清。比如在真理标准问题上,不妨引出庄子"是非莫辩"观点并予以正确解读。事实证明,善于利用问题意识补充教学内容和调整教学方式的教师,能够因为问题的针对性而降低理论的空泛感。

"清炖式"教学能不能列入教学内容创新的范畴呢? 这里,要给出一个肯定的答案。一方面,需要理解前面所讲的"教学内容创新"与"理论创新"的区别;另一方面,不能简单地将"教学内容展开方式"统统划归"教学形式""教学方法"范畴,因为这是数理逻辑而非生活逻辑和辩证逻辑应有的看法。在"清炖式"教学方式所表现的"展开方式"中,它绝对不可能是单独的方式方法转变,即使没有对教学内容形成质的突破,也会在展开方式中调整教材内容的表达维度,通过正向扩展、反面对照、侧向引申等内容增补实现量的变化。这种方式,既是对照本宣科式教学的改进,又是对纯形式创新的再思考再改进。

(二)结合"一手资料"进行教学

现行的高校思政课公共课教材,由高等教育出版社出版发行,是由中宣部、教育部组织各方专家组成专门的教材编写小组分别编写的。教材编写质量之高毋庸置疑,充分体现了编著者们的学识水平和严谨治学精神。其思想和知识来源比较广泛,从几本教材标注的参考文献就可以看出,它们既包含了马克思主义经典作家的原著内容、中国共产党历代领导人和领导集体的相关著述及相关资料内容、中国共产党历史上的重要会议内容和历史文献资料,也包含了中国近现代史的众多历史文献资料和我国宪法和法律条文的基本内容,它们构成了编著和理解思政课教材的重要组成部分和一手资料。

教材内容除直接引用或作为参考文献转述引用的内容,其他部分都是经过个人消化理解运用编著者自己的语言表现出来,相对一手资料来说,就成为教师和学生学习思政课教学内容的二手资料或三手资料。将教材说成二手资料或三手资料,在此并不表达任何贬低教材质量和水平的意思。对于教材的质量评价,刚才我已经表达了无可复加的溢美之词、溢美之情,但从一手资料的角度,教材内容用于教学也存在着一定层面的局限性,需要在具体的教学过程中,适当地增加对一手资料的了解和学习。

那么,在什么情况下以何种方式引入一手资料呢?

第一,需要深入理解、佐证、更新教材内容的情况。首先,结合"中国大学 MOOC"网提供的武汉大学马克思主义学院《中国近现代史纲要》在线教学内容来讲。在课程的导言教学课件中,教师在讲授学习历史的意义时,引用了古今中外的历史名人和当代中国的领导领袖人物的原话,单此一方面对一手资料的引入方式就值得给我们多加分析和仿效:①其中引用习近平总书记的讲话:"历史是最好的教科书。学习党史、国史,是坚持和发展中国特色社会主义、把党和国家各项事业继续推向前进的必修课。这门功课不仅必修,而且必须修好。要继续加强对党史、国史的学习,在对历史的深入思考中做好现实工作、更好走向未来,不断交出坚持和发展中国特色社会主义的合格答卷。"(摘自习近平 2013 年 6 月 25 日中共中央政治局就中国特色社会主义理论和实践进行第七次集体学习上的讲话)这段话的第一句,在教材中出现过,后面的详细内容则没有在教材中出现,那么课件教学的引用方式不仅体现了对教材的尊重,也体现了教材不易实现的内容拓展;不仅佐证了学习历史的一般性"教科书"意义,而且体现出学习历史对于当今中国特色社会主义建设事业的时代意义。②引用毛泽东的讲话内容是:"学习我们的历史遗产,用马克思主义的方法给以批判的总结……今天的中国是历史的中国的一个发展;我们是马克思主义的历史主义者,我们不应当割断历史。从孔夫子到孙中山,我们应当给以总结,承继这一份珍贵的遗产。"(摘自毛泽东在党的六届六中全会上的讲话)这段文字在教材中没有出现,但教材引用了毛泽东的另一句话:"历史的经验值得注意。"经过对比和分析,我们受到启示:很多情况下,为了说明同一个道理,我们可以有很多资料可以选择,也有很多不同的解释方式可以选择,为什么有些教师在这种情况下还要死搬书本呢? 此处体现了增补一手材料的"新面孔"所起到的"更新"作用。③课件还引用了其他历史人物,如孔子、司马光、龚自珍、陈寅恪等人的名言,这些内容都是教材中所未曾有的,但增加后利于发挥原文主旨,又在丰富学生见识的同时,间接地起到弘扬传统文化的作用。

其次,结合在《原理》课的"读原著"活动情况来讲。《原理》这门课理论性很强,特别是哲学部分的抽象性更不容易让学生理解。为此,笔者所在的教研室安排了学生"读马列原著"的校内实践教学活动,列出一系列如《黑格尔法哲学批判导言》《〈政治经济学批判〉序言》《矛盾论》《帝国主义是资本主义的最高阶段》等阅读书目让学生课外阅读,并让学生写心得体会。本来这个话题应列于本书第六章关于"实践教学创新"部分的内容,但是,因为笔者在实际做法当中,不只是让此活动的意义体现于课外,还结合学生读原著活动,在课堂上讲解教材重点难点内容时,就经常在课件上展示阅读书目的相关原著内容。如在讲"对立统一规律"时,因为提前安排了《矛盾论》(毛泽东)的阅读任务,所以上课时一边在课件上不断借用毛泽东所用的中国式的、通俗易懂的、丰富生动的语言作为注解,一边用PPT形式将学生的部分心得材料进行展示和评价,收到较好的教学反馈。现在看来,能取得较好效果的原因,除了学生的熟悉感及个体受到关注之外,最主要的是一手材料的独特魅力。毛泽东在《矛盾论》一文中不仅体现了对统一规律认识的理性高度,而且展示了他运用大量来自不同生活层面事实材料将理论通俗化、生活化解释的能力,展现了高超的"教学功夫",可以说很多地方都比教师自己讲解要好。课堂上灵活地运用某些一手资料进行教学,就会让人感到在思维和语言所具有的说服力和表达力方面,伟人就是伟人,名人就是名人,非常人之可比。

第二,需要反对错误认识的情况。有些错误的观点,要么是对名人的思想材料片面理解、断章取义所致,要么是对名人的恶意丑化、对其思想的故意歪曲,要么像没能跳出如来佛手掌心的孙悟空一样早就涵盖在名人思维所论及和批判的著述范围内,此时提供一手资料往往能起到正本清源、立见分晓的效果。

在《纲要》课讲到太平天国运动时,因为一方面,对历史人物及历史事件的评价从来都是学习历史知识的一个难点,另一方面,洪秀全个人既有个人崇信宗教的负面影响,也有被封建地主阶级抹黑的一面,所以是否能够正确认识洪秀全,关系到对太平天国运动作为农民起义的光辉代表的正确评价问题。为此,在课堂上,笔者让学生运用手机的便捷功能搜索"洪秀全书法",让他们发言讲述搜到的结果及个人的看法。结果很多学生搜到了图4-2,并附有"看了洪秀全的书法,终于明白为何他连秀才也考不上了"的议论内容,然后表达了相关认同看法。此时也有个别学生搜出了如图4-3水平的作品,并表示赞赏态度。此时,笔者说:同学们,你们错了,知道吗? 这些全是伪作。然后在课件上展示图4-4的内容,说明这才是真正出自洪秀全之手的字迹,原件收藏在北京故宫博物院,并告诉学生此一信息的来源,是来自中国史学会主编、上海人民出版社出版的《中国近代史资料丛刊·太平天国(一)》书前插图说明。展示之后,告诉学生图4-2、图4-3全属伪作,洪秀全的书法既没有图4-2那么差,也没有图4-3那么好,之所以图4-2、图4-3之伪作反映的书法水平天壤相别,在复杂的原因中间不排除某种阶级倾向的因素。话题再转到"作为农民运动的领袖人物,历来有成王败寇的思想作祟",并引用毛泽东读二十四史有感的《贺新郎·读史》里的诗句,"有多少风流人物? 盗跖庄蹻流誉后,更陈王奋起挥黄钺",来表明对下层劳动人民奋起反抗所应有的同情与讴歌的阶级立场。此时,再告诫学生不要过分相信"碎片化"阅读得来的"二手""N手"资料,要学会读原典,读一手资料或可信度高的资料。此时,同学们表示非常愿意去读教师所推荐的书。这种结果自然有利于避免很多错误宣传所造成的影响。

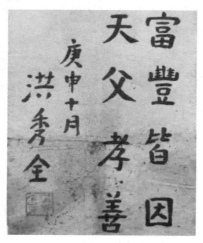

图4-2　伪洪秀全书法之一

图4-3　伪洪秀全书法之二

图4-4　洪秀全书法真迹

在《原理》课教学中,老师们更容易碰到学生提出的各种各样的问题,其中一些问题显然是来自各种社会现象及错误观点的影响,表现出对马克思主义经典作家的误解。对于这些误解,只有用原著里面的内容来回答才更有力、更见效。比如,对个别学生课后提到马克思、恩格斯的"暴力革命"思想时,把马克思、恩格斯误解为唯暴力是好的破坏者形象,显然来自"碎片化"阅读得到的错误言论误导。因为有代表性,笔者曾在课堂上结合"社会发展的动力"内容讲解,首先亮出马克思、恩格斯在《共产党宣言》直言的暴力革命思想,"共产党人不屑隐瞒自己的观点和意图。他们公开宣布:他们的目的只有用暴力推翻全部现存的社会制度才能达到",说明革命对社会发展的推动作用。之后,话锋一转,说道:虽然如此,并不表明马克思、恩格斯有任何对"暴力革命"手段的偏执和嗜好,他们一开始以及在后来阶段都曾表达过非"暴力革命"思想,比如:1845 年,恩格斯在《英国工人阶级状况》一书中,对资产阶级不惜一切手段镇压工人的诉求导致无产阶级暴力革命不可避免时,表达了强烈的遗憾,认为"要找到一个和平解决问题的方法,现在已经太晚了",显然说明,"暴力革命"是一种无奈的、迫不得已的选择;而当后来,英国的民主制度得到改善,无产阶级有可能通过"普选制"争取自己的权利时,恩格斯在 1871 年 7 月同"世界报"记者谈话时指出,"英国,工人阶级面前就敞开着表现自己的政治力量的道路。凡是利用和平宣传能更快更可靠地达到这一目的的地方,举行起义就是不明智的"①,充分表明恩格斯在历史条件许可下对于和平手段的积极肯定。

需补充的一点是,在运用马克思主义经典著作进课堂的时候,千万要注意避免因片面阅读和片面理解造成的错误认识。为此,要求我们的思政课教师,特别是非"马克思主义理论"专业的思政课教师,利用好业余时间进行"充电",全面、扎实地学习原著内容。高校思政课教师必须避免成为这样的人,应该加强原著学习和研究,在切实提高马克思主义原著研究能力的基础上提高研究和教学水平。这样,才能为加强高校思政课教学提供厚实的文本支撑,才能切实提高高校思政课的学术性和实效性。

(三)"大众化"教学

思政课的理论性质,注定了它有抽象难懂的一面,而理论又不能自发地在一般学生的思想中生成,注定需要将理论由外而内地灌输,即"大众化"的进路,那么如何让这些学生未掌握而且难懂的内容为学生所接受呢?前面我们在讲"还原式"思维的内涵中提到其基本内涵之一:"还原"认识之本,即回到学生的经验认识层面。外来的理性认识之所以能被受教育个体所接受,原因就在于受教育个体已经积累的相应感性经验以及理性思维的结构性能力。如果没有这些作为基础,理论认识不仅在受教育者心中难以找到

---

① 中共中央马克思恩格斯列宁斯大林著作编译局编译:《马克思恩格斯全集》(第17 卷),人民出版社,1963,第 683 页。

认同基础,而且不可能真正发挥指导实践的最终效用。既然从个体意义来说,感性认识是理性认识的基础,那么外来的理性认识在被受教育个体接受时,也就只有顺其自然地去对应寻找其能够嫁接于其上的经验认识基础。当然,原有的理性认识在形成过程中相应形成的公式性意义的思维结构与能力同时也是消化外来理性认识的工具,这是另一种意义上的经验性消化和认同。如果外来理性认识所包含的逻辑思维方式异于受教育者已经形成的思维方式,或者是找不到同质的对应,那么它要被接受将是不可思议的。经验所集结的内容,当然不只是在理知的认识范围内,也包含在道德、情感、意志、信念等非智力因素的经验内容内。这所有的经验积淀为受教育者在接受新的教育内容之前既已具有的"前结构"。受教育者在接受新理论内容时,就可以直接运用这种"前结构"去进行感性经验的唤醒、比对和认同,而无须再经历一次同质的实际行动过程。当然,由于经验所存在的狭隘性以及经验个体总结能力的差异性,难免会产生并非正确的经验认同与排斥,这也是再实践再认识不断进行的意义。但至少,我们找到了理论被消化的途径:学生心中的经验基础。

学生心中的经验基础异于理论的精细化、抽象化,而体现出感性化、零碎化、粗糙性特征,因此由书本理论到学生经验的传导过程,必然是一个"通俗化""大众化""下里巴巴化"的过程,需要将书本内容对应化为具体、形象的可感内容。比如,在"原理"课讲"生产力与生产关系的关系"的时候,教材内容提到:一方面,生产力决定生产关系。有什么样的生产力水平,最终就会有什么样的生产关系与之相适应,生产力的变化决定和影响着生产关系的变化。另一方面,生产关系对生产力有重大的反作用。当生产关系适合生产力的发展要求时,它会有力地推动生产力的发展;当生产关系不适合生产力的发展要求时,它会阻碍甚至破坏生产力的发展。相信,如果教师在上课中只用这些书本化、理论化的东西来原文照讲,那么教师只不过是教材的"复读机"而已,起不到书本到学生中间的"桥梁"作用、"导体"作用。在此内容上,有不少老师用"脚与鞋子"的关系来比喻"生产力与生产关系的关系":一方面,脚的大小决定鞋子的大子,多大的脚穿多大的鞋子,脚长大了,鞋子也要跟着换成大鞋子;另一方面,鞋子对脚的影响有什么呢? 大小合适,脚就舒服,不合脚而硬要套上去穿,不仅会脚疼,时间长了,还容易长"鸡眼",甚至脚趾变形。相信用这种生活经验去对比讲解的话,学生会容易明白,其原因就在于,虽然新授课之时,学生并没有"生产力与生产关系的关系"的思想意识,但却有鞋子与脚的关系的亲身体验。经验教学运用得当的话,就会起到桥梁式的沟通作用。

　　在理论通俗化讲解过程中,不仅需要形象化,也需要细心化。能够注意到理论内涵与生活现象之间的细微差异,才能让通俗化讲解更容易到位。比如在价值与使用价值的关系时,要讲二者之间的既对立又统一的关系,就涉及这个问题。先看在二者统一关系中的原理内容:作为商品,必须同时具有使用价值与价值两个因素。使用价值是价值的物质承担者,价值寓于使用价值之中。一种物品如果没有使用价值,就是无用之物,即使人们为它付出了大量的劳动,也没有价值。一种物品尽管具有使用价值,但如果不是劳动产品,也没有价值。对这一理论内容,相信不少老师都会用生活中的具体物品来打比方,比如在电脑、手机、数码相机盛行的时代,如果一个生产厂家还在生产已经过时的产品如录音机、影碟机、胶卷相机等,则会因为变成不具有使用价值的"无用之物"而卖不出去,不能成为商品,不能完成买卖交易过程,价值也得不到实现,因而也不具备价值。老师同样也通常会用"空气"来做例子,说它尽管具有使用价值,但因为不是劳动产品,也没有价值。用特殊物品或产品做例子代替抽象泛指的商品来讲解,能够调动学生的生活经验认知,从而更容易理解。但此时仍需注意"书本概念"与"生活概念"的差异这些细节,才能更容易实现这种观念对接。实际上,"政治经济学"中的"价值"并不是生活中的"价值"概念,因为生活中的价值是指客观事物满足人们某种需要的属性(其实在讲"真理与价值"内容时用的价值概念正是此种含义),而在这里,生活中的"价值"概念已经被表达为"使用价值",商品理论中的"价值"则被置换为另一种特有含义,即"凝结在商品中的无差别的人类劳动(包括体力劳动和脑力劳动)"。如果在举例时,不注意这个问题,学生会在理解"空气"没有价值上产生很怪的感觉,因为这不符合现实说法。如果学生回到家里跟没读过什么书的家长去讲"空气没有价值",估计家长还在想老师在说什么骗人的话呢。再者,讲二者对立关系时,原理内容是:商品的使用价值和价值是相互排斥的,二者不可兼得。要获得商品的价值,就必须放弃商品的使用价值,要得到商品的使用价值,就不能得到商品的价值。在讲这个道理时,笔者强调了商品的两种价值在实现过程中"分担""体现"在买卖双方身上,并用"钱物交换"(不要用物物交换增加理解难度)来举例,以为学生都能听懂了,结果有个学生说:老师,您不是说凡是商品都包含使用价值和价值两个因素吗?无论商品在谁手中,它都是商品啊,怎么会在不同人手中,就只包含其中一种因素呢?这时笔者发现,是生活中的"商品"概念与书本中"商品"的理论概念的差异性造成了学生理解的困难。根据生活常识(此时或许叫"想象中的理解"更妥),学生认为自己从商店柜台买的商品,无论何时都是商品,在商家那里叫商品,在自己手中依然叫商品。

这时生活经验不仅不能有助于理解书本内容,反而成了一个障碍,因此在理论走向生活化、通俗化之时,更要关心受教育者经验认识的本来面目。这个问题并不是特殊个例,因为作为书本或理论概念异于生活或想当然的概念之处太多了。人们平常生活中所常识性理解或凭空想的概念,被思想家、哲学家、政治家或其他理论研究者经过相应的思考将其重新定义,造成理解差异。如时间、空间、自由等一些本来包含着普通人自我感觉和想象成分的概念,或者像"运动""联系"等被经验常识或生活内容所理解的概念,在哲学家、政治家等人那里则经他们各自的思维认识和解读而形成不同内涵的概念,更不用说有些唯心主义者或诡辩论者故意搞偷换概念的把戏了。将书本理论通俗化理解,需要以清醒的识别和解读迈过这一关。

(四)"联动式"教学

"联动式"教学是指运用高校思政课的几门课程之间的联系或其他专业课程与思政课程的关联性内容进行教学内容融合、串联的教学方式。

1.思政课"联动"

高校思政课的四门核心课程,一方面各自有着明确的知识理论体系、教育教学目标和教学方法手段,对大学生进行分类化的思政理论教育,但另一方面,它们的思想内核和总体目标却高度一致、内在贯通,都是在运用马克思主义理论培养大学生政治素质和道德素质基础上,努力为新时代中国特色社会主义事业培养合格建设者和可靠接班人。这就需要思政课教师在教学过程中,要能够打破课程壁垒,采用多种方式实现跨课程的知识"联动"、串讲,以期既有利于在温习、巩固旧知识的基础上来延伸和学习新知识,又有利于从不同的角度对学生整体素质的提升施加综合影响。

实施思政课"联动"的核心是整合四门课程内容,实际上内容整合状况决定了联动能否有序推进、取得实效。如何整合课程内容,可以参考三种方法路径:一是以专题方式整合课程内容。以若干专题方式将"马克思主义理论研究和建设工程"相关课程内容进行有效整合,帮助大学生系统全面地掌握马克思主义理论。如"爱国主义教育"理论出现在《基础》课,而案例却可以从《纲要》课中择取,讲述近代以来中华民族在反对帝国主义侵略、争取民族独立国家富强、推动传统中国现代转型过程中涌现的可歌可泣的爱国主义事例。通过案例诠释和佐证论述,必将增进大学生对爱国主义的深彻体悟和情感认同。二是以分领域方式整合课程内容。要以学科专业为参照依据,对相关课程内容进行有效整合。马克思主义及其中国化理论体系宏阔、意涵深邃、内容丰富,涉及经济、政治、社会、文化、哲学、历史、教育、生态、法学等诸多学科,需要以分领域方式整合各课程内容。如从哲学、政治经济学、科学社会主义等学科领域整合马克思主义及其中国化理论成果,便于大学生系统把握马克思主义经典理论的精髓和真谛。三是以时间为脉络整合课程内容。以历史发展为主线,对相关课程内容进行有效整合,这尤其适合《纲要》课和《概论》课。《纲要》课重在让大学生深刻领会和精准把握"四个选择",而《概论》课则系统阐述了马克思主义中国化的历史进程和最新成果。如以中国近代 180 余年来以及中国共产党成立 90 余年来、执政 70 余年来、领导改革开放 40 余年来的时间为整合脉络,能够清晰展示中华民族从站起来、富起来到强起来的伟大复兴之路。

为了更清楚地说明思政课"联动"的问题,现在来讲一些笔者在教学中的具体实例。在《纲要》课讲到《天朝田亩制度》的历史局限性时,因为考虑到古代中国的"大同"社会理想以及历来农民起义中包含的追求"平均""平等"思想都在《天朝田亩制度》中有着集中的体现,某些因素又与中国共产党领导的新民主主义革命的追求方向有着一定程度的"类似",于是笔者认为有必要结合马克思、恩格斯创立的科学社会主义理论以及马克思主义中国化过程来谈谈它的局限性。在讲了教材中对"小生产者的历史局限性"所分析的农业生产方式思维内涵之外,笔者将其中的核心思想"平均""平等"追求与共产主义运动进行了简要的串联和评议:《天朝田亩制度》集中反映了农民阶级对于美好社会的良好愿望,但与马克思、恩格斯创立的科学社会主义思想相比,有着很大的空想性质。不仅不能像马克思、恩格斯一样在揭示人类社会发展基本规律基础上对未来社会进行科学的设想,而且从后来中国共产党领导的中国革命与建设的历史经验上看,太平天国的"大同"社会追求因为有很多实际问题要面对而以当时领导人的观念来看是不可能从思想上能认识到位的。社会主义时期的"大锅饭""共产风"所代表的"绝对平均主义"已经在实践中被证明其不切实际的成分,直到改革开放时期,邓小平在对社会主义有着深刻理解的基础上,才找到了一条通向共同富裕的现实路径,即让一部分人先富起来。改革开放的巨大成就证明了这才是追求共产主义最终目标所必须经历的现实思考和实践过程。当然,我们不能站在今天的高度去强求前人,这里旨在说明,在无产阶级的社会主义运动史上经历了长期的思想发展与实践过程才积累起来的经验和认识,是太平天国运动领导人及其所代表的农民阶级在当时的历史条件下所无法虑及和实现的,其平均主义思想不可避免地表现出很大的历史局限性。又如,在讲到洋务运动"自强""求富"目的最终失败的最根本因素时,需要说明"以维护封建统治为目的而发展资本主义"的思维,即"中体西用"的核心思想,是不可能让中国走上富国强兵之路的。而这个道理,如果不讲生产力与生产关系、经济基础与上层建筑的关系,学生不容易理解,这既需要运用《原理》课的内容来解释,更有必要结合《概论》课关于"改革开放"理论与实践来说明和证明。

我在这里举的两个例子反映的是《纲要》课用其他课程内容来补充的例子。实际上,其他课程都存在着相互的借用、印证、补充的情况,不仅已经为同行们在实际的教学之中所经常应用,而且也需要在长期的教学实践中去拓展,这里就不再一一说明。

2. 思政课与专业课的"联动"

首先说明,"思政课程"教学内容在专业课教学中体现的"课程思政"的"联动"实践并非这里讲述的主题。这时要讲的是,思政课教学中,可以在课堂内容需要的情况下,根据学生所学专业的不同性质引入相应的解释内容和活动内容。

思政课教学中兼顾学生的专业背景是"因材施教"理念的具体体现,只有"因材施教",努力实现教学内容的专业性,学生才更加容易理解和接受,思想教育才更具吸引力和感染力。也就是说,课程教学内容要体现专业特色,尤其是进行案例教学时要充分考虑到学生的专业和今后可能从事的工作岗位特征,对案例进行精心选择。相同的教学内容,对不同专业的学生进行教学时,选择的案例却可以做相应的调整使其具有"专业性"。坚持以不同专业的人才培养目标和要求,作为调整课程教学内容的主线,才能增强教学的易接受性和实效性。教学内容的选取和调整,要在尊重教育部统编教材的前提下,紧密结合各专业的培养目标选取和设计教学内容,要根据学生将来的职业岗位需求,针对不同专业学生进行不同的职业理想、职业道德、职业纪律、责任意识、服从意识、集体意识等方面的培养与教育,从而帮助学生树立远大的职业理想,培养高尚的职业道德,树立起爱岗敬业、钻研业务、乐于奉献的精神境界;培养良好的纪律观念,养成自觉遵守纪律的好习惯;树立艰苦奋斗的精神,提高社会适应能力,使他们毕业后能在基层生产、服务第一线或艰苦条件下下得去、留得住、干得好。例如对会计专业学生进行思想道德修养与法律基础课教学,在讲授过程中应详略得当,突出会计法律部分和会计的职业道德与责任的教育。重点讲授《民法》《刑法》《经济法》《会计法》,因为这部分内容既涉及法律基础知识,又能够与经济类学生所学专业结合起来形成兴奋点。其次,密切结合学生主修专业讲授法律知识。在给会计电算化、国际经济与贸易专业学生讲授合同的成立和生效,密切结合其专业特点,讲授一般合同与经济类合同的异同。这样尽量缩短理论和现实的差距,注重知行的统一,学生认同度就会不断提高,学生学习的注意力就会越来越集中。

北京大学马克思主义学院孙代尧教授,曾经讲过一段自己的教学经历:一次《原理》课,讲到"共产主义远大理想与中国特色社会主义共同理想的统一"话题并展开课堂讨论时,学生们在讨论中提出,共产主义离我们很远,我们现在是建设中国特色社会主义,一个这么远,一个这么近,怎样理解两者是统一的? 他向学生们讲了自己的理解。他举了一例子,田径比赛中有4×100米接力赛,跑好"接力赛",既不能"抢跑",也不能"后退",更不能"掉棒"。体育比赛有接力赛,历史也有"接力赛"。实现共产主义就是一代又一代人的"接力赛",是由一个一个阶段性目标逐步达成的历史过程。跑好历史"接力赛",既不能"抢跑",搞超越历史发展阶段的"冒进";也不能"后退",回到僵化封闭的老路;更不能"掉棒",像戈尔巴乔夫那样对共产主义前途丧失信心而走改旗易帜的死路。在历史"接力棒"的交替传递过程中,坚持和发展中国特色社会主义,就是为实现共产主义远大理想所进行的实实在在的努力。所以说共产主义既是未来的理想,又在我们的现实生活中。他这样结合体育知识来上思政课的方式不仅因为有生活经验的基础容易让学生理解,而且在面对体育专业学生时会更有亲近感。这个例子告诉我们,在作为公共课教学的思政课堂上,在举例说明思政课相关知识内容时,我们不妨针对不同的专业学生设计不同的引证材料,来提高其兴趣并增进其对内容的理解。

(五)专题式教学

专题式教学是指根据思政课教学的实际需要,在教学大纲和教学目标的总体要求之下,改变教材章节体系,调整教学顺序及相关教学内容,将课堂教学内容分别处理为一系列教学专题,从而致力于在课堂上集中解决某一问题的教学模式。

采取专题式教学的考量因素主要有:①教学容量问题。《〈中共中央宣传部 教育部关于进一步加强和改进高等学校思想政治理论课的意见〉实施方案》(教社政〔2005〕9 号)实施以来,思政课各门课程均使用统编教材,教材内容高度压缩,涵盖面广,教材信息量大、知识跨度广,而教学课时却十分有限,教师很难在有限的课时中完成全部教学任务,授课过程中很多知识点自然就会出现"蜻蜓点水"式的泛泛而论,学生往往因此知其然而不知其所以然。②思维能力的培养。在信息社会里,与其多学一点死知识,不如多培养一点理解并产生知识的能力,即思维能力。既然思政课课堂不足以让教师讲清楚所有内容,那么不如精选一些教材内容,将其中的知识内容所包含的道理讲清讲透。从注重"是什么"的告知,转向"为什么"的理知,在注重学生思维主动性和创造性的培养之下,使其具备理性分析和运用知识的能力,具备举一反三的能力。③大学生的自学能力。大学阶段的学生具备了一定的阅读理解能力,只要其学习态度足够端正,再加之以教师的正确引导,无论是专题教学之外的内容,还是专题教学中特意安排的自学内容,都可以通过学生的自学过程来掌握。既避免了对学生已有认知能力的忽略,也有利于学生在自学中锻炼和提高认知能力。

思政课专题教学模式构建的基本思路和基本要求:①合理设计专题内容。在确定专题时,应全面深刻领会教学大纲要求,掌握教材的基本内容,提炼教材的逻辑主线,使专题内容之间既各具独立性又相互连贯;注意重难点的设计,一堂课中重难点不宜设置过多;注重详略处理,把核心知识点的道理讲透,把非核心知识点的讲解时间和程度控制在合理范围内。②注意学生的接受过程。之所以变教材讲授为专题讲授,主要目的是为了避免因教师的泛泛而论导致学生对所学知识不理解不接受的问题。因此,采用专题式教学授课的过程中,更应该考虑学生的接受能力和接受状况,要考虑引入新鲜的现实材料、增强教学互动、注意启发式教学方法的运用等。③学习过程自主化。一方面,专题式教学旨在培养学生的主动思维能力,另一方面,专题式教学在精选的教学内容范围内又加深了相关理论知识的广度和深度,因此,为了取得较好的课堂教学效果,就需要学生进行自主学习,花时间做好课外学习和课前预习,课堂上积极思考参与互动,增强问题意识,课后能根据教师布置的思考题,及时查阅相关资料,增强学习效果。

(六)特色文化融入思政课堂

1. 中国传统文化融入思政课教学内容

中国的传统文化,是马克思主义中国化的深厚土壤根基。在宣传思政课教材主题内容之中,引入中国传统文化,更容易以中国人自己的思维方式来理解源自西方文化背景下的马克思主义。特别是马克思主义的哲学部分,无论唯物主义,还是辩证法,或者讲认识论,都可以结合着中国哲学思想去讲。马克思主义哲学是在西方哲学土壤中成长起来的,包含了对以黑格尔与费尔巴哈思想为代表的西方哲学思想的批判与继承,容易让教师在解读时总是以西方哲学的材料为例,而忘了中国人也有相应的智慧和成长过程。如果结合中国传统的哲学思想来讲,用中国人自己的思想内容做注释材料,既容易让学生在产生亲近感的基础上理解马克思主义,也能在批判与继承中国传统思想的基础上弘扬和发展中国文化,最终有利于促进中国文化走向世界。从先秦诸子学,中经汉代经学、魏晋玄学、隋唐佛学,到宋明理学,明清之际的经世实学,无数个思想家们在世界的本质与存在状态,在人对世界的理解上,特别是在人与世界的关系上,做出了中国人特有的思考。其中,唯物主义和辩证法的内容固然可以正面使用,但唯心主义与形而上学的观点也不乏启迪智慧、引发思考的作用,可以适当引用。如在讲唯物主义观点时,不妨讲下先秦的"五行说",王充的无神论,张载的"知太虚即气则无无"的"气本论",王夫子的"太虚,一实者也"的"实有"观。讲辩证法时,可以讲下《老子》的"返者道之动""祸福相倚""柔弱胜刚强"等;《易传》的"在天成象,在地成形,变化见矣""生生之谓易""易穷则变,变则通,通则久";王弼的"凡阴阳相求之物也";张裁的"一故神,两故化";王夫之的"静而生阴,动之静也。废然无动而静,阴恶从生哉"。这些思想家的任何一方面的思想都有着丰富的内容,非本文摘一两句所能穷尽,课堂教学时如能精讲一二即可。至于唯心主义与形而上学的观点,以及认识论等方面的观点,此处不再一一举例,但凡对中国哲学有了解的人都能很容易发现这些内容。当然,在讲解中,要以马克思主义哲学为主线,中国哲学的内容只是充实讲解的正反材料,切不可喧宾夺主、主次不分。

《思修》课是最能引入或最需引入中国优秀传统文化内容的课程。教师们可以利用中国历史上大量的名人故事、名言警句、文学经典,再现中国人的爱国精神、民族气节、奋斗精神、理想信念、道德情操和人文情怀,并结合适当的形式让学生受到传统文化的熏陶,自觉抵制西方价值观念中的利己主义、个人主义、功利主义的影响。如在爱国主义和民族精神的教育中,可以讲下战国时期的屈原虽遭流放、却仍然不改忧国忧民之心,而最后以身殉国的悲壮故事,诉说一下屈原在"长太息以掩涕兮,哀民生之多艰""亦余心之所善兮,虽九死其犹未悔"诗句中所饱含的爱国爱民深情;讲一讲民族英雄岳飞"精忠报国"、戚继光英勇抗倭、郑成功收复台湾、林则徐"虎门销烟"、邓世昌"血战黄海"的英雄壮举。

在宣传集体主义,培养为人民服务思想,以及处理好人与人、人与社会关系方面,可以从中国传统伦理思想中的"整体至上"精神来提炼,如孔子所言,"有杀身以成仁,无求生以害仁"(《论语·雍也》),"不义而富且贵,与我如浮云"(《论语·雍也》)。孟子曰:"生,我所欲也;义,我所欲也。两者不可得兼,舍生而取义者也。"(《孟子·滕文公上》)墨子的"兴天下人民之大利"(《墨子·经上》),杜甫的"安得广厦千万间,大庇天下寒士俱欢颜,风雨不动安如山"(《茅屋为秋风所破歌》),范仲淹的"先天下之忧而忧,后天下之乐而乐"(《岳阳楼记》)。这些思想都坚持从国家利益和整体利益至上的原则出发,在个人对他人、对社会、对群体的关系上,仁义至上,人民优先;考虑个人利益时不违背道德原则,不伤害社会和他人利益,而提倡先人后己,先公后私,因此,它们都能成为很好的思想教育材料。在提高公民道德素质和健全人格方面,可以融入中国传统文化中克己励志、修身养性的思想和方法。诸如"天行健,君子以自强不息。地势坤,君子以厚德载物"(《周易》)的奋斗精神和仁德情怀;"三军可以夺帅也,匹夫不可以夺志"(《论语·子罕》)的坚定立场和志向;"可杀而不可辱"(《礼记·儒行》)、"不食嗟来之食"(《礼记·檀弓》)、"出淤泥而不染"(《爱莲说》)的高尚人格追求;"见贤思齐,见不贤而内自省"(《论语·学而》)的反省意识;"君子慎其独"(《礼记·中庸》)的自觉和境界;"格物致知""正心诚意"(《礼记·大学》)的内省外察方法。

传统文化融入思政课教学,要注意以下几点:①要求教师深入研究中国传统文化,明辨其中的精华与糟粕,防止对待传统文化的复古主义和虚无主义,防止以西式思维任意曲解和否定中国优秀传统文化和传统美德;②要注意形式与内容的结合。中国传统文化在书本语言表达上的障碍,以及其中直接说教的成分,都需要教师发挥教学艺术,充分利用现代多媒体技术的优势,精心构思和设计恰当的教学活动和内容安排,才能达到较好的效果。

2. 红色文化融入思政课教学内容

2018年3月8日,习近平总书记参加十三届全国人大一次会议山东代表团审议时强调:"红色基因就是要传承。中华民族从站起来、富起来到强起来,经历了多少坎坷,创造了多少奇迹,要让后代牢记,我们要不忘初心,永远不可迷失了方向和道路。"这段话明确而集中地表达了在新时代条件下宣传红色文化的特殊意义。中华民族在中国共产党的领导下从新民主主义革命到社会主义革命和建设,再经过改革开放的不断努力终于迎来了中国特色社会主义建设的新时代,不仅过去不容易,将来能否续写辉煌,也正面临着许多风险和压力带来的挑战。党的十九大报告指出:"当前,国内外形势正在发生深刻复杂变化,我国发展仍处于重要战略机遇期,前景十分光明,挑战也十分严峻。"重要战略机遇期与重大风险期两种状态并存,光明前景与严峻挑战两种趋势同在,构成了中国特色社会主义进入新时代的显著特征。经济全球化的风险,贸易保护主义下的贸易摩擦,恐怖主义、地区热点等带来的国际安全环境的考验,国内经济发展不平衡不充分的一些突出问题,经济发展的结构性矛盾,民生、生态领域的矛盾,城乡、区域发展的不平衡问题,等等,都对中国的发展提出了严峻的挑战。但是,相对于这些挑战来说,更大的挑战来自国内外意识形态领域的斗争,来自中国共产党自身建设的考验,因为,这是涉及中国共产党的领导地位、执政地位的政治性、方向性的大问题。如果在这种考验之中,我们出现了政治性、方向性错误,最终选择了错误的发展道路,中国特色社会主义建设的伟大成就就会被付之东流。因此,以"不忘初心、牢记使命"为主题,加强意识形态教育工作就成为高校思政课教学的时代环境、大环境。

青年大学生是中国特色社会主义事业的建设者和接班人,他们的价值取向决定着未来中国社会的价值取向,决定着中国未来的道路选择。实践已经证明,中国共产党领导的中国特色社会主义道路是中国人民走上幸福生活的必由之路,必须排除各种干扰长期坚持。但是随着时间的流逝,老一辈无产阶级革命家们在那激情燃烧的岁月里为共产主义理想前赴后继的身影渐渐模糊、渐渐淡去,再加上西方势力和价值观念的影响,青年一代与革命先辈的时空距离和情感距离正在加大。因此,能否以红色文化向大学生传承红色基因,让他们真切地去体验革命先烈们为共产主义理想而勇敢斗争、不怕牺牲、克服困难、争取胜利的高尚情操和伟大精神,是在思政课教学中能否坚持的重大政治问题、方向性问题。如果说,思政课教材的内容总体表现为真理知识与价值观的理性认知的话,那么,红色文化的教育内容就不限于此,它更包含着革命情感培养、革命精神和意志的锻炼,是理性认知不可或缺的帮手,是将理性认知得来的认识推向实践活动的强大而持久的动力。只有在青年大学生中进行红色文化的宣传,才能巩固马克思主义理论在大学生头脑中的影响,才能使青年大学生不忘革命先辈们的初心,牢记为中国人民谋幸福、为中华民族谋复兴的光荣使命,才能使新时代中国特色社会主义建设事业薪火相传、后继有人。

红色文化融入思政课,不仅是重视教学内容的渗透和调整,更需要结合适当的教学形式来实现,这是由红色文化教育功能及其特点所决定的。红色文化教育功能及其特点在于对大学生进行革命情感、革命精神和革命意志的教育和培养。因此,教师在思政课教学中需要改变"案例教学"模式下学生的旁观者角色,应该运用诸如"情景式教学""体验式教学""感触式教学"等创新模式,用红色文化去打动学生的情感世界,才能让红色文化成为思政课书本内容发挥实际作用的"催化剂",使书本知识转化为内在的革命理想信念,并用革命精神和意志推动理想信念的实现。

红色文化教学内容的选择,既可以结合当地红色文化教育资源,也可以跨出地域局限,但切忌空泛演绎。为切实增强红色文化的感染力,最好是尽力挖掘当地红色文化材料。例如,笔者所在的贵州省黔西南州,红色文化资源就比较丰富,现有红色旅游资源100多处,分别包括:长征期间,红军先后五次进入兴义,行程100余公里,传播革命真理,建立革命政权,实践党的民族政策,播撒革命火种的故事;抗日战争期间,贵州省工委派遣李运亨、顾灵运等中共地下党员组织发动兴义县各界进步人士、爱国人士积极开展轰轰烈烈的抗日救亡运动,更有无数热血男儿在抗战中血染沙场的英雄事迹;解放战争时期,1949年12月,中国人民解放军和平解放兴义,并开展了誓死保卫新生人民政权的剿匪斗争,100余名解放军指战员献出宝贵生命。境内的红色历史事件,留下了一些重要战斗遗址、遗迹,如猪场、凹起勒、品甸、将台营、兰花山、大扁坡等重要战斗遗址、遗迹。兴义市的红色故事和红色遗址为兴义民族师范学院思政课堂进行红色文化教育提供了丰富的地方资料和宣传舞台,需要思政课教师一方面深入整理红色文化资料实现与教学内容的深度融合,另一方面加大课堂教学方式改革,以故事、纪录片、微电影等形式进行课堂教学,或到革命遗址进行现场教学,开辟第二课堂。中国共产党领导中国人民建立新中国的时间跨越28年,地域跨越全国的每一个省、自治区和直辖市,革命事迹四海流传,革命遗址遍布各地,因此相信,只要各地高校注意收集相关红色文化资源,就一定会有丰富的收获,也一定会让当地的红色文化资源在思政课堂上发挥其应有的作用。

3. 本土文化融入思政课教学内容

本土文化概念本身就是一个变量概念,是因文化所处的地方区域不同而指向的文化主体也不同的不定概念,在这里应用在省、地高校思政课教学方面有特定意义:①指省、地高校所在的省、地文化,如果省、地属于民族自治地区,则还包含省、地民族文化。因此,本土文化强调文化的地方性、民族性,当然包括地方、民族文化的传统与现状。②"红色文化"从所在地域来说本来也可以归入本土文化,但因其内容的革命性质之特殊,本书将其单列并在前面分讲。因此,本土文化特指红色文化之外的民族性、地方性文化。

本土文化为何需要融入思政课教学?可以从三个层面依次分析:首先,这是增强学生对家乡的认同和热爱,服务地方经济社会发展的需要。一方面,在全国大学生就业竞争日益激烈的情况下,对于大部分省地高校及其学生来说,不得不分别将人才培养和个人就业定位在不同地方;但另一方面,由于中国目前经济社会发展的城乡、区域发展不平衡,经济社会发展相对落后的地方,特别是西部边远、民族地区,不能够提供更加优越的科研条件、工作环境、工资待遇和生活条件，所以造成了一些毕业生不能心甘情愿地选择在家乡就业的矛盾心理。所以，如果单从服务就业等经济社会发展需要的层面上讲，在课堂上引入本土文化，可以让校园里的大学生更多地了解家乡，了解家乡的历史和现状，增进对家乡的认知和情感，能够站在家乡建设需要的角度积极选择并安心在家乡就业。其次，这是增强学生兴趣，提高思政课抬头率的需要。由于思政课立意高远，涉及的多是中国与世界、国家与人民、历史与未来的"大事"，即使涉及的个人，也是从个人修养、人生观、价值观的宏观角度来进行的教育，所以如果教师教学方式失当的话，更容易在学生心目中产生所谓"假大空"的错觉，影响学生兴趣程度。从一个人对周边及相关事物的关注热情高于远不可及、关联度不高的事物的普遍心理来看，如果引入本土文化，就会让学生因为家乡的亲近感和熟悉度而对教学内容有更多的兴趣感。最后，这是思政课教育目标的需要。通过本土文化的引入，增强学生对家乡的关注度和热爱之情，教育学生立志为改变家乡而奋发学习，其实就是在培养学生的家国情、报国志，是家国情、报国志的体现和落脚处，这本身就应当成为思政课教育目标落在实处的"微观"切入点。只有具备这种"微观之处见精神"的意识，才能逐渐克服某些思政课教育"大而空""华而不实"的毛病。

正是因引入本土文化进入思政课教学有诸多的现实意义，这个话题受到了越来越多的人的关注，特别是一些地方院校思政课教师的关注，他们纷纷撰写论文，分享相关做法，提出建设性意见。吕尚苗在《山西本土文化融入高职思政课的价值与策略》中谈到如何将山西本土文化纳入思政课教学内容时提出："教师可以根据教学内容，编制《思想政治理论课故事集》，并针对某一教学章节，编写教学活页，供教师之间共享借鉴。例如，在讲授思想道德修养与法律基础课的'传承中华传统美德'时，给学生讲尧舜的德孝文化、关公的忠义文化等，引导学生理解中华传统美德的基本精神和核心要义，并正确对待中国传统道德；在讲授'发扬中国革命道德'时，给学生讲左权将军、刘胡兰烈士壮烈牺牲的故事，帮助学生从中感悟太行精神和吕梁精神的力量，更好掌握中国革命道德的主要内容和当代价值。"胡忠喜在《三峡移民文化在高校思政课中的运用——评〈三峡移民文化理论研究〉》一文中，充分肯定了三峡移民文化对于三峡移民地区的高等院校大学生进行思想政治教育的意义，并指出，在思政课教学内容创新时，应适当摒弃连篇累牍的理论概述，适量融入三峡移民文化内涵，即"三峡人民吃苦耐劳、乐观豁达、豪侠重义、创新乐学的精神"，为思政教育理论找到一个适当的落脚点。笔者所在地贵州黔西南州是布依族、苗族自治州，本土文化不仅丰富，而且极具民族特色,例如:兴义市则戎乡冷洞村就是"贵州精神"的发源地。这里生态地理环境极其恶劣,石漠化严重,土壤稀少、贫瘠,地下水严重缺乏,极其不利于农业生产。但是在当地优秀共产党员和优秀乡村干部的带领下,当地农民克服了重重困难,砸石整地,劈山开路,屡败屡战地寻找和钻探地下水源,不仅生生地在石山上开拓出一片片土地,解决了吃饭问题,而且发挥聪明才智,巧用雨水、露水在山崖上种植金银花,开出致富路。每一个到当地参观的人了解详情后都会情不自禁地发出感叹并心生敬意。2010年4月,时任中共中央政治局常委、国务院总理的温家宝来到当地视察,深受感动,高度赞扬了当地人民"不怕困难、艰苦奋斗、攻坚克难、永不退缩"的精神,并把它作为"贵州精神"的集中体现和代表。兴义市则戎乡冷洞村的"贵州精神"完全可以作为思政课教学的活教材,对学生进行生动的思想教育。另外,黔西南州布依族、苗族的民族文化,如民歌、舞蹈、民间故事中包含的具有教育意义的内容都有待思政课教师去研究和开发。总之,中国疆域辽阔,各地本土文化内涵丰富,如何将所在地方的本土文化与思政课教学有机地结合起来,将是对地方高校思政课教师职业责任和能力的考验。

五、教学内容创新应注意的原则

习近平总书记在"3·18"座谈会讲话提出的"八个相统一",对思政课教学提出了基本要求,其中五个方面对思政课教学内容的改革与创新具有特殊的启示意义,下面分别叙述。

(一)坚持政治性和学理性相统一

思政课是落实立德树人根本任务的关键课程。办好思政课,最根本的是要全面贯彻党的教育方针,解决好培养什么人、怎样培养人、为谁培养人这个根本问题。我们党立志于中华民族千秋伟业,必须培养一代又一代拥护中国共产党领导和我国社会主义制度、立志为中国特色社会主义事业奋斗终身的有用人才。因此,思政课的教学内容创新中,必须首先坚持正确的政治方向、价值观念和育人思想,必须以统编教材为基础、为核心,其他补充性内容、辅导性资料都必须与统编教材的核心内容、核心思想保持一致。坚持反对以教学内容创新为名,行资产阶级自由化宣传之实,把思政课讲台变为宣扬非马克思主义思想甚至反对马克思主义思想的地方。

同时,在内容创新中,思政课不能简单地"照本宣科",而要以透彻的学理分析回应学生,以彻底的思想理论说服学生,用真理的强大力量引导学生。因此,要求教师要充分利于时代、社会提供的鲜活实践材料,要关注学生的思想实际和接受能力,运用学生所喜闻乐见的形式去进行教学,才能使思政课教学真正以理性的魅力征服学生、影响学生。

(二)坚持建设性和批判性相统一

思政课教学内容创新涉及讲什么内容、如何讲的问题,涉及如何看待一些负面问题负面现象的问题。在此方面,要求思政课教师一方面要坚持建设性,要用中国特色社会主义事业的巨大成就以及众多共产党员和普通群众的先进事迹等作为正面材料、主体材料,积极宣传主流意识形态,弘扬社会主义核心价值观,传播促进社会发展的正能量。同时,也要坚持批判性,不回避各种问题,要善于在各种问题的批判性分析中,引导学生掌握辩证的方法、历史的方法来看待问题,从而形成正确的观点,学会辨别是非的能力,引导学生自觉批判错误观点和思潮。

(三)坚持统一性和多样性相统一

统一性和多样性相统一的原则,要求在教学内容创新中,既要坚持教学内容的统一性,坚持利用统编教材的基本内容,宣扬马克思主义的世界观、人生观和价值观,坚决反对任何非马克思主义思想、非无产阶级思想,又要坚持多样性原则,补充多种事实材料和思想材料,采取多种形式,使思政课教学在鲜活、生动的内容教学中,增强说服力和感染力。

(四)坚持价值性和知识性相统一

思政课教学是以马克思主义的理论知识为媒介,向学生宣传无产阶级价值观的课程,体现了真理观和价值观的统一,体现了理论知识的传播与培养社会主义建设人才的统一,因此要求在教学内容创新中必须坚持价值性和知识性相统一的原则。一方面,要在理论知识传授中,融入对大学生进行理想信念、思想道德的教育内容,避免思政课变为纯理论知识传播的课堂;另一方面,要在坚持对大学生进行思想政治教育的主旋律下,寓价值观引导于知识传授之中,以宽广的知识视野、国际视野、历史视野把道理讲明白、讲清楚,使学生在真懂真知的基础上,使马克思主义的价值观成为影响学生信念和行为的内生力量。

(五)坚持理论性和实践性相统一

思政课所宣扬的马克思主义理论,既来源于实践,又应用于实践,因此要求在讲授过程中,在教学内容改革与创新中,必须坚持理论性和实践性相统一的原则。这一原则要求思政课教师,既要在理论知识讲解中增加中国特色社会主义建设中的各种实践材料,使理论教学贴近社会现实,避免空口说教,又要注意各种社会实践活动的开展,使学生在实践活动中掌握运用知识分析和解决实际问题的能力,并使马克思主义思想成为自己思想和行为的指南。

第五章　高校思政课的教学方法创新

清醒认识目前高校思政课教学方法创新的成效与问题,是有效实施下一步教学方法创新的关键。把握"还原式"思维,能够使教师在具体的教学方法选择中做到扬长避短、守正创新、综合运用,充分发挥各种教学方法的特有作用,服务于共同的教学目的。

一、高校思政课教学方法创新的成效与问题

经过多年来全国各高校思政课建设工作的加强,思政课教学的局面已经整体改观,学生对思政课教学的满意度不断上升。这一点,我们可以从2017年教育部组织专家深入各高校思政课堂进行听课和调研的情况得到证实。在2017年5—7月间,为督促和检查全国"高校思政课教学质量年"活动的开展,200多位由中管高校领导、地方教育部门负责同志、全国重点马克思主义学院知名专家、思政课传统优势高校领军学者等200多人组成"豪华阵容",分赴祖国版图的各个方位,累计调研行程逾60万公里,深入到2 500多所高校,走进3 000个原生态思政课课堂,邀请30 000多名学生参与随机调研,对照教材、教法、学科、教师、机构等五大指标,拿出了一份史上最全的思政课"体检报告"。结果表明,思政课课程优良率达83.2%,在受访学生中,86.6%表示非常喜欢或比较喜欢上思政课,91.8%表示非常喜欢或比较喜欢自己的思政课老师,91.3%表示在思政课上很有收获或比较有收获。在这次大规模拉网式听课中,各学校被听课的思政课教师的精彩表现,给专家组和新闻记者都留下了深刻印象。南京航空航天大学能源与动力学院党委副书记徐川在课堂上,用学生喜闻乐见的网络流行语、生动鲜活的生活场景拉近了与他们的距离,轻松诙谐的"包袱"不时引爆全场。在谈到自己的教学"秘籍"时,徐川说:"思政教育最重要的是以心换心,不能自说自话,不知道青年要什么想什么。"在清华大学的思政课堂上,手机从"低头的工具"变成了"抬头的利器"。老师和学生通过扫描二维码连接微信,将学生在微信上的答题和评论一一投射在大屏幕上。通过"雨课堂"的答题和弹幕功

能,老师可以现场对学生进行测试和学习成效调查。在对全国高校思政课课堂教学进行总结时,教育部进行了高度评价:"专题教学、案例教学、情景教学……一年来,全国各地高校结合本校实际创新发展出一大批品牌教学法,不断丰富课程形式、创新内容载体,越来越多的思政课变成了学生心目中的'爆款'。"①教育部的这次听课与调研结果,集中反映出全国各高校思政课教学方法整体状况,从原来的"配方陈旧""工艺粗糙""包装不时尚""缺乏温度"到现在的"配方先进""工艺精湛""包装时尚""有情有义""有滋有味"的华丽转身。

但是,从另外一些角度看,对于教育部的这次调研总结和相关统计数据还存在着需要再仔细分析的问题。如此高的优良率和学生好评,以及被听课教师近乎完美的教学表现,究竟透露给我们哪些信息?为了能够较为客观地说明这些问题,尚需多了解一些调研情况,这里再选择两个调研信息作为研究参考。

先看一组取自董前程 2017 年博士论文的调查数据,这组数据是作者对相关 10 所高校的学生和教师进行抽样调查得到的统计结果。其中,"当前高校思想政治理论课教学模式运行效果"一项的满意度调查结果是:学生方面,"满意"以上的仅占 33.10%,"不满意"及"非常不满意"的占 43.30%(见图 5-1);教师方面,"满意"以上的占 57.00%,"不满意"及"非常不满意"的只占 24.00%(见图 5-2)。另外一项针对"高校思政课教学模式改革的必要性"的调查中,有 37.90% 的学生认为有必要,32.00% 的学生认为很有必要,选择这两项的学生高达 69.90%(如图 5-3);有 45.00% 的教师认为有必要,33.00% 的教师认为很有必要,选择这两项的教师高达 78.00%(如图 5-4)。两项数据表明:①学生对当前自己所在学校思政课教学模式满意度并不很高(仅占三成左右),强烈希望任课教师转变原来教学模式;②教师对自己当前的教学模式满意度比学生的要高,反映出教师对于教学效果的"自我感觉良好"的一面,但同样也对教学模式改革有强烈的期望,甚至期望值比学生还高。这种既然"满意"还渴望"改变"的状态看似反常,但却可以理解为:教师认为的教学效果还比较满意应该多是从教学目标的实现层面,

---

① 焦以璇:《思政课堂 点亮青年信仰——高校思政课教学质量年专项工作述评》,中国教育新闻网-中国教育报,2018 年 2 月 27 日,http://www.moe.gov.cn/jyb_xwfb/xw_zt/moe_357/jyzt_2018n/2018_zt05/zt1805_szgg/201802/t20180227_327855.html,访问日期:2020 年 5 月 21 日。

凭借教师单方对教学内容的精熟把握,即使形式单一也能"圆满"地有侧重地完成教学任务,更有可能的是他们渴望学校层面给予改革所需硬件与软件支持,因此,他们也同样会认为在教学方式上有更多改变的现实空间和愿望空间。

图 5-1 学生对当前高校思想政治理论课教学模式运行效果的满意度

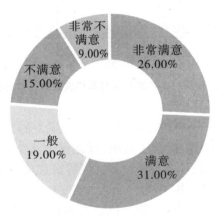

图 5-2 教师对当前高校思想政治理论课教学模式运行效果的满意度

再来看一组来自《南方都市报》的调研数据,此数据是对 140 名高校学生的问卷调查,调查结果的相关信息是在追踪报道上述教育部 2017 年拉网式听课和调研活动的一篇文章中展示的。该调查问卷的主题是"为思政课建言",其中与我们要研究的教学改革相关的信息有 4 个。①题干项:你有没有觉得学校的思政课正在进行改革?单选题答案选项及统计结果:A. 没

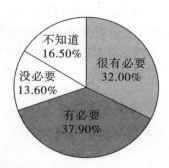

图5-3 学生对学校思政课教学模式改革必要性的投票

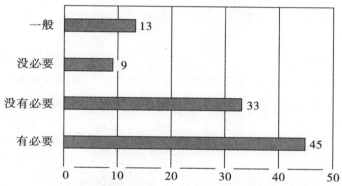

图5-4 教师对学校思政课教学模式改革必要性的投票

有,上法和以前一样——42%;B.感觉变化挺大的,教师上得比以前有趣——25.71%;C.有吗? 我没注意哦,反正没怎么听——31.43%;②题干项:你觉得你和思政课是什么关系? 多选题答案选项及统计结果:A.学生和考试的关系——58.57%;B.作为一个大学生,必须要通过思政课来建立自己的政治和哲学素养——49.29%;C.离我很远,感觉学的用不到——22.86%;③题干项:你有没有在慕课平台观摩过思政课? 觉得如何? 答案选项及统计结果:A.没有——73.57%;B.有过,有些老师上得有意思——10.71%;C.思政课还能在慕课平台上? ——15.71%;④假如你是思政课老师,你会如何授课? 主观题回答:A.灵用于社会,善融于生活! B.多联系具体历史,放在历史时空理解理论的产生与发展。C.带着学生发散思维,通过讨论个人想法来探寻思想。D.理论与时政要闻、社会热点结合,引导同学们树立正确的价值观、世界观和审美观。《南方都市报》的这个问卷可以反映出以下两点情况：①有些学校的有些思政课教师在努力研究教学改革，这一个结论至少可以从第1个问题的B项回答看出。当然A项回答并不意味着教师没进行教学改革，它要么表示一些学生不知什么是教学改革，要么是对教师在接触本届学生之前即已进行了的改革产生了"习惯性麻木"或不太认可。但我们显然不能从此材料中看到更多令人鼓舞的"如火如荼""成效卓著"的信息。②还有为数不少的思政课教师没有重视教学改革，他们还不能让自己的课有更高的关注度，以至于不少学生对思政课没感觉，没兴趣。这里面除了那部分"感觉思政课无用""反正没怎么听"的学生所代表的学生个人原因外，也有教师不注重"联系生活""联系历史""讨论个人想法"等方面表现出的教师原因。

如何看待教育部调研给人的"耳目一新""成效斐然"感觉与董博士和《南方都市报》调研给人的"变化还行"感觉之间的差距呢？诚然，我们不能轻易怀疑任何一方数据的真实性，因为几个数据的提供者都是严肃认真的，并且没有造假的必要。在排除了这个没必要、无根据的怀疑之后，我们才能做一些较为正确的分析。根据个人的理解，以及笔者所在一所专升本层次的地市级院校的教学经验，笔者更倾向于认同后两者提供的数据给人的印象，即"变化还行"，具体理由有：①教育部给人的印象主要基于两个数据：一是学生的满意度，二是部分教师的创新型教学展示。这两个数据一是需要分别细化思考，二是不能将二者简单相加进行印象复合。先从学生的满意度来看，这个满意度是真实可信的，因为根据近几年我们学校的教学督导中心以及笔者所在的教学部门马克思主义学院每学期的学生评教结果来看，学生的满意度正是在教育部调查的这个数值左右，但我们学院思政课教学改革的整体情况却似乎"对不起"这个满意度。尽管这些年教学条件的改善让教师有了使用多媒体教学的条件，但教师充分发挥主观能动性投入教改之中并展现出高水平的情况并不多，教改水平尚处于中低层次。其次，从教育部听课中部分教师的创新型教学展示来说，这样的教师应该存在着比例问题。即使不存在一些学校单挑优秀教师来展示，也会有相当多的教师只要平时基本功扎实，在知道教育部听课之前再精心准备些"花样"，即多设计些互动、创新方式（其实并不能保证平时他们就是这样去费时费力去做），就能够表现出不错的水平。所以如果不考虑这些细节问题，而单纯从对两个数据的粗略印象进行复合，就容易产生高估教改成绩的错觉。②之所以董博士和《南方都市报》的数据更容易给人产生较为客观的印象，最重要的一项原因是这种数据学生在非"官方性""无压力"调研情况下的填写。此时学生填写满意度既无来自影响学校声誉亦无影响教师情感的思想压力，因为大学生毕竟已经有较为复杂的社会意识了,不把他们填写这些问卷的思想顾虑考虑进去也不是很客观的。③调研数据会因为调研对象的不同而结果不同。我们不能不承认一个事实:名牌大学、综合性大学与专升本、高职高专类普通高校之间,存在着学校硬实力以及教师水平、学生水平的差异。这些差异会导致满意度调查的复杂性:①取样不同的学校,调查结果会有较大不同。2017年教育部的拉网式听课和调研包含两个层次,分别由教育部选派专家组和各省教育厅派专家组实施。其中调研对象固然体现了汇总报告中所反映的普遍代表性,但其中所包含的省级以上的高级别大学一是数量不少,二是质量较高,会对调研汇总的总结结果起到明显的拉升作用。而一般的调研者很难保证具有进入高级别学校去调研的兴趣或能力。再者,在总体工作汇报中谈到教师上课表现时,例选的对象却基本上都是国内知名学校的教师,当然他们的表现会抬高人们对高校思政课教学改革状况的总体印象。②教师高水平的学术素养与表现力,会在很大程度上掩盖教学方法不足造成的影响。③不同层次的学生对教师教学形式要求的区分及强烈度会存在差异。理论素养高的学生不会十分在意教师的教学形式,学习能力差、态度不端正的学生既有可能很在意教师的教学方式,也可能持无所谓的态度,这要看任课教师在课程过关把控的严格程度了。总之,选择调研的学校与学生的差异,以及调研问卷针对的教师不同,都会影响调研的结果。

上述的种种差异性说明:调研本身就是一项复杂的工作,不仅需要精心设计问题,避免一种回答里包含的影响因素过多而使数据降低了考察精准,而且需要调研者尽可能地在平衡选择调研对象基础上进行随机答卷。因此说,要想对全国高校思政课教师教学方法改革创新的状况进行较为准确的摸底,实在是件不容易的事情。我们在这里只能根据这三个数据所集中代表的情况,对高校思政课教学方法改革创新的状况进行一个大致的总结和分析,并得出如下的基本判定。

成效方面:①教学方法创新正在形成一种潮流,推动着每个思政课教师的教学实践,无论是主动还是被动,无论步子是大还是小,大家都在向前走,都在想办法。②灌输式教育存在的空间越来越被挤压,教师与学生的传统角色定位正在不断调整,"以教为主"正在向"以学为主"一端靠近,学生在教学过程中的主体地位越来越被重视并得以不断加强。③现代多媒体技术与网络信息技术以自己特有的优势,受到师生青睐,成为助推思政课教学方法创新的利器;越来越多的、旨在加强师生互动的教学软件程序被开发出来,促进着教师在使用过程中去思考更多的、更有利于学生参与教学过程的教学方法。例如,笔者所在的学校正在普及运用的两个教学软件,"学习通"和

"雨课堂"。此两个软件中除了一些用于教师教学准备、课堂展开、课堂管理、课后辅导和作业布置等功能外,其他诸如"投票""选人""抢答""讨论""课堂练习""问卷""评分""弹幕"等功能,都是为加强师生互动而设计的,只要使用它们,教师就不得不进行相关的教学活动设计,改变原来以教为主的方式。④学生对思政课的满意度在提升,提升的因素中教学方法的改进越来越成为影响学生判断的主要观察点。

问题方面:①思政课教学改革的整体环境是制约其发展的最大问题。一方面,随着党和国家越来越重视高校思政课建设,各高校思政课教学改革的外部环境日趋向好;但另一方面,不少高校特别是地方院校对思政课教学的重视还普遍存在着口头重视实际不重视的现象,除了被迫地、打折扣地完成教育部评估要求的硬性建设投入支持外,少有主动地投入与专业建设对等的物力、财力、意向和行为,还有不少高校的思政课教师在职称评定、待遇问题方面并没有实际地落实国家要求的照顾与偏重。②教师自身的主动性不足问题。受教师个人发展的外部环境制约,缺乏相对合理的教师发展机制,特别是教师的职称晋级和其他利益不能通过教学表现得以实现,思政课教师较大程度上存在着轻教学重科研的倾向。当然这并不意味着教师们不能把教学工作搞好,他们的基本职业技能和职业操守还是能够确保教学水平处于比较不错的状态的,但是相对于教师队伍的整体教学潜力来说,这只不过发挥了他们能力的中等或偏上一点的水平。教师们可以抓教学搞教改,但没有更多的人愿意全身心扑在教学上,去想尽办法找到最合理的教学方式。因为,这不仅意味着你要花费更多的精力去精心设计每一堂课,意味着你不能像别人常年使用一个教案一个课件,而为了加强针对性、时效性等方面不得不每学期都在重新制作教案和课件,甚至一个课程内容在不同班级也要进行不同设计和调整,而这种付出除了赢得学生的喜欢和认可外,并没有任何其他的回报了。有位干了一辈子教学工作却没评上教授职称的教师,曾不无感慨地对我说:"啥都是虚的,评上教授才是真的。"言外之意就是后悔自己把精力投入到教学而不是科研上。③学生的表现也制约着教学方法创新的作用和效果,影响着教师教学的激情。受种种因素的影响,思政课无用论,特别是认为对将来就业没多大用处的思想,在学生中间,特别是三流大学的学生中间比较盛行,因为对于他们中的很多人来说,大学意味着告别寒窗苦读的快乐终点站,只要能学好专业知识找份工作就万事大吉,再也不想在追求学问的道路上多迈几步,至于学好学精思政课,则更是少有的想法。这些厌学情绪在思政课所代表的人文性公共课课堂上表现得比较突出。在这种情绪之下,以前教师满堂灌时学生低头玩手机、玩游戏或做其他动作不听老师讲课现象比较严重,现在老师改变了教学方法,抬头率是上来了,但对于很多因此抬头的同学来说,并无太多的意义,因为他们并非改变了学习动机,有了想学好这门课的主观愿望,只不过是为了应付教师可能随时的点名提问,怕影响平时成绩导致"挂科"。就说笔者上课时学生的一些突出表现吧:一是如果采取主动回答问题的方式,那么一个教学班里经常回答问题的,不过就是那几个、十几个学生;二是如果采取随机点名回答问题的方式,很多学生要么说"不知道",要么赶快去翻书或问同桌,更有甚者会说出"老师,你提的什么问题啊?我没听清"之类让其他同学都会发笑的问题;三是在采用"雨课堂"软件上课时,笔者有时利用其中"课件中插入练习"的功能,故意设置很简单的问题,比如上一页课件刚显示过并且讲过的内容,立即在下一页以问题方式考查学生思想集中状况,结果有时错误率仍然让人吃惊。这些表现集中反映出教学方法改变后的尴尬状况:吸引了学生的眼球儿,却吸引不了学生的真心;或者更严重一点的说法是:你永远无法叫醒一个装睡的人。总之,学生在主动学习意识方面的欠缺状况,不仅影响了教师花费更多精力换来的新教法的实际效果,而且挫伤了教师的教改积极性和深层次拓展教学改革的积极性。

二、教学方法创新的基本路径与"还原式"思维

(一)教学方法创新的基本路径

无论刚才所讲思政课教学改革目前还面临着多少不利因素,对于一个有责任心的教师来说,职业精神和政治素质会引导他不断地进行各种改变和尝试,努力实现课程的教学任务和育人目标,所以他们需要考虑的是如何改变和更好地改变而不是不改变的问题。

在谈到具体的教学方法运用之前,有没有一些基本的思想路径,基本的突破口和着眼点可以考虑呢?下面尝试着回答这一问题。

(1)从注重"教师教"向注重"学生学"转变,是教学方法改革的总思路。改革意味着改变旧的东西、旧的方式,在教学方面就是要改变原来教师中心地位的做法。以教师为中心,就会表现出只关心教师个人是否熟悉了教学内容,是否能把教学内容清楚地转述出来,强调的是教师个人的记忆力、理解力和表达力。实行教学方法改革,并不是说要否定教师的这些能力的发挥,而是要否定把这些方面当作教师唯一的致思方向。否定教师为中心,"学生围着教师转"的观念,要求树立以学生为中心、"教师围着学生转"观念,要求教师熟悉教学内容、确保课堂准确转述之外,更多地思考这一转述

过程能否被那些在知识结构、经验基础、思维上都差教师一截儿的学生所理解和接受。思考这些问题，意味着教师要从"说""教"向"如何说""如何教"转变，才能让学生听懂学会方面去想办法，要围绕学生"如何学"，如何学得懂学得明白去构思"如何教"的方法。这就是以学生为中心的新方法的核心思路、总体思路。

（2）调动学生学习兴趣，是关于学生学习动力的问题，是思政课教学改革亟待解决的突出问题，也是思政课教学方法改革的突破口、最初发力点。由于种种前在原因，在进入思政课、认识新教师之前，不少学生就已经产生了对思政课的种种错误认识、错误观念，对思政课丧失了强烈的学习愿望和兴趣，即使不抵触也不热情。教师如果不注意这部分学生（有时是为数不少的"部分"）的心理状态，而陶醉于个人的认知"宣泄"之中，那就无异于门外喊话，因为你没意识到你面对的是一个个因为兴趣寡然而关闭了"心扉""心门"的听众，你的语言已经没有更多的文字意义、思想意义，仅仅是一种声音而已。所以调整教学方法，首先要做的是如何引发学生的兴趣，不管这个兴趣是内在的还是外在的，持久的还是短暂的，只要学生有了兴趣感，就等于向你敞开了思想的大门，门内说话就方便得多。至于会不会很快把你"轰出"门外，再次大门紧闭，那就是另外的话题了，是要考察你的思想有无足够的影响力，你的办法是否足够丰富的问题了。

（3）调动学生认知和思维能力，是思政课教学方法改革的中心区域、关键过程。如果说调动学生兴趣是打开学生思想大门，解决了情绪问题的话，那么，调动学生认知和思维能力，则是师生间进行思想交流、认识沟通，突破学生理性认知瓶颈的过程。这一过程要采取的所有方法，都需要围绕一个"攻击点"、一个思想屏障去想办法，那就是学生认识的"前结构"。所谓"前结构"，撇开"前结构理论"和"主体间性理论"的抽象解释，而针对教学行为可以采用的简单定义就是，它是指学生在接受教师教学内容之前的各种知识与能力的积累和准备。高校思政课所面对的大学生，都是有二十年左右生活与学习经验的群体，不仅意味着他们已经具备了相应的知识储备和理解方式，而且意味着这些知识储备和理解方式具有"正向"与"反向"影响。所谓"正向"影响，是指学生的认识的"前结构"是学生接受新知识的前提。只有找到这个"前结构"，才能找到学生的理解基础，找到新知识的附着点，使新知识为其所认可，进而参与或整合到学生的认知系统之中。而所谓"反向"影响，是指如果教师传授的新知识与学生的认识的"前结构"的内容不一致甚至直接对立，那么这个"前结构"就会成为学生接受新知识的阻碍。只有与学生沟通，找到这个阻碍点，才能针对性地发挥教师的说服能力。总之,只有发挥教师与学生的沟通、交流能力,了解、触碰学生认识的"前结构",才能让学生自身的认知系统产生作用,发挥学生主动思考问题的能力,完成知识、理论由外而内的通畅传输。

(4)重视实效的方法举措,是思政课教学方法改革需要把握的最后一道关口,也是检测和加强前面的教学努力成果的过程。不能说教师把书本内容转达完了,课堂任务就完成了,课堂就结束了,应该再多一道程序,检查一下学的成效如何。知识被学生掌握了吧? 学生是否会运用知识分析和处理问题? 思政课的育人目标实现了吗? 对这些方面的关注是以往思政课教学的薄弱环节,也应该成为思政课教学改革的一个重点区域,需要多想想方法来改变。按以往的惯常做法,教师一口气讲完,留十分钟课堂时间答疑,一个学期布置 2~3 次作业,最后再进行一次课程考试或考查就行了。在这一过程中,学生少有机会通过练习加深课堂印象,教师也不能随时掌握学生接受状态进行随机调整课堂教学,至于德育目标是否实现更是少有人问津。有很多学生为啥不愿意在课堂上好好学? 就是因为他们适应了这样的模式,平时不努力、学没学到东西那都不要紧,只要有个好脑子,考前突击背诵,课程过关不挂科就大功告成。所以,通过这样的方式来教学生,来考核课程,实难引发学生对于课堂的关注,这不仅是课堂教学实效性的加强与检测问题了,而是导致课堂抬头率低的深层次原因,甚至某种程度上可以称为根本性原因。教学方法改革的致思点如果针对这一区域进行加强,不仅有利于促进课堂教学目标的实现,而且也会因为学生对课堂的关注度增强而为目标实现再加一道保障。

(二)教学方法创新中的"还原式"思维

与前面教学内容创新中引入"还原式"思维的出发点一样,在教学方法创新中引入此概念,也是基于为教学方法创新提供一种基本指导思想,以确保在采用各式各样的新方法中不至于迷失方向或方向跑偏,使方法变味,用了还不如不用。有着这一基本的思维方式保驾护航,无论采用何种方式方法,都能有"万变不离其宗"的效果,也可以让具体的教学方法更加得心应手。那么,针对教学方法创新,"还原式"思维强调哪些特定方面呢?

1."还原"教育规律

传统灌输式教学方式最大的弊端就是不尊重教育规律,不尊重学生自身的认识规律,因而不注重教学的方式方法的运用及其创新,伤害了学生的学习热情,影响了其思想能力的发挥。采用新的教学方法就是要对传统式教学的这个问题进行纠偏,因而更侧重于对教学主体认识规律的重视,纠正传统教育方式脱离教育规律的现象,使教育过程回归到符合教育规律的轨道上来。只有重视向教育规律的回归和"还原",教师的聪明才智才能够实现战略性转移,才愿意花更多的精力在学生身上,把教学过程的主体地位还给学生,充分发挥他们的理性认知和非理性情感的积极作用,进而找到符合教育规律的正确路径和具体路径。

2."还原"理论本身

在这一方面,"还原式"思维体现的是对新的教学方法的反向思考。近乎所有的新式教学方法,都因为向学生认知情感和认知基础的靠近,而偏重于感官刺激、形象再现。这类方法把握不好的话,容易造成学生的思维能力停留在浅层次的感性认识上,不利于抽象思维能力的深化,不利于理论素养的提升。再加上现代化教学工具、软件运用造成的对教学内容的切割式、条块式处理,更容易造成对理论的体系特征的伤害,最终加剧了"碎片化"学习对学生的负面影响力。"还原式"思维在此方面的意义就是要提醒教师,在创新教学方法时,要注意好学生感性认识与理性认识之间、学生的主体地位与教师的主导地位之间,要保持适当的平衡关系,不能矫枉过正,顾此失彼,忘记了教师主导作用的发挥,忘记了理论的特有功能和魅力。

3."还原"育人初心

思政课育人初心的实现,不只是通过教学内容的把握和处理,而且也更需要适当的形式来配合,否则就会出现苦口良药吞不下甚至造成反胃呕吐的现象。在教学内容处理上,只重理论知识传授不重政治和道德素质的培养,那不叫思政课。在对待教学方法的态度和把握上,重视思政课的育人目标,但不讲或者没有用对方式方法,达不到育人的实际效果,那同样不是完美的思政课,不是有用的思政课。"还原式"思维就是要提醒教师,在选择教学方法上,要有灵活的头脑,要有清醒的策略意识,善于采取循循善诱、春风化雨般的方式,使"良药"不再苦口、不再反胃,把育人目标真实有效地加以实现,才能回归思政课的初心。

三、教学方法创新的内涵与应用

(一)教学方法创新的内涵

在讲解教学方法创新的应用之前,有必要确定教学方法创新的内涵,因为人们教学方法及教学方法创新的认识都还存在着一定的理解上的歧义和混乱。

1. 教学方法的内涵

理解教学方法创新内涵的核心在于把握教学方法的含义，而人们对教学方法的理解比较模糊，经常将它与教学方式、教学模式两个概念混用，因此，有必要在区别三者的基础上对教学方法的内涵有个明确的看法。

首先，看教学模式的内涵。有学者认为，最先将"模式"概念引入教学领域并加以系统研究的，是美国人乔伊斯（Bruce Joyce）、韦尔（Marsha Well）和康恩（Emily Calhoun），他们在《教学模式》一书中认为，"优秀的教学是由一系列的教学模式组合而成的"[1]，"教学模式就是学习模式，在帮助学生获得信息、思想、技能、价值观、思维方式时，我们也是在教他们如何学习"[2]。"教学的经典定义就是设计环境。学生在与环境的相互作用过程中，学会学习。一种教学模式就是一种学习环境，包括使用这种模式时教师的行为。"[3]这种认识不仅以学生学习为中心来界定教学模式，而且强调教学环境的创设在教学过程的核心地位，并以学生学习综合能力的提高作为评价教学模式优劣的主要标准，而不是诸如自尊、社会技能、信息、思想及创造力的获得等具体目标的达成。国内研究者对教学模式的定义主要有四类：一是"理论说"，认为教学模式是在教学实践中形成的一种设计和组织教学的理论，这种教学理论是以简化的形式表达出来的。二是"结构说"，认为教学模式是在一定教学思想或理论指导下建立起来的各种类型教学活动的基本结构和框架。三是"程序说"，认为教学模式是在一定教学思想指导下建立起来的完成所提出教学任务的比较固定的教学程序及其实施方法的策略体系。四是"方法说"，认为教学模式不仅是一种教学手段，而且是从教学原理、教学内容、教学目标和任务、教学过程直至教学组织形式的整体、系统、加以理论化的操作样式，即"大方法"。这些定义虽然各有侧重，但都强调了教学模式的系统性、框架性，不妨将四种进行综合，将教学模式理解为：在一定教学思想或教学理论指导下，为达成一定教学目标，并指导具体教学实践而建立起来的较为稳定的教学活动结构和程序。

其次，再来看教学方式的内涵。关于教学方式，学术界有不同的观点，一种认为其与教学方法同义，另一种认为二者不同。一般更倾向于认为教

① Bruce Joyce，Marsha Well，Emily Calhoun：《教学模式（第七版）》，荆建华等译，中国轻工业出版社，2013，前言。
② 同上书，第5页。
③ 同上书，第16页。

学方式是教学过程中的具体的活动状态,表明教学活动实际呈现的形式,如讲授法中的讲述、讲读、讲解等等,本文采信这个看法。

关于教学方法,不同的学者对其有不同的定义。这里有几个代表性的诠释:教学方法是指为达到教学目的,实现教学内容、运用教学手段而进行的,由教学原则指导的,一整套方式组成的、师生相互作用的活动;教学方法是为完成教学任务而采用的办法,它包括教师教的方法和学生学的方法,是教师引导学生掌握知识技能,获得身心发展而共同活动的方法;教学方法是在教学过程中,教师和学生为实现教学目的完成教学任务而采取的教与学相互作用的活动方式的总称;教学方法是教师组织和引导学生进行学习活动,共同解决教学问题、达到教学目的而采用的方式、手段、门路、程序等的总和。基于教学方法与教学方式之间关系的含糊不清,参考上述几种看法,本文界定如下:教学方法是教师主导的、指向教学目标的教学方式的总和。教学方法的分类因标准不同而有不同看法。例如,按信息载体的不同可以包括语言、实物和活动三个层次,语言为主的方法包括讲授法、谈话法、讨论法等;实物为主的方法包括演示法、图示法等;实践为主的方法包括练习法、读书指导法等。

总之,教学方法与教学模式、教学方式既有联系又有区别。其联系体现在三者均指向课程教学目标,均由师生共同参与。其区别是,教学方法是教学模式的组成部分,教学模式是教学方法的系统化;教学方法是教学方式的体系化,教学方式是教学方法的细节。从教学任务上区分,教学方式没有独立的教学任务,而教学方法和教学模式的教学任务却很明确。从使用关系上说,教学方法分别与教学方式、教学模式表现为互相渗透的交叉关系,即:同一教学方式可用于不同的教学方法,同一教学方法也可用于不同的教学方式;同一教学模式可使用多个不同教学方法,同一教学方法可用于不同的教学模式。正是由于教学方法与其他两个方面的互相渗透、交叉关系的存在,一方面,影响了人们对它们的详细区分能力,导致了这些概念之间的混淆使用;另一方面,也说明很多混淆使用概念的情况并非没有道理,只是观察的角度不同而已。

2. 教学方法创新的内涵

对于教学方法创新的理解,除了要把握教学方法的准确内涵之外,还需要在教学活动构成的部分与环节上与其他容易混淆的方面区别开来。

首先来看它与教学内容创新的区别。上一章在讲述教学内容创新时,我们提到一个看法,它认为:对马克思主义理论本身的创新才属于教学内容创新,除此之外对教材内容的突破只能算作教学方法创新,即教学内容的打开方式的创新。对此观点,笔者在上一章已经说明了教学理论创新与教学内容创新的区别,在这里仍需要在此基础上说明一下教学方法创新与教学内容创新的区别。举个例子来说,《原理》课讲"质量互变规律"时提到"量变是质变的必要准备,质变是量变的必然结果"。由于教材中没有用具体的实例来说明,因此,补充实例就是对教材内容的突破和创新。至于选择什么实例使其更具代表性、时代感、新鲜感、亲近感,更具有说服力和政治意义,则反映一个教师灵活并恰当处理教学内容的能力,这是对教材内容的展开,而不是什么"打开方式"的问题。如果要讲"打开方式",一个固定的举例内容可以选择不同的表现形式,即:或者在"口头讲述""图片展示""视频教学"等表现形式之间选择;或者在"教师讲"与"学生讲"的不同主体表达之间选择,具体的举例内容由不同的主体表现出来,呈现出"独角戏"向"群演戏"的不同样态。这样的"打开方式"才是我们要讲的教学方法问题。因此,即使教学内容的突破不可避免地伴随教学方法的创新,但从教学内容处理的侧重上,本文更倾向于将思政课课堂上的专题式教学、特色文化引入课堂教学等创新纳入教学内容创新的部分。

其次是与实践教学创新的区别。从大的方面讲,无论课堂理论教学,还是课外实践教学,只要是在思政课教学范围内讲二者的方法创新问题,都应当划归于思政课教学方法创新范围之内。但从微观意义上看,实践教学作为理论教学的应用性拓展和补充,既涉及广义上的理论教学方法的创新,也因为有其特定的实践性内涵与教学目标实现途径而有着特殊的教学方法。本章所讲的教学方法创新侧重于思政课课堂以理论教学为主要内容和主要渠道情况下的方法选择上的创新,实践教学创新侧重于在课堂之外以学生在具体的生活和社会环境下去观察、体验和感悟其中包含的书本理论。正因为实践教学跨出课堂和实现方式的特殊性,我们在后面单列一章来讲其方法创新问题。

从以上两个角度观察,我们将本章的思政课"教学方法创新"界定为:在思政课课堂理论教学过程中的教学方式、技巧、手段和工具等方面的创新。

(二)教学方法创新的应用

《〈中共中央宣传部　教育部关于进一步加强和改进高等学校思想政治理论课的意见〉实施方案》(教社政〔2005〕9号)实施以来,根据中宣部、教育部要求切实改进高等学校思想政治理论课教育教学的方式和方法的文件精神,各高校思政课教学围绕教师的主导作用和学生学习的主体作用的发挥,在不同的教学板块,通过各种教学形式和方式不断探索新的教学方法,形成了名目繁多的教学方法或教学模式,并且还在不断挖掘和拓展之中。因此,笔者不能将这些方法做一个全面的介绍,只希望通过对教学方法的基本构成进行分解式研究,为同仁们提供一些教学方法的零部件,并介绍它们的功能与局限性,从而使教师在组合这些零部件进行系统教学模式研究时,能够扬长避短,形成自己特有的教学特色与教学优势。

1. 讲授法

"讲授"在《现代汉语词典》中的解释是"讲解传授",而"讲授法"的解释在1987年出版的《教育词典》中的定义是:学校教学中广泛应用的一种教学方法,指教师用学生能接受的简明的语言,系统地讲述教材,传授知识的方法。

课堂讲授法是古今中外教学活动中最常用、最基本的教学方法,也是高校思政课教学最基本的教学方法,是教师进行教学的基本功。它是教师运用语言向学生系统而连贯地传授知识的方法,又称口述法、课堂讲授法、系统讲授法等。根据教学内容及其讲授方式的不同,讲授法可以分为讲述、讲解、讲读等方式。讲述是指教师用口头语言对现象性、事实性材料或常识性内容进行的陈说、描述;讲解是指对复杂事物或现象及其关系的说明、解释,以及进行逻辑上的分析或论证;讲读是进行语言教学和文章分析的方法,适合于自学力与研究能力较低的学生。

讲授法可以凭借的根本支撑在于讲授者的知识厚度和思想深度。"程门立雪"反映的不仅是求学者拜师的虔诚,而且是为人师者所具有的知识和思想的魅力。可以试想,既然杨时能够久立雪中等待老师程颐睡醒方才进屋问学,那么他会要求老师用更多的方式方法来教他吗?强大的学习兴趣、动力,加上简单的不懂即问的功夫,真正的求学者只需聆听一个饱学之士的一席话而已。当然,这里举这个例子并无他意,不是抱怨什么,也不是否定教学方法变革的意义,而只是用此来说明,作为思政课教师,一定要有扎实的理论功底和知识储备,才能真正做到有东西可讲,有东西能讲,否则沦为"嘴尖皮厚腹中空"的"山间竹笋",即使口才再好,表现能力再强,也只有误人子弟的份儿。一些思政课教师之所以课上得的不好,其中有个根本原因,就是肚子里没货,要么是基本的教材内容没吃透,要么是除了教材没好好研究几本原著经典,没有做学问的兴趣和习惯,因此缺乏用好"讲授法"的硬功夫,只能在其他方面玩些花架子。对于会看门道的学生来说,缺乏强烈的、持久的吸引力。

讲授法的另一个功夫可以称为"空手道",全凭教师一张嘴。在"黑板+粉笔"的时代,思政课教师像其他人文学科的教师一样,基本上全靠自己的口才,靠演讲能力征服听众。教师可以发挥的技巧主要包括:①语言文字的运用。用词华丽多变而又表义准确,表述过程流畅,不会支支吾吾语塞词穷;既注意语言文字表现出的专业素质,又能选择通俗易懂的生活语言,使抽象内容形象化,形成画面感;适当运用俏皮话、摹声词、流行语、网络词汇,弱化思政课的严肃气氛,使课堂变得轻松愉快一些。②语气、声调、节奏的变化。不能苛求每一个思政课教师都有一副歌唱家或歌手似的好嗓子,有着某种磁性动听的声音,但是,教师通过后天练习,也能有所改进,比如运用声音的轻重、高低的起伏变化,节奏上的快慢调整,各种语气的配合运用,避免声音单调乏味,单句话听不出其中强调的重点,语句之间缺乏呼应而难以把握句群的整体含义等。③肢体语言的运用。教师应用手、足、头等身体部位的动作和眼神及表情,向学生形象地表达,进行无声胜有声的沟通。比如用点头、摇头表示同意和否定;用眼神去表达关注、关爱;用丰富的面部表情表达老师的喜怒哀乐的情绪变化;用手势去体现语言的重心、形象性等。总之,一个优秀的教师,就像一个优秀的话剧演员一样,一举手一投足、一个眼神、一个表情都能将教师丰富的内心世界生动地传递给学生,与学生拉近情感和认知距离。④充满激情。情绪具有传染性,要想让学生情绪饱满地听老师讲课,首先要求老师充满激情。激情从哪里来?激情不是装出来的,而是出于对教师职业的所爱,对传道授业的强烈责任感。于思政课教师而言,更是出于对马克思主义思想的信服,对共产主义事业的认同和执着,对中国共产党及其领导的社会主义事业的无限忠诚与热爱,对人民群众的阶级情感。没有这些东西作为内在的支撑,一堂思政课必然死气沉沉,缺乏温度,缺乏感染力。

虽然,在多媒体时代追求十八般武艺齐上阵的教学方法面前,讲授式教学方法相对单一的形式显得捉襟见肘,十分寒酸,但却是一个教师教学方法的真核、"硬核"所在。离开了把握学科知识的硬功夫,缺少了一身"空手道"的真功夫,即使用尽多媒体时代的十八般兵器,亦会显得力不从心,各种演技反成了花拳绣腿。相反,如果有了这套真功夫、硬功夫,再去运用多媒体时代网络信息技术带来的各种教学条件,彼此配合,就会相得益彰。一些教师用惯了多媒体,用惯了课件,结果有时碰上突然停电,他就无法讲课了,这样的现象并不乏见,也足以暴露出这些教师教学基本功的匮乏,如同一个人过惯了富日子不会过穷日子。而能过穷日子的讲授法,则更能过好富日子,适应范围极其广泛。在偏远落后的山区学校,教师可以利用有限的条件进行较为有效地讲授;在现代化信息技术高度发达的城市学校,课堂中也总会有那么一部分需要集中讲授的地方和过程。

讲授法的自身结构并不排斥其他方法的介入,与同时使用其他方法进行多形式教学并无直接冲突。影响讲授法改进并引入其他方法的,是教师本身及教师的思维习惯,尤其是对人文性质学科的教师来说。一方面,习惯于讲授法"赤手空拳闯天下"之能力的教师,往往不容易主动地采用多媒体等先进武器,不愿意让自己集中于内容讲解、思想阐发的思路和过程被其他方式的介入所打断,因为那些方式似乎并不能像语言、声音、手势或者是简单的书写、简笔画等板书那样自然地随心如意,能与内容讲解如影随形地结合在一起。当然,如果一个教师能熟练地操作先进的教学工具,并使用相应的教学方式的话,他心中极力向学生讲清楚问题的本能会驱使自己尽可能地采取更多的办法。另一方面,由于习惯性地在讲授法中将全部心思都放在教学内容及其讲解上,教师不容易去考虑学生的思想动态和接受程度。一些思政课教师在课堂上甚至不愿意管理学生,不愿意制止有些学生不认真听课的行为,觉得这些学生没学好知识与自己无关,自己问心无愧,因为自己该教的都教了,知道的都说了,责任尽到了。他并没意识到一个完美的讲授过程只是一个完美的教学过程的一个部分、一个阶段,只是一个信息有效发出的阶段,至于信号弱、障碍多影响信息不能完整有效到达学生那里这个阶段的事情,他不愿意多考虑。而要思考学生对于信息接收的这个过程,则需要对学生主体地位、对学生的个体差异进行关注。习惯于讲授法教学的教师,在不关注学生接受状态,不思考舞台角色变换,不去发挥学生的主体作用的情况下,则不可避免地走进"满堂灌""填鸭式教学"或"注入式教学"的误区。

2. 启发式教学法

启发式教学法指教师在教学过程中根据教学任务和学习的客观规律,从学生的实际出发,灵活运用各种教学原则,采用多种方式,以启发学生的思维为核心,调动学生的学习主动性和积极性,引导学生独立思考去寻求答案获取知识的一种教学方法。

"启发"一词,源于古代教育家孔丘的"不愤不启,不悱不发"(《论语·述而》)。朱熹解释说:"愤者,心求通而未得之意;悱者,口欲言而未能之貌。启,谓开其意;发,谓达其辞。"(《四书集注》)愤与悱是学习者内在心理在外部面色言辞上的状态呈现。当学生对所学内容经过了一定程度的认真思考,但还想不通之时,就需要去启发他;虽经思考并已有所领会,但不能以适当的言辞表达出来，此时需要去开导他。孔子以后，《礼记》的作者提出"道而弗牵，强而弗抑，开而弗达"，进一步阐发了启发式教学的思想，主张启发学生，引导学生，但不硬牵着他们走；严格要求学生，但不施加压力；指明学习的路径，但不代替他们达成结论。

在欧洲，古希腊思想家苏格拉底用他自己所说的"产婆术""助产术"，即以今天所讲启发式方法引起听者的独立思考以探求真理。苏格拉底在与他人的辩论中，先向对方发起一连串穷根问底的追问，迫使对方自陷矛盾，无言应对。当对手放弃原有定见，到了茫然无知的状态时，苏格拉底便欣然地当起了"助产士"，一点一点地去启示对方朝着正确的思路去思考并寻找新的解释、新的答案。

从孔子和苏格拉底的启发式教育思想当中，我们不仅可以学到如何使用启发式教学的基本思路，而且能看到一种不同于灌输式教育、应试教育方式的特殊教育路径，即尊重学生主体地位，重视学生思维能力培养的教育路径。这个路径包含了"授人以鱼不如授人以渔"的教育理念。虽然古人在他们那个历史年代没有我们今天如此之多的教育手段、工具、设备，但却能重视师生间的交流，观察学生思想中的障碍，并耐心地、适时地进行点拨，让学生自己去寻找答案，注重学生思维能力的培养。跨越两千多年的漫长历史时空，到了今天，我们的教育方式如果还不如古人，难道不令人汗颜吗？不值得反思吗？问题出在哪儿呢？我们为什么要将一大堆的知识、道理一股脑儿地倾泻下来，让学生连思考的余地都没有？为什么要急于将自己的见解或答案直接告诉学生，以教师的思考代替学生的思考？为什么在大学阶段的思政课教学过程和考试内容中还要偏重大量死知识的机械记忆？如果我们不反思这些，不改正相应的错误，我们培养的学生就不容易学会独立思考问题，那么他们今天学的东西再多，也将无用武之地，因为将来他们要独自面对复杂多变的社会人生现象，要经历各种极富蛊惑性的错误思想的干扰。

启发式教学法的心理基础是什么？德国教育家 J. F. 赫尔巴特认为儿童已有的经验和知识是他们学习的出发点。他认为启发式教育是用儿童意识中已经存在的旧"观念"去融化、吸收新"观念"，这种心理现象称为统觉过程，而这种过程的各个阶段，都有它们相应的兴趣。他依据他的"观念"及其统觉的心理学和"多方面兴趣"的学说，提出了教学的"形式阶段"理论。这种理论，是近代教育史上，首先明确地把教学的过程分为有计划的程序，即"明了""联合""系统"和"方法"四个阶段或步骤。这种理论，其意图在于循着一定的教学过程，来启发学生的思想，增进系统的知识，培养推理的能力。

启发式教学的致思方向和应用规律很值得思政课教师认真研究，去探讨多种的启发方式，比如直接启发、反面启发、情境启发、对比启发等，让这种有益的教学方法能够充分发挥其作用。

总之，启发式教学体现了对讲授式教学可能导致弊端的反思和改进，开始注重学生自身的思想成长规律，教师开始将独霸的教学舞台进行让渡，给学生留出一部分思考的空间。当然，启发式教学所体现的主体参与度还仅仅停留在思想认识领域，对于教学向学生主体地位的转化还仅仅是一个开端，还需要向更广阔的领域迈进，以实现学生全方面参与教学活动过程，调动学生认识、情感各方面的积极主动性和创造性。

3.互动式教学法

互动式教学就是通过营造教学双方互动的教学环境，吸引学生参与到教师的教学过程中，为学生提供一个与教师平等对话和思想交流的平台，在激发学生学习积极性的背景下，充分发挥教师"教"和学生"学"两个主体的作用，达成提高教学效果的一种教学方法。

互动式教学是对讲授式教学的反思，也是对启发式教学的递进思考。在讲授式教学中，教师唱独角戏，学生成为坐立一旁的静观者。如果学生不是有着强烈的学习动机和求知欲望，那么这种呆坐一旁的观察者身份会让他们从肌体到思想的温度都冷却下来、僵化起来、怠惰起来，不仅不能实现教师释放信息的有效传导，而且习惯于不需思考而得来知识的思维惰性也不利于他们创造力的发挥。因此，在注重教学方法创新中，讲授法除了继续发挥自身的优势之外，需要考虑将教学舞台从教师唱角戏变成师生共演的场合。启发式教学率先体现了这种舞台空间让渡的需要和实施过程，打开了学生参与教学过程的思想缺口，学生主体作用得到了关注和发挥，为学生全面参与教学过程的意义做了很好的注释，成为开启互动式教学之路的先锋，也是互动式教学的初级形式。

互动式教学力图实现教学双方共同参与教学活动过程，其主要特征在于教学过程中的"沟通"与"对话"。在教学理念上，与传统教学看重教学结果教学成绩不同，互动式教学更看重教学过程中"教了什么"和"学会了什么"，是一种提倡师生交流的教学指导思想；在教学方式上，传统教学往往是教师"一言堂""满堂灌"，而互动式教学强调师生及学生互相之间开展讨论、交流和沟通；在师生关系上，互动式教学也区别于传统教学方式，师生关系、教学关系，不再是单向的，而是多向的、互动的；学生在教学活动中从单纯接受者的角色转变为学习的主体，从"要我学"到"我要学"，从接受式学习改变为发现学习、探究学习,激发学生的创新观念和创新欲望,提升学生的创新兴趣,培养学生产生新认识、新思想和创新事物的创新能力。

互动式教学的中心是让学生动起来,所以如何引发学生的参与、保证学生的参与度和参与效果,成为该教学方法致思的重点,需要考虑各方面的影响因素,以采取相应对策。首先来看学生参与互动的形式:①问答式参与。通过教师与学生互问互答的方式,引发学生对学习内容进行积极思考,检验旧知识掌握程度和新知识的探索能力,加强教学针对性。②主体式参与。通过演讲、模拟课堂的形式,进行角度转换,由学生当主角,占据话语权,教师则和其他同学一起成为观众和评委。也可以让学生通过录音、录像、微电影等形式,将相关课堂内容表达为相应教学课件内容,把教师的自说变为学生的他说。③活动式参与。以情景再现、角色扮演、游戏、歌唱、舞蹈等形式,让学生参与到活动之中,增加趣味性和体验感。在这些活动形式中,教师需要注意学生参与的广度与效果问题,分别做举例性说明:第一,参与广度问题。思政课普遍存在的大班教学问题,以及学生的主动性问题,造成思政课堂的互动面往往很窄,参与的学生占比不高。教师可以运用多媒体技术,将所提问题以课堂练习或测验形式通过手机软件发送给学生,或让学生将问题发送给老师,可以让更多的学生获得参与机会。第二,参与效果问题。为了增强课堂活动效果,可以采取课下活动与课堂活动相结合,让学生在课后完成,然后课堂上择优展示。比如,上《思修》时以唱红歌的形式培养学生爱国主义情感,或者讲授《原理》时通过演讲比赛让学生在课下分组活动,然后由小组推荐到课堂上展示,既可以增加学生参与度,又可以提高课堂效果。或者因为课堂提问的难度过大,可以安排课下讨论,课堂上教师将有代表性的观点亮出并予以评析。当然,决定活动效果的另一个重要因素在于教师对问题的设计,对活动选题意义的把握,以及与教材内容的关联度,这是需要教师认真策划的方面。

影响互动式教学广泛应用的主要原因有:①影响教学进度。在讲授法推进教学过程时,教师可以连续不断地将课堂内容一条线地进行下去,速度会很快。现在边讲边观察和考察学生的接受状态,并进行相应的教学调整,其教学进度就难免受到影响。不少本科院校又不像名牌大学一样,赋予教师更多的教学自主权,而是对教师的教学行为从头到脚严加管理,要求同一课程的教学统一教学进度、统一备课、统一考试形式并使用统一试卷。为了让学生考试能考个好成绩,不少教师即使搞互动,也不会太多,为的就是怕影响教学内容的完成。②课堂难以掌控。课堂随机性增大,学生可能会突发冷箭地提出教师意料之外的问题,一时不好回答,出现尴尬场面。③思维深度不够。学生在很多方面欠缺深厚的基础知识储备,如果再不能按老师的要求去图书馆静心查阅相关资料,那么在课堂上不仅影响进度,而且在互动的时候提不出高质量的问题,对老师提问的问题也经常会一问三不知。所以如果说加强互动,很多老师更愿意在情感教育、思想教育大于理论教育的《思修》,或事实陈述或评议大于逻辑分析的《纲要》方面多下点功夫。至于《原理》,有很多内容,教师要么不互动,要么设计一些简单的问题让学生回答。

4. 自学式教学法

自学式教学是指学生独立完成教学内容的阅读、认知和初步理解环节,将不理解的部分和问题向教师提出,然后再由教师进行集中性、针对性辅导的教学方法。它包括学生自学和教师辅导两个环节,其中自学环节既可以在课下完成,也可以在课堂完成;既可以是整体的章节内容自学,也可以是某一层次某一段落某一意群的自学。

自学式教学的优势在于:①发挥学生的认知能力和自主思考的能力。思政课教材内容固然有很多不容易理解,但也有很多内容是可以运用基本的文字阅读与理解能力即可通其大意的,没有更多的必要去交由教师陈述和解释。如果这些内容交给学生,不仅可以避免教师在基础内容上浪费课堂时间,而且有利于让学生开动思想机器,造就一个勤劳、能动的大脑,养成自主地探求知识的习惯。②有利于教师加强教学针对性。教学内容如果通过教师的讲授方式直接展开,那么,教师不容易把握哪些部分对学生来说是难点应该详细讲,哪些部分学生容易理解应该略讲甚至不讲,他就会按照教材内容的整体逻辑线路进行完整的教学,容易造成盲目性。而在自学式教学下,通过自学反馈,老师就能根据学生的困惑之处集中精力来讲解,答疑效果明显,学生获得感加强。

自学式教学的劣势在于:①容易造成教学内容完整性的缺失。如果是大块内容如章节性内容的自学,那么课堂时间只进行部分知识点的答疑而不进行整体性的讲述,就容易造成学生缺乏对学习内容的整体性把握,出现只见树木不见森林的现象。②容易造成两极分化。学习主动性与能力都比较好的学生,运用这种方法学习,就会不仅学得了知识而且锻炼了能力;相反,能力、态度都不好的"双差生",不能够按教师的要求及时完成阅读并发现问题,那么就会造成老师没教的内容他也没看,老师针对别人提问而讲解的部分对他来说因为没思考过而没太多感觉,就会造成学没学好、听没听好的更大问题。

MOOC 集中代表了线上教学的自学式教学的新趋势与新优势。线上教学作为精品课教学建设的重要指标,推动了课堂教学向自学形式方面的发展。而 MOOC 不仅迎合了这一自学式教学发展的趋势和需要,更能够为普通高校学生提供名牌大学的优秀教育资源,形成优秀教育资源在各高校之间的共享。2020 年上半年,新冠肺炎疫情期间,多所高校使用线上教学,MOOC 提供的优秀教学资源便成为很多学校进行线上教学的首选。如兴义民族师范学院马克思主义学院的《纲要》教研室建议教师选用"慕课堂"软件的关联课堂,将武汉大学马克思主义学院宋俭教授带领他的教学团队精心开发的《纲要》MOOC 推选给学生,既避免直播教学的各种网络问题,也避免教师因不适应直播教学可能导致的教学质量问题,以确保在学生自学阶段的学习质量,使自学式教学的第一个环节的质量效果与纯粹看书的自学方式相比有了更基本的保证。

至于 MOOC 自学与教师课堂教学如何充分对接,是考验教师对这种自学式教学能否合理掌控的第二个环节。有了学生的 MOOC 学习,该校教师再按课表上课时该去做什么?是再重新按教材讲一遍?还是把课堂变为辅导课?一开始这个问题就困惑着教研室的老师们。作为"纲要"教研室负责人,强烈建议大家向辅导课方式转变,因为再由教师重新讲教材显然已没有必要。教师们最担心的是两个问题:①学生不按要求及时完成自学怎么办?②辅导课形式以前没怎么用过,不知道如何上才好,如何确保辅导的效果。对这两个问题,发动本教研室成员们集体讨论,最后形成了较为一致的观点:两个问题的核心在于教师角色的转变,即发挥在教学中的主导作用,在学生自学的前、中、后三个环节,发挥教师的引导、督导、疏导作用。在发布自学内容时,通过设置任务点和作业题,引导学生有目标有意识地去看材料、看视频,并设置视频防拖拽、防窗口切换功能,强制态度不端正的学生被迫学习。随时关注学生的自学进度和自学状况,通过 QQ 群发布学生自学状态信息,督促进度慢的学生加快步伐,或用作业限时提醒功能督促学生按时完成作业。课堂上课时,先通过学习软件的后台数据处理,集中展示学生自学情况,进行表扬与批评,继续完成教师的督导作用。然后,再通过课堂练习和讨论发现学生自学中遇到的问题并进行讲解,完成学习障碍的疏通、导通。其中课堂辅导的问题设计非常关键,需要根据课程教学大纲和考试大纲的要求精心安排。通过这些环节的把握,老师们发现,辅导课既不难上也不好上。说不难上是因为其中有基本的环节和思路可以依循,说不好上是因为要付出的精力并不比亲自授课少,需要教师有更强的责任心和奉献精神。

5.问题探究式教学法

探究式教学法是由杜威最早提出的一种教学方法,它重视的是在科学教育中学习与研究的过程或方法,而不仅仅是让学生学到知识。从 1950 年到 1960 年,探究式教学法在中国的教育界得到广泛研究和应用,并成为一种较为成熟的教学方法,其合理性越来越被普遍认同。本书在探究式教学法基础上,针对思政课教学的文科性特征提出问题探究式教学法,以区别于探究式教学法在某些方面强调实验方式、行为过程提倡"做中学"的探究特征,并将其内涵限定为:以探讨性或研究性为主要特征的教学方法。它是通过对复杂的、容易引发争议的问题进行一种全面深入的比较、分析、理解和探讨的认知过程,是以培养学生分析与解决问题能力为目标的一种教学方法。

问题探究式教学法旨在反对以开门见山的方式传达某种理论结论和行为准则,因为,对人们思想和行为发挥真正指导作用的,不是外在的知识,也不是不经消化而被人们表面接收的假知识,而是经过受教育者内在的认知系统(或者叫方法论系统)仔细辨别并与该系统融为一体的知识。当然,二者融为一体的过程也可能不仅仅只是一方的改变,可能包含着改变对方或共同改变,但最终结果必须是融合,否则外在知识就会被未必表现于外的内在心理所排斥。所以,教育过程传授知识时不应该仅仅告诉学生"是什么",而更应该告诉他们"为什么",为什么是这样而不是那样? 为什么应该这样而不应该那样? 但是这个"为什么",对思政课教学来说,最好还是由学生去认识、去辨别,因为思政课教学不像其他学科,它其中涉及的很多方面比如为人处世的道理、看待社会现象的方式等,早已在学生学习和成长过程中,被家长和老师讲烂讲烦,或者被社会乱象误导,以至于课堂上再也难以入心。经常有教师说,现在的青年不讲道理,只有情绪,老师讲道理时他也不反驳、不表达反对的理由,但就是不听你的。实际上这不是不讲道理的情绪化,而是不想和你讲道理,因为他心中已自有他的道理。问题探究式教学法以问题为先导,而不是以结论为先导,可以避免与学生的固有成见直接冲突,造成学生逆反心理让教学知识流于假知识状态。创设话题后,先问学生怎么看,再让学生就自己的看法提供理由,学生就容易有"自以为是"的自信令其底气十足地讲出自己的充足理由。只要学生有开口讲的愿望,教师就不怕这个道理讲不到正题上去,就可以充分展开多种形式的探讨,最终让学生明白真正的道理所在。有些思政课教师因为思政课的政治因素,而害怕多讲为什么,却不知不讲为什么并不能阻止不同的甚至相反的观点在学生内心形成那些为什么。进行问题探究,不是为了产生疑惑,而是经过对疑惑性问题的分析,找到其问题所在,从根本上消除疑惑。只有如此,才能通过学理性分析的探究过程,消除学生心中的困惑与错误观念,真正相信马克思主义的思想内容,才能最终达到思政课教学的育人目标。

问题探究式教学在过程上大致可以分为四个基本步骤:第一,提出相关的基本问题。思政课教师在教学过程中要强化问题意识并积极鼓励和引导学生发现和提出相关的问题。其中,对于学生提出的大多数问题都可以进行归类合并,再由思政课教师对有代表性的问题进行积极的回应和解答。第二,选择确定所要研究探讨的主要问题。在学生所提出的各种问题中,根据学生的兴趣、认知水平和能力,结合社会实际和学生思想实际,以及问题本身的重要意义和可探讨性来选择和确定所要研讨的教学问题,并引导学生思想聚焦这一中心主题上来。第三,所要研究和探讨的问题确定之后,就要积极鼓励和引导学生对这一问题展开讨论、发表看法,加强他们相互之间的交流与合作。如果可能或有必要,教师还可以指导学生通过展开查阅资料、调查实践、撰写研究报告等多种形式的活动,引导学生对相关的问题进行较为系统、全面的探讨和研究。第四,教师要对所探究的问题进行总结和提升。在广泛调动学生研究热情和主动性进行自主探究的基础上,让学生在课堂上有充分展示自己成果的机会。同时,教师还必须对学生的研究结论及成果进行点评、分析和总结,并且对所研究的问题进行总结提高,进一步启迪学生思维,拓展学生的视野和思路,引导学生对相关问题形成更深入的理解乃至达成共识。通过以上这四个基本步骤进行问题探究式教学,学生不仅对思政课教学中的相关重点和难点问题有了一个较为全面、深刻的理解和认识,而且最重要的是锻炼了自己的思维能力。

问题探究式教学法与启发式教学法既有相似之处,又有不同之处;既有联系,又有区别。相似与联系之处在于:二者都有强烈的问题导向,都强调学生学习的自主性,问题探究式教学法在使用的某些阶段包含着启发式方法的运用。区别之处在于:启发式教学法的运用点是在学生思考问题到了一个关键点、到了想不通的时候,教师介入引导;而问题探究式教学法则是在操作的全过程,唤醒学生问题意识,并想办法让学生去判断、分析、消化和解决这些问题。前者强调引出新的思考方向,开阔其思路;后者强调在引出的问题本身上去想法处理找出定论。

6.案例教学法

案例教学法是指为实现具体的教学目标和任务,通过选择典型、适当的案例,创设较为真实的问题情境,引导学生对案例进行讨论分析,锻炼其能力的一种教学方法。

案例教学最容易被误解为举例教学,其实二者有很大区别,主要体现在以下几个方面:第一,教学目标不同。举例教学中,系统知识的传授仍然是这一教学方法的重点,例子只是系统知识传授过程中某一理论的"佐证",起着证明理论正确的作用,举例子是为了让学生明白、相信而记住某些知识;案例教学的教学重点不仅在于知识的掌握,更重要的是获取知识的思维路径和思维能力,在于获取知识和运用知识的过程体验。第二,例子特点不同。举例教学中的例子,出于对课堂讲授的某一具体内容的引证,必须与具体教学内容有着精准的内涵式对接,必须具有符合教学内容需要的意义性指向。因此,这些例子一般不能具有现实复杂性,只能反映复杂现实生活的某一侧面,只能是对实际事物的片段性、典型性描述,是从复杂现实生活事例中裁割出的片段和侧面。案例教学中使用例子,是出于引发学生的思考锻炼其思维能力,需要避免出现某种单一的、具有强制性答案造成的思维线性和封闭性,需要例子具有复杂性特点、答案具有开放性特征。因此,尽管也对现实事件进行典型性处理,但这些案例往往更具完整性和真实再现性。第三,教学主体不同。举例教学的课堂上,教师边讲授知识,边举例来验证,显然是教学主体,而学生仍然是知识和例子的被动接受者。案例教学过程中,教师仅仅是课堂的组织者和引导者,学生则在教师的引导下自主地发现问题和解决问题,真正成为课堂学习的主人。

案例教学法与问题探究式教学法有很多相似的地方,如:都可以运用讨论的方式进行;都是旨在锻炼和培养学生自主思考并解决问题的能力;涉及的题材都具有多向思维维度、多向解释空间。但二者又有重要的形式区别:①引入问题的载体不同。问题探究式教学可以直接对一个理论观点、行为方式或社会现象展开议论,提出不同看法,并说明相应理由;案例教学则以真实的经典案例为探讨问题的载体。②期待的结果不尽相同。二者除了培养学生独立思维能力的共性结果外,问题探究式教学是通过在各种思维方向上的思考后,排除错误选项,找到正确结论,以利于教师预设的理论接受和行为功化;案例教学则无预设问题结果,研究问题是为了知道问题答案的多样性,培养散发性思维,而不是为了获得统一性认识。

案例教学法的独特特点:第一,明确的目的性。通过一个或几个独特而又具有代表性的典型事件,让学生在案例的阅读、思考、分析、讨论中,建立起一套适合自己的完整而又严密的逻辑思维方法和思考问题的方式,以提高学生分析问题、解决问题的能力。第二,客观真实性。案例所描述的事件基本上都是真实的,不加入编写者的评论和分析。案例的真实性决定了案例教学的真实性,学生可以根据自己所学的知识,得出自己的结论。第三,问题的复杂性。案例本身的复杂性,决定了对它的分析、解决过程也较为复杂。学生不仅需要具备基本的理论知识,而且需要具有审时度势、权衡应变、果断决策的能力。第四,过程的侧重性。案例教学不存在绝对正确的答案,因此不强调问题的结论,而强调在思考问题中的过程性意义,即在此过程中得到了能力训练即可。第五,突出实践性。学生在校园内就能接触并学习到大量的社会实际问题,实现从理论到实践的转化。

高校思政课教学中采用案例教学法,关注现实社会和生活实际,能有效避免思政课教学的空泛性说教,避免脱离实际的教条主义;能加强师生间的双向交流,有针对性地解决学生的思想问题,避免了传统的单向式知识输入;教学形式灵活,能引发学生的参与热情,有利于在唤醒学生学习主体意识的基础上发挥其创新思维能力。

影响案例教学在高校思政课教学落实的主要原因有:①对教学双方的要求较高。对教师来说,研究和编制一个高质量的案例,需要综合各方面的因素来考量,诸如案例的政治意义、方法意义、思维的散发性,组织学生实施,以及预测、总结学生的实际操作结果等,整个过程比一般教学要多花几倍的时间;对于学生来说,要求学生在思政课学习方面有较好的知识基础和较浓的学习兴趣,才能在活动的高水平高质量上体现案例教学的价值,真正起到锻炼分析问题解决问题的能力。②思政课的政治原则和育人目标,与案例教学重过程轻结论、强调思维散发忽略思想统一的整体构思存在一定的矛盾,局限了适当案例的选择范围,造成了选材的难度,也因此没有问题探究式教学方法运用的范围广。由于种种原因,案例教学在思政课教学中提得多做得少;做好的少,做得走形变味的多。不少人把案例教学做成了举例教学,或者以问题探究式教学的方式来操作案例教学。

7. 多媒体教学法

多媒体教学法是以多媒体计算机、投影仪和音响、多媒体制作软件为教学工具在教学过程中通过教学设计,以 PPT 形式处理文字、图片、视频和音频等多种教学信息,把教学内容有机整合起来的一种现代化教育方法。运用现代科技手段于教学中,是当前高校思政课教学方式、方法改革的新途径,是思想教育主动适应社会和学生发展需要、迎接信息时代挑战的重要措施之一。

多媒体教学方法具有其他教学方法无法替代的优势和特点:第一,多媒体教学手段可以提供文字、图片、音像多种信息方式,尽可能利用更多的资源,利用视、听、读、写等功能补充大量教材中没有的资料信息,把最新的科研成果引入教学过程,拓展教学空间,丰富教学内容,扩大知识领域。第二,日益开发的多媒体和信息技术教学手段改变了"粉笔+黑板+课本"的平面教学手段和单向"注入式"的教学方法,而将其拓展为立体的、多层面的、多向的、互动的教学方法手段,尤其是要利用多媒体教学直观、形象的特点,充分调动学生的视觉、听觉,营造立体化、交互式的教学情境,形成一定意义上的立体化教学模式。第三,它能调动和培养学生的学习兴趣。多媒体教学手段利用课件直观的特点,使原本在传统教学手段下难以表达、难以展现的教学内容更形象、生动、直观地显示出来,从而加深了学生对问题的理解,提高其学习的兴趣感和积极性。第四,多媒体教学手段利用信息传递高效的特点,大大增加了课堂信息量,提高了课堂教学效率。比如,预制课件和课堂练习题可以立时呈现,使传统板书情况下占据的课堂时间节省出来,为增加课堂容量提供时间上的可能。再比如,可以使用软件发放并自动实现客观性课件的批改,提高效率,减少教师批改作业的压力,使教师可以把更多精力转移到教学的其他环节。第五,把网络及多媒体技术直接引入课堂教学,可以运用很多为教学互动设计的教学软件,加强师生之间知识、信息、心理动态的双向交流与互动,从而有效地克服在以往教学过程中的单向信息输出,有利于发挥学生的主体作用,激发其创造性思维活动。

多媒体教学运用不当,容易导致以下问题:①与内容结合不紧密,起不到服务于内容教学的作用,导致华而不实、哗众取宠的结果;②注重了理论教学向下走,即向可感可听可视的感性方向走,但忽视理论教学向上走,即忽略理论深度、忽略抽象思维能力培养的倾向;③课件使用状态下,教学内容的整体性被破坏,案例材料、插图、音像材料等的丰富运用,使课堂内容显得零乱、碎片化、缺乏层次感。

多媒体教学运用呈现出的问题从根本上来说,属于前进中的问题,是任何新生事物发展中不可避免的问题,显然不能将问题归因于多媒体本身而将之弃用。多媒体教学的普及和推广是时代发展的潮流和必然趋势,思政课教师应当跟上时代的步伐,积极研究多媒体教学方法,并在使用过程中不断总结经验克服可能出现的失误和偏差,逐步实现多媒体教学形式与教学内容的完美结合,使多媒体和网络信息技术成为教师的最称手的工具。

四、教学方法创新应注意的问题

(一)转变教学理念和教学态度

习近平总书记在"3·18"座谈会上提到,思政课教学要"坚持主导性和主体性相统一"，既为思政课教学方法创新指明了基本方向，也是对思政课教师转变教学理念的殷切期望，是实施思政课教学方法改革的关键所在。

"坚持主导性和主体性相统一"，道出了包括思政课在内的所有课程教学改革的基本路径、基本方向。从整体的意义上看，我们今天的教学改革与创新，都是针对传统灌输式教学来改变的，是着眼于纠正传统教学方式中把教师作为"主体"（或者是"双主体"教学方法倡导者眼中的"单主体"）的错误观念和态度，纠正重"教"不重"学"、只重视教师作用而忽视学生作用的病态教学方式，并开出药方：教师为主导、学生为主体，教师学生共同完成教学过程，即"坚持主导性和主体性相统一"。

从方法论意义上看，"主导性和主体性相统一"的基本原则是尊重教育规律、循规律而行的需要。"教学"一词，本身就是"教"与"学"两个方面内容的结合，但在传统注入式教学模式下，"教学"所包含的双重内涵似乎被教师遗忘了，或者没有被深切透悟，对"学"的关注和理解还处于较浅的层次，需要加强认识。经过这么多年的教学改革，从以"教"为主转变到以"学"为主，发挥教师主导而非主体的作用的认识，基本上已经被广泛认可。但是，在具体的教学实践中，如何发挥教师主导作用和学生主体地位，还存在着很多实际的问题，影响着教师角色转换的主动性。首先，对主导身份下教师应该做些什么，还比较迷茫。主导，用理论化方式来解释，就是要求教师做学习活动的组织和引导者，在教学内容选择、教学进程安排、教学方法运用、学生成绩评价等方面发挥主导作用。用通俗化方式理解，主导就是编导、引导、疏导、督导。教师要像导演一样对教学内容进行编排，完成教学过程的角色分工做好编导和设计，引导学生向着教学的主要目标前进，其间学生遇到思维或心理障碍进行及时疏导、疏通，在转变学生学习态度上想办法进行督导。显然，这个导演身份并不是只导不演，引导、疏导就是教师表演的戏份，它可以表现为教师的讲授阶段，但这种讲授明显然不再是作为主体身份的讲授，而只是作为辅导、辅助者，对学生的主演起助演作用。其次，对启而不发的学生没有办法，而被迫以教代导。一个教学班上，学习态度不端正的学生肯定存在，而且这类学生在普通高校占比高，在公共课上比专业课上占比高，在人文公共课上比理工科、术科公共课上占比高。总的来说，学习态度不端正的学生在地方高校的思政课堂上所占比例有时多到让教师失望的地步，表现为：喊学生回答问题时，通常没有几个人愿意主动回答。对此，这里想说的是，不能因为学生的表现不如人意，思政课教师就给自己一个不进行教学改变的充足理由，而应该在坚定改革理念的方向上多想办法。只要肯想办法，针对什么样的学生就会有什么样的措施，低水平的学生可以考虑在降低互动任务难度的较低起点上开始训练。

从对教学责任的意义上看，"主导性和主体性相统一"的原则要求思政课教师不能只管"教"的部分，不管"学"的部分，而是在教学过程中负全责，尽全心，既管"教"又管"学"。有些教师不愿意进行教学方法改革的主观原因，恰恰正是这个方面的认识存在偏差。他们会认为，自己能够备好课、讲好课，就是完成了教学任务，至于学生学了没、学得如何，那是学生自己的事儿，在学生方面，教师不能包打天下。但他们没有意识到，自己犯的是"半截子唯物主义"式的错误，是教学不彻底的表现。教学任务完成的标志不在于教学信息传递过程的结束，而在于教学信息接收过程的实现，在于思政课教学信息内化后对学生行为的实际影响力。教师讲完了，而学生没听懂、没学好、考不好、德行表现没改观，则意味着教学没起到应有的效果，教学任务并没有因为"教"的完成而完成。不注重学生的学，不重视学生的主体地位，就不可能使教师角色向主导地位转变，这是不愿意尽全心负全责意义上的态度问题。

（二）把握好形式与内容的关系

教学方法改革的一个重要特征是改革教学形式、方式，以此改革传统教学重内容轻形式的思想偏向，解决良药苦口的问题，要求教师运用学生所喜欢接受、方便接受的形式，服务于教学内容，有效传达思政课教学的最终目标。但是，在现行的思政课教学改革实践当中，却存在着矫枉过正的现象，出现了重形式轻内容的反向问题，需要引起注意。

在教学方法创新中，重形式轻内容的表现有很多，主要举例说明如下：①图片运用不当。课件作为多媒体技术支持下的优秀教学工具，以其极大的优势弥补了黑板教学工具的不足，现已成为各级各科教学采用的主要方式。课件制作的一个重要手段是图片的运用，图片的表现形式也很多，有示意图、形状图、关系图、动漫图、真图等，若搭配好内容和其他形式则能制作出非常精美、很具观感的高水平课件。但是，还是有部分教师，配图太随意，要么与内容无关，要么配图不严肃，要么配图过多，要么配了学生不能直观其义而教师又不去讲的图片。比如，在兴义民族师范学院新冠肺炎疫情期间的网上教学中，授课教师在讲《纲要》课鸦片战争前的清朝腐朽统治的内容边上，配了一张网络恶搞皇帝图片。可能教师是想活跃课堂气氛，但没想到这种配图其实是不合适的，因为严肃的话题中出现不严肃的插图，不仅有可能降低教学内容的真实性与可信度，而且会严重影响学生的听讲集中度。因为是用腾讯课堂上网课，当时就能看到学生议论纷纷的信息："老师你调皮哦,玩这张图""夺命剪刀手""非主流"……一时间,没多少人集中精力听教师讲课的内容了。②视频播放问题。恰当运用视频,能够以强烈的感性艺术形象,巩固深化学生对教学内容的认识,或引发学生相关情感的共鸣与培养,起到讲授法教学所起不到的效果。但是,有些教师不注意教学视频与教学内容的相关度,比如播放艺术形式的影视剧。这种视频比起纪录片、微剧等形式的视频来,与教材的相关度一般来说就稍低一些。再加上播放时间又相对较长,教师既不剪辑,又不中间暂停插入个人讲解,就容易造成娱乐性超过教育性,形式大于内容问题。③另有唱歌、舞蹈、游戏类节目,教师如果组织不当,不注意其教育意义的开发,就更容易造成为娱乐而娱乐的形式主义。

（三）教学方法的选择与创新问题

教学方法的种类有很多,本章从构成教学模式的微观元素的角度选取了七种教学方法。无论是对于思政课本身还是对于一堂思政课来说,都不具有单独使用的绝对意义,需要思政课教师一方面根据教学内容、教学对象合理选择相应的方法,另一方面,要综合运用、组合运用各种方法,才能更好地实现创新。

1.选择适当的方法

教学内容与教学方法之间首先表现出内容与形式的关系。内容决定形式,教学内容决定教学方法,不同的教学内容要有不同的教学方法。但这种决定是总体的、宏观的决定,适用于描述不同性质的学科、不同课程以及同一课程不同部分之间教学内容所适用的不同教学方法。而从微观的角度,或者从思政课教学的实践上看,教学内容与教学方法之间又有着复杂甚至随机的对应关系:相同的教学内容,可以用不同的教学方法;不同的教学内容,可以用相同的教学方法;不同的教学内容,可以用不同的教学方法。之所以有这样的现象,是因为教学对象才是对教学方法的选用更具有决定意义的因素。因材施教,根据学生的不同特点,选用不同的教学方法,就是这个道理。教无定法,没有所谓的最"合适"的方法,只有最"适合"的方法。最适合就是指适合不同的学生情况,要求教师根据学生的不同层次、不同专业特点以及在与学生互动交流的过程中发现的不同接受情况,选择相对应的方法。

2.综合运用各种方法

一方面,任何教学方法都有其特定的适用性,也都有自己的优缺点;另一方面,再新颖的方法,如果长时间单独使用,也会在学生面前失去新鲜感。

因此,不同课堂中或同一课堂的不同纲目的教学中,要多种方法交叉、组合、变换着使用,既保持方法的多样性,也保持教学内容、教学对象的方法针对性。

各种方法综合运用构成教学创新的特殊内涵。教学方法创新可以表现为一种全新方法的出炉,但这并非唯一的创新内涵,它还包括对原有方法的改造、加工和套装。随着社会的进步、科技发明的更新,新的教学手段与教育思维势必相应出现,推动教学方法的创新。相比之下,所有已经长期使用过的方法都会变成旧方法。但旧方法虽然缺少了博人眼球的新鲜度,但其内在固有的优势会一直使其具有存在的价值。不能为了创新而创新,忽略原来方法的特有价值。比如,讲授法总体上讲不是什么新方法,但它却是无论如何更换新形式都不可能被遗弃的方法,都必然包含在其他新方法的组合运用之中,可以与启发式教学、多媒体教学等方法共同组成新的教学模式。

(四)春风化雨、润物无声

"坚持显性教育和隐性教育相统一",是习近平总书记在"3·18"学校思想政治课教师座谈会上提到的另一个重要方法和基本原则,既包含着在各种方式中参透德育目标的方法,也包括对实施教学方法主体特殊价值的肯定。

思政课教学方法的运用创新,应根据教学目标、教学内容、学生知识结构、学生特点需求和接受习惯等进行科学的教学设计,结合慕课、微课、翻转课堂等智慧教学模式,有效传授理论知识,锻造学生思维方式,培养学生的德育素质,进行目标明确的显性教学。

在教学方法使用过程中,还要结合学生的心理特征与情感需求,进行隐性教育。首先,要充分发挥某些教学方式方法的独有魅力,将教育目标内化其中,并由作为第三者的材料、工具、内容自行完成,代替了教师的作用,而教师的讲解说教身份则可以隐退一旁,实现不言自教。其次,任何方法相对于其使用的主体——人来说,都是工具,其作用的发挥最终还是要靠人来发挥。而在教学过程中的教师,作为教学方法的使用者,不仅要掌握使用教学方法的技巧,而且要融入热爱党、热爱国家、热爱社会主义事业、热爱教育、热爱学生的一片深情,以及教师个人优秀的人格魅力散发出的感染力。通过这些语言所不能代替的方面的配合,才能使教学方法的作用发挥到极致。

第六章 高校思政课的实践教学创新

实践教学是高校思政课应当加强的薄弱环节,受到包括各种非技术性因素与技术性因素的制约。高校思政课教师应当充分发挥自己在实践教学创新技术性因素中的主体作用,加强在实践教学内容及其方法选择与把握上的能力,在课内、校园、社会等平台积极开展对学生的实践教学,强化与落实思政课理论教学目标。

一、高校思政课实践教学的现状分析

进入 21 世纪以来,高校思政课的实践教学受到了党中央的高度重视。2004 年,中共中央、国务院发布《关于进一步加强和改进大学生思想政治教育的意见》(中发〔2004〕16 号),要求"高等学校要把社会实践纳入学校教育教学总体规划和教学大纲,规定学时和学分,提供必要经费"。根据《〈中共中央宣传部　教育部关于进一步加强和改进高等学校思想政治理论课的意见〉实施方案》(教社政〔2005〕9 号)文件精神,在调整课程设置的基础上,2008 年,中共中央宣传部、教育部联合发布《关于进一步加强高等学校思想政治理论课教师队伍建设的意见》(教社科〔2008〕5 号),规定"完善实践教学制度。要从本科思想政治理论课现有学分中划出 2 个学分、从专科思想政治理论课现有学分中划出 1 个学分开展本专科思想政治理论课实践教学",要求各高校建立健全落实实践教学的长效机制建设,要求"各类博物馆、纪念馆、展览馆、烈士陵园等有教育意义的场所,要对开展思想政治理论课实践教学实行免票",为实践教学的开展提供便利的外部条件。习近平当选党的总书记以来,也一直很关心并高度重视高校思政课教学,并在"3·18"座谈会讲话上,要求思政课教师要"坚持理论性和实践性相统一","重视思政课的实践性,把思政小课堂同社会大课堂结合起来,教育引导学生立鸿鹄志,做奋斗者,才能加深学生对科学理论的理解把握"。

在党中央及其领导下的相关部门的高度重视下,在各级教育行政主管部门的直接领导和监管之下,各高校认真落实中央精神,积极推进思政课实践教学工作,不断探求创新高校思政课实践教学的方法,并取得了可喜的成绩。然而在取得成绩的同时,也存在着一些问题,需要我们理性、客观地进行分析,从而寻找到更加切实可行的方法,全面深化推进思政课实践教学。

(一)高校思政课实践教学可喜的一面

1.有了机制、制度和一定的经费保障

在高校思政课教学日益受到从中央到地方各级部门的高度重视下,在中央相关部门文件的宏观引领与督促下,各高校根据自己的不同情况,按照教育部制定的思政课建设标准,逐步推行思政课实践教学,统筹安排思政课实践教学,落实学分、教学内容、指导教师和专项经费,不断地努力发展和完善思政课的实践教学内容、形式和机制,努力推动实践教学形成一个科学而完善的系统。例如,兴义民族师范学院制定了《思想政治理论课实践教学实施方案》,相继建立了6处实践教学基地,与基地共建单位签署了实践教学活动相关协议。同时,根据学校实际情况,启动多部门联动机制,由宣传部牵头,与团委、各二级学院共同组织实施学生的实践教学活动。从《概论》课中划出2个学分作为社会实践教学学分,制订《"概论"课实践教学实施方案》,安排指导教师,指导学生在课程完成后的第一个假期内完成实践活动,并以撰写论文的形式完成学分认定。另外,单独拿出1个学分,作为学生在校期间完成按思政课要求的所有社会实践活动的学分。此学分根据一份《思想政治理论课综合实践活动手册》的记录来认定。在实践活动中,属于集体组织形式的,经费由学生所在的专业教学部门提供。2005年笔者读研时,曾于湖南信息职业技术学院兼职《原理》课教学,该校划出20个学时保证教师指导学生课外实践教学,并按正常课时一样计入教师工作量,发放相应报酬。

2.实践教学的内容和形式不断拓展完善

在中共中央、国务院《关于进一步加强和改进大学生思想政治教育的意见》(中发〔2004〕16号)等相关文件精神的指引下,各高校思政课教学部门与学校思想政治工作管理部门一道,积极探索社会实践的途径,将学生的实践教学活动与专业学习相结合、与择业就业相结合、与创新创业相结合,培养大学生的劳动观念和职业道德;利用寒暑假、周末、课余时间,组织大学生参加社会调查、生产劳动、志愿服务、公益活动、法庭观摩、科技发明和勤工助学等社会实践活动,培养学生的勤劳美德、奉献意识、创新能力,提高对社会的观察能力、适应能力,加强对中国现实社会状况的了解并提升整体认可度;组织大学生参加军事训练,培养学生的纪律观念、吃苦精神、牺牲精神和爱国意识;通过到博物馆、纪念馆、展览馆、烈士陵园、革命遗址、思想政治教育基地等场所参观,对学生进行党史、国史、革命史教育以及革命情怀、国家情感、社会主义情感的教育。同时,课内、校内实践教学形式也不断拓宽,课堂辩论、主题演讲、模拟授课、校园文化、社团活动等丰富多彩,对学生进行各个方面的实践性教育。

3. 实践教学的价值受到普遍认同

关于实践教学活动的价值,习近平总书记在"3·18"座谈会讲话中,曾经以实践教学与理论教学的统一关系上强调,只有加强实践教学,"教育引导学生立鸿鹄志,做奋斗者",才能让学生加深对科学理论的理解把握。中共中央、国务院《关于进一步加强和改进大学生思想政治教育的意见》(中发〔2004〕16 号)指出:"社会实践是大学生思想政治教育的重要环节,对于促进大学生了解社会、了解国情,增长才干、奉献社会,锻炼毅力、培养品格,增强社会责任感具有不可替代的作用。"教育部在《新时代高校思想政治理论课教学工作基本要求》(教社科〔2018〕2 号)中强调:"实践教学作为课堂教学的延伸拓展,重在帮助学生巩固课堂学习效果,深化对教学重点难点问题的理解和掌握。"这些认识,在实践教学活动的开展中,得到了从高校领导到思政课教师再到学生的普遍认同。学校领导普遍意识到社会实践对学生思想政治教育的作用,克服困难在政策和资金上不断进行倾斜支持,为实践教学活动的开展提供基本条件。思政课教师牺牲课余和假期时间,采取多种形式指导学生参与各种实践活动。实践教学形式受到学生的普遍欢迎和支持,他们对实践教学态度不是要不要开展的问题,而是如何更好地开展的问题,对广泛深入开展实践教学充满了期待。

(二)高校思政课实践教学不足的一面

高校思政课实践教学总体上还处于初级阶段,存在着问题远大于成绩的现象,在很多方面都有明显的不足。

1. 活动经费问题

市场经济条件下,校外层面的实践教学涉及学生的交通食宿的额外花费,因此需要比课堂理论教学付出更多的金钱支出。而不少普通高校,特别是缺乏地方政府资金支持的地方高校,学校本身的各项建设资金就异常紧张,用于思政课建设方面的资金就更加有限,基本上处于能应付得住上级评估与检查就应付的状态。一般高校除拨付给思政课教学部门生均 20 元,作为教育部硬性规定的思政课教师专项培训、考察费用外,很少再单独拨付给思政课教学部门用于学生社会实践活动的专项资金。实际上,即使实现生均 20 元的专项实践活动经费,如果按现在的消费水平计算,实现全部学生的多种活动的开展,也存在杯水车薪的问题。不少学校的社会实践活动靠拉社会赞助的方式解决资金问题,多少能解决一些问题,但总体上看,也存在着找合作对象难、找到肯花大钱的合作对象更难的情况。因此,缺乏足够资金支持,成为制约很多高校思政课实践教学活动顺利开展的主要原因。

2. 实践教学还处于粗放管理状态

尽管教育部对各高校的思政课实践教学进行了宏观指导,并做出相应的学分要求,各高校也确实根据这些要求和指导意见不同程度地开展了相应的活动,但是对实践教学的管理并没有像理论教学一样规范管理,使实践教学随任课教师主观意志为转移的机动性很大,教学管理处于粗放管理状态。具体表现有:①实践教学活动没有作为教学常规管理的内容进行规划、检查、评估,管理部门缺乏对教学大纲、教学计划的详细要求,缺乏教学内容、课时安排的具体规定,缺乏对实践教学落实过程的监控。②教师在实践教学中的权益得不到保障。实践教学本身的操作就比较复杂,需要教师投入更多的时间和精力。但在不少高校,实践教学的课时量与课时报酬难以像正式课程一样列入相关计算,既无正常课时报酬,在年度考核、评职称时,课时量也不能像理论课课时一样被正常统计。③硬性要求的实践教学内容很少,除了规定学分内的实践活动,其他活动是教师个人的自愿行为,教师可以做也可以不做。④缺乏对实践教学实施效果的量化评价机制。对于硬性要求的内容,教师做了就行,做得好不好没有具体的标准去评价。

3. 实践教学的落实还处于浅表层次

经费不足、缺乏管理、权责不分的状况,使思政课实践教学的落实尚处于浅表层次,主要表现为:①不平衡。条件好的学校,实践课教学落实得好,反之则不能真实有效地落实。例如:笔者在贵州省城某大学马克思主义学院进行交流时,了解到他们学校的经费有足够的保证。其中一名教师带领几名学生参加精准扶贫调查走访活动,搞微视频拍摄就花费 20 万元,这是一般地方高校所不敢想的。另外的不平衡表现在教师与学生身上:责任心强的教师会多做一些、真做一些,反之则不然;在学生方面,由于经费不足、大班教学、安全考虑等原因,一般情况下,教师带队考察会选一部分平常表现好、爱学习的学生,而更多学生经常得不到这样的锻炼。②不充分。实践教学活动的开展从整体上看形式不少,参与的教师、学生也未必少。但如果从一个教师、一个学生的角度来看,形式单一、主题单一、活动次数少等落实不充分的情况就会暴露出来,特别是校外实践活动的学生与内容的覆盖面均不宽。③零碎化。教师安排的实践教学活动缺乏系统的规划,不能体现全方位逐步推进思想政治教育内容,随机性、随意性大,造成实践教学内容缺乏整体性的设计与落实。另外,学生的实践活动基本上都是学生自行安排,单打独斗或者三三两两地组合去做。

4. 教师缺乏实践教学的主动性和创造性

学校在实践教学管理上的缺位,资金投入上的支持力度不够,以及教师的具体权益得不到保障,这些方面都极大地影响了思政课教师对实践教学的态度,造成部分教师对学生实践活动的开展处于应付状态,被迫意味较为明显,缺乏主动性,更难以发挥教师在实践教学方面的教学智慧和潜力,致使实践教学开展的水平不高、内容有限、形式简单。教师对学生实践活动的引领不足,考核结果把关不严,不能有效促进活动的深入开展,不能保证实践教学的质量和效果。例如:在社会调研报告的批改中,普遍存在着只打分数不写评语的现象,也缺乏相应的文章查重手段和过程检验来核实学生调研报告的真实性和原创性。

5. 效果不是很明显

实践教学目的旨在运用和巩固课堂教学的理论知识,锻炼学生分析问题和解决问题的能力,在真实的环境中培养学生的政治素质和道德素质。但由于种种原因,实践教学在落实过程中,这三个方面的效果都不是十分明显。由于缺乏在实践教学中对思想政治教育内容的合理设计,不少参观考察形式的活动变成了一般群众性的游玩、游历,不能给学生带来深刻的、有效的思想教育。在一些调查研究性质的活动中,由于学生缺乏此类性质的实践经验和写作经验,而教师的指导又往往具有宏观性和空泛性,使学生缺少及时性、针对性的指导。学生在活动中缺乏问题意识,不能以强烈的问题意识为导向,将实践活动引向思想活动的深处,在能力培养和思想触动方面难以获得充分的能力锻炼和深刻的思想触动。

二、实践教学的理论依据与"还原式"思维

(一)实践教学的理论依据

人们对实践及其意义的正确认识和把握,是实践教学之所以被重视和推行的思想基础。古往今来的思想家们在实践问题上进行过大量的思考和论述,代表了人类在实践认识问题上的集中成就,成为我们今天开展思政课实践教学的思想支撑和理论依据。下文选择了一些具有代表性的基本理论,并进行了简要分析。

1.马克思主义的实践观

人类思想史上,对实践的科学内涵提出最早的科学阐释的是马克思。他在《关于费尔巴哈的提纲》一文中指出:"以前一切唯物主义(包括费尔巴哈的唯物主义)的主要缺点是:对事物、现实、感性,只是从客体的或者直观的形式去理解,而不是把它们当作感性的人的活动,当作实践去理解,不是从主观方面去理解。"①明确地强调了实践内涵的两个主要方面:人的主观能动性与客观物质性。旧唯物主义重视了后者,而忽略了前者;而唯心主义者则恰恰相反,重视前者而忽视后者,忽视实践改造客观世界的直接现实性作用。对于唯心主义所突出代表的将人类认识局限在思想内部的做法,马克思指点迷津地说道:"哲学家们只是用不同的方式解释世界,而问题在于改变世界。"②强调了实践是人类认识的出发点和最终归宿。不仅如此,马克思认为,即使在认识过程,也需要人的实践活动的参与,因为:"人的思维是否具有客观的真理性,这并不是一个理论的问题,而是一个实践的问题。人应该在实践中证明自己思维的真理性。"③对于实践的意义,恩格斯从生产实践的角度进行阐述。他在《自然辩证法》提出:"只有一种有计划地生产和分配的自觉的社会生产组织,才能在社会方面把人从其余的动物中提升出来,正像一般生产曾经在物种方面把人从其余的动物中提升出来一样。"④旨在说明:生产实践或劳动不仅从物种变化的角度让人类异于动物的身体能力,而且计划性的生产和分配,在调整人与自然之间关系的同时,也在进行着人与人之间的关系调整,使人类"靠消耗最小的力量,在最无愧于和最适合于他们的人类本性的条件下来进行这种物质变换"⑤,实现对剥削阶级思想的改造,完成人类的无私合作,恢复为人之初的善良本性。

作为在革命斗争的实践中被中国共产党和中国人民所认可的伟大领袖,毛泽东在其著作《实践论》中集中阐释了他的实践思想。他说:

---

① 中共中央马克思恩格斯列宁斯大林著作编译局:《马克思恩格斯全集(第3卷)》,人民出版社,1986,第6页。

② 同上。

③ 同上书:第7页。

④ 中共中央马克思恩格斯列宁斯大林著作编译局:《马克思恩格斯文集(第9卷)》,人民出版社,2009:第422页。

⑤ 中共中央马克思恩格斯列宁斯大林著作编译局:《马克思恩格斯文集(第7卷)》,人民出版社,2009:第929页。

只有人们的社会实践,才是人们对于外界认识的真理性的标准。只有在社会实践过程中(物质生产过程中,阶级斗争过程中,科学实验过程中),人们达到了思想中所预想的结果时,人们的认识才被证实了。人们要想得到工作的胜利即得到预想的结果,一定要使自己的思想合于客观外界的规律性,如果不合,就会在实践中失败。人们经过失败之后,也就从失败取得教训,改正自己的思想使之适合于外界的规律性,人们就能变失败为胜利,所谓"失败者成功之母","吃一堑长一智",就是这个道理。辩证唯物论的认识论把实践提到第一的地位,认为人的认识一点也不能离开实践,排斥一切否认实践重要性、使认识离开实践的错误理论。……马克思主义的哲学辩证唯物论有两个最显著的特点:一个是它的阶级性,公然申明辩证唯物论是为无产阶级服务的;再一个是它的实践性,强调理论对于实践的依赖关系,理论的基础是实践,又转过来为实践服务。判定认识或理论之是否真理,不是依主观上觉得如何而定,而是依客观上社会实践的结果如何而定。①

毛泽东用通俗明了的语言,讲述了实践在人的正确思想形成中和检验判断中的决定性意义,并宣布:真理的标准只能是社会的实践。毛泽东的实践论启示我们:不能让思政课书本理论知识成为禁锢学生思维的教条,而应该让学生结合实践活动去真切体悟。在客观事实面前,让马克思主义的真理观和价值观与其他错误观念进行比较和碰撞,才能被学生真心认可其真理性,才能让书本知识真正成为影响和改变自己行为的思想指南。否则,教师讲得再好,学生没有相应的实践,就无法真信,就不会对其行为产生真正影响。

习近平在继承马克思主义实践观的基础之上,形成了自己一系列关于实践的思想,并以之指导新时代中国特色社会主义建设事业和教育事业。在2019年春季学期中央党校(国家行政学院)中青年干部培训班开班式上,习近平总书记发表重要讲话时强调,"武装头脑、指导实践、推动工作,落脚点在指导实践、推动工作;学懂弄通做实,落脚点在做实。要牢记空谈误国、

---

① 毛泽东:《毛泽东选集(第一卷)》,北京,人民出版社,1991,第284页。

实干兴邦的道理,坚持知行合一、真抓实干,做实干家。"①言语之中,充分肯定了实践在推动国家建设和社会发展中的直接现实性特点和重大现实意义,表达了对党的领导干部投入中国特色社会主义事业的伟大实践当中去的殷切期望。在促进教育活动的效果问题上,习近平运用认识与实践的关系指出:"集中教育活动需要提高认识,更需要付诸行动,以新的思想认识推动实践,又以新的实践深化思想认识。"②在学校思想政治理论课教师座谈会上,习近平就如何推动思政课改革创新问题指出:"要坚持理论性和实践性相统一,用科学理论培养人,重视思政课的实践性,把思政小课堂同社会大课堂结合起来,教育引导学生立鸿鹄志,做奋斗者。"③习近平的实践观,对各高校开展思政课实践教学活动具有丰富的指导意义。理论与实践相结合是高校思政课立德树人的重要途径,应当成为高校思政课教学创新的基本原则和基本方向。大学生不仅要有丰富的理论知识储备,更要有丰富的实践经验,因而要求高校思政课教师要重视实践教学,采取多种途径为学生提供积累实践经验的机会和条件。要在理论教学与实践教学的共同实施中,让大学生既懂得马克思主义理论知识,又能够在社会生活中运用所学知识改造客观世界和主观世界,解决客观存在的复杂社会问题和人生问题。

2. 王阳明的"知行合一"与"致良知"

王阳明是明代心学的创立者,他早年提出"知行合一",晚年主张"致良知",成为构建其心学思想体系的两个核心内容,对于我们今天在思政课教学中提倡理论与实践相结合仍然具有重要的启发意义。

"未有知而不行者。知而不行,只是未知。……故《大学》指个真知行与人看,说'如好好色,如恶恶臭'。见好色属知,好好色属行。只见那好色时已自好了,不是见了后又立个心去好。闻恶臭属知,恶恶臭属行。只闻那恶臭时已自恶了,不是闻了后别立个心去恶。"④这段话集中表达了王阳明"知行合一"的思想。王阳明认为,"知"与"行"(即行为)本体上是合一的,"知"即"行","行"即"知"。没有谁认识上做到了"知",而行为上不去以这个

① 习近平:《在常学常新中加强理论修养 在知行合一中主动担当作为》,《人民日报》2019年3月2日1版,http://paper.people.com.cn/nmrb/html/2019-03/02/ww.D//0000renmrb_20190302-2-01.htm,访问日期:2020年5月21日。

② 习近平:《在党的群众路线教育实践活动总结大会上的讲话》,人民网,2014年10月8日,http:jhsjk.people.cn/article/25792940,访问日期:2020年5月21日。

③ 习近平:《在学校思想政治理论课教师座谈会上的讲话》,人民网,2019-3-19。

④ 王守仁:《王阳明全集:卷一》,上海古籍出版社,1992,第4页。

"知"指导自己的"行"的;如果不是这样,而是"知而不行",不按自己所"知"指导自己所"行",出现知行分离、知行不一,那只能说明,他那个"知"是假知,而非真知。

王阳明晚年常提"致良知",是在坚持"知行合一"之本体论的基础上谈学问的功夫,即探求如何实现"知行合一"的方法。"吾教人致良知,在格物上用功,却是有根本的学问。日长进一日,愈久愈觉精明。世儒教人事事物物上去寻讨,却是无根本的学问。"①王阳明这段话旨在反对程朱理学思想对"格物致知"的理解。王阳明认为,程朱"格物致知"于"事事物物"上求到的"物理"知识,相对于道德之学追求的能知善恶的"良知",不是根本的学问。而自己的"致良知"之学,则抛却心外求知的曲线思维,直至本心,直接将目标定位在道德意义的良知上。

王阳明的"知行合一"与"致良知"思想,包含着一些错误的认识,如:他说的"行",还只是"好好色""恶恶臭"的好恶之感觉和心理,并不属于真正意义的行为范畴,更不是今天我们意识到的实践概念;他讲的良知,属于不学而知的先验之知,具有唯心主义先验论色彩。但是,仔细思考王阳明的这两个命题,对今天的思政课教学则会产生非常有价值的启示:①让学生真知真信,是思政课在理论教学阶段的根本任务之一。只有对马克思主义理论真知真信,才能使之成为学生的行动与实践的指南。②思政课的根本任务是立德树人,传授知识只是实现立德树人根本任务的中间途径。如何让学生在中间途径中所学的知识不至于成为造就"精致的利己主义者"的工具,还需要想办法将道德含义之外的知识转化为具有道德内涵的人类良知,求得真、善、美的统一。而这个转化过程则主要靠实践教学的方法实现。

3. 杜威的"做中学"教育理论

"做中学"是杜威教育思想的主题之一,强调的是在具体的行为中获得知识的一种途径,其中包含着杜威笔者深刻的哲学与心理学思想。

从哲学角度看,杜威反对一切二元对立的认识论。他认为,传统的"二元论"哲学把经验主义的"知"与理性主义的"知"视为完全对立的东西,造成了教育上心智与身体、感官训练与心智能力、理论与实践的一分为二。在杜威看来,无论凭借感官刺激获得的单纯事实,还是依靠思维逻辑获得的抽象概念,都不是真正的知识。从行为的角度看,知识是"我们为了要解开困

---

① 王守仁:《王阳明全集:卷一》,上海古籍出版社,1992,第99页。

惑,按照我们设想自己与所生活的世界之间的关系,把意向化为有意识的举措"①,知识在人与环境的相互作用中不断获得修正。换而言之,知识产生于行为与行为结果的密切关系中,人类要在行动中借助理性力量实现知识更新。

在心理学层面,杜威认为,知识心理学和智力心理学几乎不谈行动,强调观念来源于感觉,人人具备学习书本上抽象概念的精神官能,结果"教材就变成孤立在学生的需求和目的以外的东西,变成只是一堆必须背下来,考试时再依样复制的东西"②。而在他看来,观念既不是直接作用于感官的感觉,也不是深居理智之中的思想。观念是操作性的,是通过感官所获得的材料与产生这种材料的操作联系起来的知觉。这意味着知识离不开行动,人类的理性能力只有借助于有目的性的行动,将"所为之事"注释在"所为之果"的目的、意义联系中才能得到发展。杜威的"做中学"及其所依据的哲学与心理学思想告诉我们:通过教育方式让学生得到的二手知识,与行为过程中得到的一手知识相比,更容易让求知者失去对此知识的前因、后果、目的、意义等一系列相关内容的系统思考,不仅令二手知识变得孤立、肤浅,让人疑惑不解,而且学来后却因不知所由、不知何去而成为无处可用的东西。只有在实际行为中,加入强烈的动机、目的以及为达目的而竭尽所能地想办法的过程,得来的知识才是系统性的,才是因真切地与自己相关而变得有用的东西,才具有强烈指导行为的效用。因此,高校思政课教学除了要在理论教学过程中想办法让知识活起来之外,更需要通过实践教学方式,让学生在亲历亲为的直接行动中去获得知识,去感同身受地理解经过实践检验的马克思主义理论的真理性,进而自觉地将其作为自身行为的指南。

(二)实践教学中的"还原式"思维

人类社会实践活动的复杂性,决定了以社会实践为内容的实践教学的复杂性,进而决定了实践教学方法研究的复杂性。如何在复杂的实践活动内容及多变的实践教学方法研究中,找到一种基本思想来指导实践活动的开展,以及保证无论何种方法都不至于偏离正确方向,是"还原式"思维在实践教学及其方法创新中所致思的重心。与思政课其他教学内容和方式中引入"还原式"思维相比,实践教学中引入该思维方式有着特殊的内涵和针对性指向。

---

① 约翰·杜威:《民主与教育》,薛绚译,译林出版社,2012,第309页。
② 同上书,第169页。

1. 还原学习与生活真相

人类学习知识、学习理论,出发点和最终归宿在于指导实践,在于改造现实、改变生存状态。即使从局部、从个体看,似乎还存在着某种所谓出于本性的好奇心、求知欲、为知而知、为智慧而求智慧的精神旨趣,不服从任何物质利益和外在目的。但是,一方面,像亚里士多德一样宣传这种纯知识爱好的人,无非是将个人的求知目的与某些读书人追求功名利禄的世俗目的相区别,表现了知识分子高洁的精神追求,却并不能证明:不追求功名利禄的人所追求的知识就不再具有改造包括人们的思想在内的整个世界的目的和价值。另一方面,即使某些知识在它的创造者那里不能适时显示其改造世界的直接现实性,但却可以在其他应用者那里将该知识改造世界的实践功能体现出来。总之,任何知识都有目的和现实指向,不是改造客观,就是改造主观;不是在这里改造,就是在那里改造;不是往正确方向改造,就是向错误方向改造。其原因就在于知识作为一种意识,必然包含着意识的目的性、计划性功能,从而实现指导实践改造世界的目标。宣扬马克思主义的真理观和价值观,旨在为人们提供一种改造主观与客观世界的正确思想方法、思想武器。

然而,在现实的学习之中,知识的实践指向、生活指南的真相却经常迷失,出现了读书无用、不用、不能用、错用、乱用的现象。究其原因,要么是功利目的迷惑了眼界,造成了目光短浅,只把读书的作用局限到个人的利益影响;要么是像奥勃洛摩夫一样,成了"思想上的巨人、行动上的矮子",不去用知识去影响和改变现实;要么因为学习中不加思索,不去理解知识背后的"话音儿",即目的,不去思考支持知识正确与否的理由,而导致学的是死知识,无用的、不能用的知识,或者拿着死知识,不顾实际情况地胡乱套用,害人害己。

要想改变这一切错误现象,根本的路径在于还原实践,还原生活。只有在实实在在的生活中实践,一切才会变得更加开阔起来、具体起来、实际起来、复杂起来,也会同时变得多彩、生动、有趣和有意义,从而改变对待知识的态度,提升运用知识的能力,得到创新知识和改变思想观念的锻炼,才能体现理论教学的目的。

将教育路径回归到实践、生活之中,采用实践方式,本身就是"还原式"思维的主要内涵之一,但却并非"还原式"思维在此方面要表达的全部内涵。在实践教学、生活德育化的道路上,如何保持回归这个道路的初心,并以这个初心随时指导具体的实践教学方式方法,使实践教学过程真正发挥其应有的作用、产生较好的效果,也是"还原式"思维在实践教学的具体策略上所具有的意义和内涵。

2. 还原知识产生过程

"实践出真知""实践是认识的源泉""实践是认识发展的动力",这些道理本来就是辩证唯物主义认识论在实践对认识的决定意义方面的最基本的道理,是思政课教师熟知并且也要传授给学生的道理,但是这些道理在教学过程中却似乎并没有反映出来,似乎有些教师恰恰在自己的教学实践中忽略了这些道理。其主要表现为:只注重让学生记住书本内容;只注重从教师到学生的单向知识传输;缺乏生活实例的空泛说教;缺乏与学生在生活中的交流沟通;不注重实践教学与理论教学的结合;等等。

对于学生来说,由于教师远离生活实际的近乎纯理论式的教学,让学生将知识与生活看成两件事,感觉知识就是书本上来的,是别人认识出来的,是课堂上老师教出来的,和自己的生活过程没有关系,而自己生活实践似乎也不能帮自己讲出什么大道理,自然就产生不了什么知识。这种感觉,容易造成两个过程的求知主动性的放弃:书本知识有老师教、老师说,自己听清记住就行;生活过程只是生活,要通过生活中自己探求和思考而产生知识,太难太不切实际。所以最终的表现是,思政课老师布置什么作业任务,不管难易程度如何,哪怕就是心得体会、打工经历之类,学生也不愿意自己思考,而是从网上复制粘贴。

所以,"还原式"思维在实践教学中的介入,正是还原知识在实践中、在生活中形成的本来过程,还原无师自通的认识过程。还原这个过程,不仅要求教师身份在课外实践教学中的被迫性离开,而且也要求教师身份在课堂理论教学的主动性远离,尊重学生的思维自我形成规律,提出或让学生自行发现要解决的问题,形成思考动力,并以设计问题的形式引起学生的主动思考,让知识由学生自己思考得来,或者至少通过他们的多方位思考、审视接受得来。

3. 还原知识的整体维度

教育过程最难实现的是知识的有效传达,传达的知识越是抽象化、理论化,传达的有效度就越差。产生这个困难的主要原因有两层:首先,两个主体之间信息是否能有效沟通,取决于双方在经验认识和认知结构上所达成的一致性。造成一个主体对另一个主体误解的认识性根源,在于该主体是以自己的经验认识和认知结构去推测另一主体的意图的。另一主体即使竭尽所能地把自己的意图转达出去,也未必能够为对方所理解,因为他所转达的是自己的经验认识和认知结构所解析出来的东西。如果对方没有相同或相似的经验认识和认知结构，自然就无法实现同类相认的"认同"结果。其次，任何知识在产生它的第一创造者的头脑中，都是既包含着它所对应的直观形象，又暗含着知识形成的所有过程性思考，还包含创造者本人的立场、情感等信息，但是在进行理论概括和语言表达过程中，与知识同时在场的这些东西却有着不同程度的离场，即使不考虑时空变迁造成的内容延异，以及教师传授知识时的语言作为符号系统自身的局限性，这些知识到了学生那里恐怕很多都已经成为孤零零存在的概念空壳了。

因此，教师在传达知识时，不能只把它作为"点"的存在，而应将其作为"场"的存在，还原知识产生时的整体维度，包括前因后果、纵横比较、人格因素和时代背景。当然这些"知识场"的内容要扩展多少，那要看它在走向"知识点"的过程中丢了多少，更要看其中包含的经验性内容，能否与接受主体的已有经验性内容具有同质性。无论是在思政课理论教学还是实践课教学中，都需要注意这些知识整体维度及其所内涵的直观经验的"在场"还原，只是还原的方式不同而已。前者是以教师的经验感受和认知结构去理解去补充的还原，其间注重学生经验同质性内容的教师，他的还原就容易为学生所接受。后者则是以学生自己亲历性的经验感受加上已有的认识结构去进行的还原，还原更全面、更真实，更具有主体针对性。当然两种还原都有强烈的经验性、实践性特征。

总之，还原知识产生时的整体维度，而不是以知识空壳、框架形式进行教学，以及为此而做出的各种实践性教学（无论是间接实践性还是直接实践性），都是"还原式"思维的侧重方向和特有内涵，是研究实践教学的具体方法不可忽略的核心思想。

4. 还原教学主体

在"传统教学—理论教学改革—实践教学创新"的递进改革中，集中体现了学生角色在"听—说—做"的逐步融入中主体地位的加强，反映的是在尊重教育规律的基础上，对教学中知识主体的应有地位的还原。教学过程中，谁才是真正的主体？这个问题目前似乎已经没有讨论的必要了，因为很多教师已经在"由谁来说""由谁来做"的教学活动参与度上接受了学生主体地位的内涵，并自觉接受教师的主导作用、主导身份。但实际上，这种认识并没有理解教学主体的真正内涵，而仅仅体现了以课堂占有度的标准去识别教学主体身份，最终只能导向教学角色停留在形式转换而非内涵式转换的表层改革中。一些"对分课堂"（教师和学生平均占有课堂时间）和"双主体地位"(师生地位平分秋色)之类的提法,其问题实质正在于此。这些理解虽然从表面上并不影响教学改革的推进,但实际上却难以做出真正的内涵式推进。正如改革开放之初,邓小平总结中华人民共和国成立后的社会主义建设经验教训时所指出的,到底"什么是社会主义",过去我们并没有完全搞清楚,就会影响"怎样建设社会主义"的问题。不真正搞清楚"什么是教学主体",也同样会对"怎样发挥教学主体作用"产生根本性的影响。

学生在教学过程中的主体地位,是由教学的内容主体即知识所决定的。教师与学生,究竟谁是教学过程的主体,看的是对知识的占有权限。仅从教学意义上的知识来看,教师并没有对知识的完全权限,只有知识的占有权和传达权;学生才是知识的最终占有者和使用者。而对知识的使用权的拥有,则更具决定性意义,因为知识的最终归宿是被用来指导实践,在使用过程中实现其指向的改造世界的目标。教师不能因为自己对知识的占有权就霸占教学过程的主体地位,这些知识的真正主人是要使用它们的学生而不是教师,在教学意义上,教师不具有知识的使用权。只有明白了谁才是真正的教学知识的主人,才能真正明白谁是教学的主体,才能找对发挥教学主体作用的方式方法。

正因为学生是知识的主人,是未来驾驶知识之车的司机,教师就应当在自己的驾驶教练身份上,发挥示范、指导的作用,让学生在驾驶员的位置上操练、体会、掌握,把理解和运用知识的权力交给学生,而不是替代他们,对车辆不撒手。还原学生的主体地位,就需要教师在教学中随时注意这些知识的主人对知识的接受状况,对所学的知识理解程度如何,会不会运用,从而利用各种条件、创设各种情景、想尽办法来解决这些问题。只有还原学生的主体地位,以学生掌握和使用知识改变客观和主观世界为目标,才能真正理解重视实践教学及其方法的要义。

三、实践教学创新的应用

实践教学的改革与创新,从最核心的内容看,教师在不同的实践形式下有针对性地设计具体教学内容,以保证教学结果的有效性,是决定教学成败的关键性因素、技术性因素,是教学智慧、教学技术的体现。与之相比,学校领导的重视、资金投入、硬件建设、队伍建设以及一整套管理机制体制的建设,这些都是思政课实践教学教师能够发挥个人智慧和教学技能的前提条件、动力支撑和促进力量,是属于条件性因素,是实践教学过程非教师教学技术、技能发挥内在作用的因素,可以相对地称为非技术性因素。

（一）实践教学创新应用的非技术性因素

1. 提高高校领导重视程度，加大教学投入

2019 年 8 月，中共中央办公厅、国务院办公厅发布《关于深化新时代学校思想政治理论课改革创新的若干意见》（以下简称《意见》）。《意见》首先对高校思政课教学状况进行了评价，指出："党的十八大以来，以习近平同志为核心的党中央高度重视思政课建设，作出一系列重大决策部署，各地区各部门和各级各类学校采取有力措施认真贯彻落实，思政课建设取得显著成效。"随后，集中反馈了思政课建设存在的各项问题，指出问题产生的总根源在于："有的地方和学校对思政课重要性认识还不够到位。"为此，《意见》特别强调思政课的重要地位和意义，指出："办好思政课，要放在世界百年未有之大变局、党和国家事业发展全局中来看待，要从坚持和发展中国特色社会主义、建设社会主义现代化强国、实现中华民族伟大复兴的高度来对待。"

确实，高校思政课各项教学工作的成败，首先取决于高校领导的重视程度。只有从根本上认识到思政课教学对于党和国家事业发展的重大意义，才能在学校工作的整体布局中，将思政课教学放在重要的位置，建立和完善各项工作机制和制度，加大扶持力度。党的十八大以来，在党和国家领导人对高校思政课教学重视程度不断加强的大背景下，各高校领导对思政课重要性的认识普遍加强。但有些高校领导却仍然只是把思政课重要性的认识挂在嘴边，不肯采取实际行动。思政课实践教学的经费投入不足，政策支持不够，机制和制度建设不完善，师资力量匮乏，教学管理缺位等问题，突出反映了高校领导对思政课重视程度有待加强的情况。与思政课教师在实践教学中的方式方法问题相比，这些问题是制约实践课教学的非技术性因素。而这些非技术因素，尤其是资金问题，恰恰是制约实践教学推进实施、改革创新的关键因素和前提因素。只有学校各级领导对思政课及其实践教学重视，加强各方面的支持和管理，才能为一线教师切实抓好实践教学提供有利的条件。

2. 加强实践教学管理

2008 年，中共中央宣传部、教育部联合发布《关于进一步加强高等学校思想政治理论课教师队伍建设的意见》（教社科〔2008〕5 号），要求从本科和专科理论课教学中分别划出单独的学分给思政课实践教学，开启了高校思政课实践教学学分制的历史。在此之前，中央文件虽然强调实践教学，但因没有在课程设置中具体规定实践教学的学分，导致实践教学难以推广落实。实行学分制，不得不计算学生的实践教学成绩，从一定程度上推动了各高校

实践教学的广泛展开。尽管落实的力度、程度不同，但毕竟因为学分的硬性规定，各学校不得不想办法，至少在形式上安排相应的教学任务。

但是，仅仅从学分规定上指挥各高校实践课程的落实，是远远不够的。与理论课相比，实践教学不是独立的课程，无教材、无规划内容、无课时（有些学校即使有课时也是虚设）、无专职教师、无法课堂监控、无专项经费支撑、无安全保障，因而很多学校一般采取最简单的形式，让实践课所依附的理论课的任课教师自己决定实施的形式，学校只要一个成绩结果。而思政课教师则往往把这种依附性质的实践课当作一种额外负担，在没有任何相应课时待遇的情况下，能花大量的时间指导学生实践报告写作、批阅实践报告并登录成绩，就已经体现出教师的奉献精神了，谁能再要求他们更多呢？谁去监督教师们是否和学生一起参加实践活动并保证活动的实际效果和意义？所以很多学校的思政课教师不免感叹：一份实践报告完成实践教学任务，难免使实践教学流于形式。

下面看几份研究材料所反映的思政课实践教学实施的真实状态。

材料1：

思政课实践教学存在着诸多管理上的难点，一是还没有形成完善的实践教学的统一管理和相应制度，经费保障不足，实践教学师资薄弱的处境没有得到明显改观。二是还没有形成合理的实践教学体系。具体可行的方案和规范化的要求还处于探索之中。三是考评监控机制处于空白。思政课实践教学的效果如何体现、过程如何控制、教师的工作量如何计算更加合理等诸多实际问题还没有找到解决办法。这些都对思政课实践教学的管理工作提出了更高的要求。①

材料2：

在调查中发现几乎所有的被调查院校并未对思政课实践教学的开展进行周密而详细的安排和组织。如在调研中发现有几所卫生类高职院校教务部门没有给思政课实践教学安排具体时间和地点，而由任课教师自己决定。很多教师很难也不愿意另外找时间和场地进行实践教学，所以一般情况下，思政课实践教学只是简单安排学生去做社会调研，然后写一份调查报告或心得体会，教师批

---

① 张学华：《高校思政课实践教学的思考》，《才智》2020年第6期。

改给出成绩,有的学生只是简单应付甚至造假,严重影响了思政课实践教学的实效性。[①]

材料3:

思政课大都采取大班授课的方式,一次一二百人的实践教学规模不仅让一个教师力不从心,即便成行也不可能实现对每个学生的有效指导,更何况安全问题也让组织教师有所顾忌。这就造成许多学校的思政课实践教学蜻蜓点水、走走过场或是象征性地只涉及一两个专业、班级而已。上述问题构成了实践教学在有些高校流于形式的制度性原因。[②]

以上3份材料虽然反映的具体问题不尽相同,但都反映了思政课实践教学管理尚处于粗放管理甚至放任的状态。执行好坏不由学校教学管理部门所掌控,而是看任课教师的自我态度。这种情况下,其实施效果如何,就可想而知了。

由于以社会实践为重心的思政课实践教学形式的特殊性,教学管理形式不宜一刀切,要因地制宜,要根据各自学校的实际情况采取具体措施,要在具体的教学实践中不断探索和改进。所以这里只提供一些基本的思路:由学校构建完善的思政课实践教学的管理体系,将思政课实践教学作为一个系统工程来抓,彻底改变实践教学由思政课教师自行解决的放任状态。首先,可以考虑由学校教务处审核思政课教师的实践课程的学期教学计划和实施方案,做好在教学时间、课时量设置、教学内容、考核方式等方面的掌控。其次,由学校校级领导为首,组织教务处、宣传部、团委、各二级学院和思政课教学部门构建统一的实施过程管理机构。将思政课的实践活动与团委组织的"三下乡活动"与二级学院组织的专业教学实践活动结合起来,统一落实实施。然后,由思政课教师负责内容结合点的设计、实施和考查,监控学生在实践活动中的过程行为,确保实施效果。最后,由学校教务处建立权责统一、奖惩分明的考核评价体系,落实对实践课教师的公正考评和相关待遇。

---

① 邓海龙,林雪琳:《卫生类高职院校思政课实践教学现状调查及研究——以四川省卫生高职院校为例》,《卫生职业教育》2020年第4期。

② 李大凯:《高校思政课实践教学现状浅析》,《长沙铁道学院学报(社会科学版)》2014年第4期。

3.加强师资队伍建设,提高思政课教师的素质

思政课教师是思政课教学任务和目标的实施者,其人员配备情况以及教师个人政治素质与业务素质的高低,直接决定着思政课的教学效果。在实践教学方面,更需要加强思政课教师队伍建设,以解决该领域突出的教学问题。

当前影响实践教学实施的一个重要因素是教师问题。一方面,思政课专职教师队伍人员能按教育部 1∶350 的师生比例建设的学校已经是很不错了,不排除在本科教学评估中用其他岗位人员应付检查的现象。正因人手短缺,思政课教师不仅要进行大班教学,而且课时任务也比一般的专业课教师重。在此情况下,将实践教学任务搭载在从事相应课程理论教学的教师身上,且不说教学能力水平问题,光是精力都存在着大的问题,可谓是心有余力不足,难以大力度地推进实践教学,只有疲于应付。另一方面,实践课教学毕竟不同于理论课教学,甚至从某种角度看,它要求教师要有更高的水平和素质。因为实践教学是对理论教学在应用方面的能力化与德育化补充,所以要求实践课教师必须首先清楚理论教学的内容,要拥有理论课教师的理论知识水平,其次还要有将这些理论知识应用于实践中的能力,而实践教学能力恰恰又是长期从事理论课教学的教师普遍缺乏的能力。所以,从精力和水平两个方面看,实践教学都应该要求配备专职的教师,而不是简单地让现有的理论课教师捎带解决问题。

因此,思政课实践教学考虑的首要问题是专职实践课教师的配备问题,只有这一问题解决了,实践教学任务才能被教师有意愿、有时间、有能力地落实下去并完成好。那么,我们现在需要的教师要拥有哪些基本素质呢?哪些人可以成为这样的教师呢? ①要有参加社会活动的经历、经验。现有的实践教学队伍一般都是大学毕业就一直待在校门里的知识分子,或者是长期没有与社会行业有交集的教师。他们本身就缺乏更广泛意义上的社会实践活动经验,当学生的实践教学指导教师就难免纸上谈兵,不容易成为称职的专职工作者。因此,需要在思政课教师队伍中挑选"双师型"教师,在社会企事业单位挑选有社会行业背景的人员作为教师。他们有较多的社会经历,对社会事物及现象感触理解都相对深刻,能给学生更多的经验指导。②要有与学生的情感联系。走出校门的社会实践活动,不比待在熟悉的学校环境中,学生容易产生对新环境的陌生感和不同程度的害怕心理,需要有熟悉的教师带队来冲抵这种负面心理影响。在此方面,现有的思政课教师有很多并不胜任,因为虽然有在课堂教学的见面,但由于是大班教学,而且

思政课教师一般一个学期要带四五个班共计四五百人以上的学生,不像专业课教师一学期带一个自然班五六十人,所以思政课教师与学生之间的熟识度往往并不是很高,这导致他们不能在实践教学环境中通过很好的情感心理沟通来帮助学生。③需要扎实的思政课理论功底。没有思政理论作为专业学习背景,就无法在具体的实践教学活动中,针对性地设计相应思想政治理论方面的内容切入点,不能完成实践教学的根本任务。从这三个条件来看,确实很难在现有的学校教师队伍中选出这样的人员。比如,原有的思政课教师一般只具备第三个条件,他们远不如学生辅导员合适,而辅导员教师虽说能具备后两个条件,却又往往缺乏第一个条件要求的经验。所以,不仅要挑选、补充专职实践课教师进来,而且要对他们进行因人而异的针对性培训,补其所短,这样才更容易快速建构起较为理想的专职教学队伍。

当然,思政课实践教学需要的不仅仅是指导实践教学的能力,更是对思政课教学的热爱,来自对党和国家教学事业的忠诚,对马克思主义理论的真信,对共产主义和中国特色社会主义事业理想的坚信和执着。这些基本素养,更应该成为加强实践课教学教师素质培训提升的重要方面。

4. 建立思政课实践教学基地

思政课实践教学是实施思政课教学改革,创新理论课教学方式,增强理论教学效果的重要方式。而思政课实践教学基地则是展开实践思政课实践教学的重要平台,其建设和利用的好坏直接影响着思政课教学改革的成败。不少高校的思政课教学主管部门深知思政课实践教学基地建设的重大意义,已经在不同程度上进行了基地建设的实践探索,取得了一定的成效。但是由于种种原因,如学校经费支持、基地管理、活动内容设计等方面还存在不少问题,基地建设与活动落实还存在浅表化、形式化现象,急待优化解决,急需要建立基地建设与有效使用的长效机制。

下面尝试结合思政课实践基地建设中的主要问题,谈下基地建设的改进方向。

第一,基地建设的多样性、多渠道性。一方面,思政课理论教学目标的多样性,要求了实践基地类型的多样性。作为思政课理论教学的重要补充和延伸,实践教学需要完成思政课知识的印证、应用和扩展,提高学生联系实际分析和解决问题的能力,培养学生的道德素养和政治情怀,因此需要多种形式的社会实践活动,为学生提供多种类型的基地教育平台。比如,分类建设理想信仰教育基地、新农村建设示范教育基地、法制教育基地、地方文化教育基地等,力争避免同样内容过多重复,而另一些教育性质的基地却没有的现象。另一方面,学校财力、时代特点等方面,也需要考虑实践基地类型的渠道性。因为学校财力有限,在思政课教学部门单独建立实践基地的同时,可以与专业实践基地建设、专业教学部门的党团活动基地建设整合起来,既避免资源的浪费、教育内容的重复,又可以扩展教育的思想平台,可以通过在专业技能锻炼中培养劳动精神、意志品质、职业情感。另外,还应建立校内实践教学基地和网络实践教学基地,既可以节省建设资金和运作费用,又能够为学生提供更加便捷、新颖、有趣的形式。

第二,基地的共建共享。基地建设,挂牌签约,必然涉及合作双方的目的可溶性,双方的责任、权利和义务。只考虑一方利益而不顾及另一方利益和想法的做法,都会影响到双方的实际合作。基地提供方能为学校提供实践教学的场所、教学资源和工作人员,本身就体现着他们对基地建设的付出。作为学校一方,在享有这些条件进行教学的同时,应该考虑基地的共建共享问题,根据基地的不同困难和问题,为基地建设提供相应的资金、人力、智力的支撑,为学生提供一个建设充分、完好的实践平台,更好地实现教学目标。比如,兴义民族师范学院与"贵州精神"发源地的兴义市则戎乡冷冻村党支部合作建立了思政课实践教学基地。该基地依托在贫困山区的基层党支部,虽然经过州委、市委和其他组织的帮扶,基地原有的教育条件有了一定基础,比如制作了"贵州精神"宣传片,在村委会办公地点安装了播放设备,并利用依山而建的窄小的村委会办公场合陈列了相应文物。但总体来说,条件简陋,形式单一,内容有限,没有充分开发出在历史维度、"精神"内涵维度下能深度挖掘的丰富、多层次的教育形式和场合。比如,石漠上改造的土地,山体中深钻的地下井,独特的"金银花"种植和加工,本可以成为在游历中观览或体验的对象,但因修路难,缺乏开发,相关资料也缺乏更多整理。而兴义民族师院与对方签约没有向其提供一点资金扶持或其他帮扶,对方只是义务接待和服务。这种不考虑对方情况和利益的合作形式,既不能给学生更多的体验,也缺乏频繁、长期地开展下去的现实基础。

(二)实践教学创新应用的技术性因素

如前所述,实践教学创新应用的技术性因素,就是指思政课实践教学教师在实践教学内容及其方法选择与把握上的能力因素。因此,本标题下的基本内容就是要探讨实践教学形式与内容的结合研究问题。但是,从教学备课的逻辑来看,教学内容与形式是教学过程的展开,其中体现着强烈的目标任务意识,所以优秀的教师,在具体教学内容与形式把握之前,必须有清醒的目标任务意识,作为指导和贯穿整个教学过程的灵魂。因而,下面分教学目标与教学形式两部分展开论述。

1. 实践教学的目标认识

第一,实践教学与理论教学在总体目标、宏观目标上是完全一致的,都是为了传播马克思主义的理论知识,培养学生运用马克思主义的思想、观点和方法去分析和解决实际问题的能力,帮助学生形成正确的世界观、价值观和人生观,从而为社会主义事业培养合格的接班人。这个目标是包括知识、能力、价值、情感目标的有机统一,任何忽视这些目标及其整体性的做法都是失败的教育。

实践教学在实现思政课总体目标上,力图克服理论教学容易产生的问题。传统理论教学的偏颇集中体现在强调知识目标,而忽略能力、价值、情感目标。理论教学改革与创新则试图克服传统理论教学的这种目标性缺陷,力求达到这些目标的共同实现。但由于理论教学手段的有限性,这些目标的综合实现,尚需要迈出理论教学在理性认知层次上的局限性,通过实践教学的感性认知手段,通过学生"刻骨铭心"的经验感受和思想经历中解决"知之不深"的问题,解决在复杂多变的真实环境中灵活分析和处理问题的能力,解决因特殊个人经验和感受造成的价值观、人生观的偏差。在这些方面,实践教学有着其特殊的优势,这一点,前面我们已经通过对实践作用的认识已经有了较为清醒的把握,就不再重复了。这里再次讲到这个问题,是想说明:既然实践教学的总体目标如此,既然实践教学有此特长,那么,在实施实践教学过程中,无论采取何种形式,都必须围绕总体目标,充分发挥实践教学手段的特殊优势,完成最终的教学任务,坚决避免流于实践教学的表面形式,造成对教学目标的遗忘,失去改革的初心。

第二,只有宏观的教学目标还是不够的,这只能使实践教学处于比较粗糙的技术阶段,需要在宏观教学目标指导下,根据不同的实践活动形式,制定微观教学目标,实现教学目标的具体化和精细化。例如,兴义民族师范学院思政课教师在进行课内实践教学创新时,有教师采取了课前十分钟演讲形式。学生可以根据自己感兴趣的话题,利用课前十分钟表达自己的看法。有一次笔者听了这个老师的课,他教的是《思修》。有个课前做了准备的同学上台围绕"我来评国足"的主题做了比较好的演讲。其中谈到了为国争光的爱国情怀以及如何看待事物成长发展的过程问题,这对于大学生理性看待问题,以及增强他们爱国主义热情都有十分积极的意义,完全符合思政课教学的总体目标。但是,任课教师的授课题目"道德及其历史发展"让人感觉到,课前演讲与教师授课有种两层皮之感,缺乏紧密的结合度,使学生本来调动起来的情绪一下子因为话题的陡然变动突然冷场，需要重新发动。这表明，一方面，任课教师的实践教学形式与总体目标都没有问题；但另一方面，这种实践教学形式需要再进行精细化操作，提前告知学生即将上课的内容，让学生寻找与课堂教学相关的话题（当然如果有难度可以提示一部分话域），实现对本次实践教学的具体目标的精准调整，以指向课堂理论教学大目标，进而取得更好的效果。这个例子，还不算太大的目标迷失问题，而如果是在独立的校外社会实践形式下，教师只是领着学生走了一遭，而没有详细的目标方案，以及为此而进行过程设计和活动组织，这样的活动没有方向，缺乏实际意义。

2. 实践教学形式

（1）课内实践教学。课内实践教学是否为真正的实践教学？这个问题争议很大，而校园实践教学与校外实践教学则从来没招至如此的疑问。该问题表面上是对实践教学开展的地点即课内与课外的不同而引发的争议，实际上则是对理论教学与实践教学的不同理解造成的，或者从更根本的意义上讲，是对实践含义体现在教学上的不同理解造成的。

马克思主义的实践观认为，实践是人类能动地改造世界的社会性的物质活动。它具有三个特征：直接现实性、自觉能动性和社会历史性。从实践含义及其特征的角度，有学者提出如下见解：

　　我们应该从哲学角度来理解高校思想政治理论课课内实践教学。首先，思政课课内实践教学是一种客观存在，作为一种实践活动，它具有实践的基本特征：客观物质性、自觉能动性和社会历史性。在课内实践教学中，教师、学生、课内实践教学使用的具体形式等都是不以人的意志为转移的客观实在。学生作为实践的主体，在课内实践教学过程中充分发挥自己的自觉能动性，有意识有目的地参与实践教学。实践具有社会历史性的特征，因为实践活动一开始就是社会地进行的，作为实践主体的人是社会的人，实践也总是受到一定社会历史条件的制约。思政课课内实践教学亦是如此，思想政治理论课要立德树人，为社会培养合格的建设者和接班人，中国特色社会主义事业是不断发展的，我们对它的认识也在不断发展，思想政治理论课课内实践教学也要做到与时俱进，体现时代性、富于创造性。①

这个解释,充分把握了实践教学在实践三个特征的后两个方面的体现,但是对于实践的直接现实性特征上,则只强调了它所依从手段和形式的物质性,回避了实践的结果要引起客观世界的变化,把观念的东西变成了现实的存在的特征。在此方面,很多学者都避而不谈,或许是因为不好确定这个"现实的存在"的内涵和外延,比如思想观念的改变是否仍然属于观念内的变化? 思想认识成果表达为文字形式是否具有了物质性内涵? 而代替这些思考的,更多的是以"行动参与""感性直观""内心体验"等方面来理解。例如,何化利认为:

> 实践教学重在对理性认识的检验和通过感性体验内化为主体德性,是思政课实践教学关键阶段。同时,与理论教学相比,实践教学还具有以下差异:第一,目标差异。思政课实践教学的教学目标体现在教学主体道德品性的激发培养,而非技能或理性认知的训练;第二,手段差异。思政课实践教学的教学手段以教学主体在筛选教学环境中的直观体验为主,而非一般知识理解、记忆;第三,内容差异。思政课实践教学的教学内容准确地说是直观教学环境包括人事物而非知识和技能。②

这种理解体现了在与理论教学的区别基础上对实践教学内涵的把握方式,显得更具体,更实用。以上两种看法,分别对实践以及实践教学重要特征做出了自己的注解,足以让我们在课内实践教学形式中采取与理论教学不同的形式和致思方向,最终实现共同的目标。至于在课堂范围的教学结果是否只引起了学生思想范围内的变化,只要不是以形而上学的思维,生生地把教室从社会中封闭开来,那么,这种讨论就没有更多的实际意义,因为,时间不会因为课堂结束而停止,空间不会因为教室而封闭,学生在课堂上引起的思想改变不会被课堂时空所限制,在教室中在课堂上看不到的由思想

---

① 袁慧晓:《高校思想政治理论课课内实践教学研究》,硕士学位论文,云南大学,2018,第14-15页。

② 何化利:《海南高校思政课实践教学课程化现状研究》,《科教文汇》2014年第13期。

变化所引起的现实性改变,一定会在紧接着的社会生活的时间和空间所实现,从而展露出实践的直接现实性特征。

花如此大的精力来理解实践教学的内涵,其意义不仅限于一个概念的认识,而其中就包含了如何落实实践教学的实际问题了。课堂教学的整体理论教学背景让很多教学形式都具有复合性特征,如案例式教学、课堂讨论。主张将其作为实践教学形式的,会认为其包含了案例的经验性、讨论主体的经验性,以及学生的主体能动性特征。反对将其作为实践教学形式的,会认为这种教学目的还是为了得到某种理知,缺乏行为参与和内心体验。其实,这种思维本身就存在着理想化倾向,希望实践教学永远以最完整的形式出现,以最完整的过程呈现。实际上,只要注意了实践教学的基本特征,就可以不为形式所限,理论教学可以采取的某些形式,完全可以加入实践教学的内容和形式。比如,在课堂讨论中,讨论的话题可以从理论教学的知识性话题,转变为社会热点、人生百态等现实话题的讨论,使参与者能够以自己的真实思想状态去讨论、去进行思想碰撞,从而形成强烈的经历感的体验,并达到能力和思想观念上的变化结果,从而使讨论形式更具真实性、实践性特征。

至于辩论、演讲、朗诵比赛、影视欣赏、模拟教学等形式的实践教学特征就比较明显了,因为这些形式明显地不直接服务于理论教学的认知目标,而更体现了学生的主体能动性、现实目的性、能力培养、内心触动等层面。这些形式可以走出课堂,摆脱对教师的依赖而更具有社会实践性特征。当然反过来思考,也提醒教师,在使用这些形式作为思政课课堂实践形式进行教学时,既要注意实践性,更要注重思想性、思政性。为此,要让课堂实践教学活动在教师身份表面隐退或部分隐退之下,通过对主题内容的主导实现教师的"无形胜有形"的控制,加强实际控制力。要注重实践教学环节与理论教学环节相渗透,学生的理论学习实践锻炼与教师的理论讲授实践指导相互贯通、相互交织。要注重教师的活动与学生活动相互渗透,既有师生之间的互动,也有学生之间的互动。总之,不能为形式而形式,为了达到共同的教学目标,课堂实践教学更应与课堂理论教学形成互融,形成既有别于纯理论教学的形式,又有别于课外实践、社会实践的形式。

（2）校园实践教学。以校园为实践平台,课堂知识为主线,组织学生广泛参与辩论、演讲、知识竞赛、红歌赛、征文比赛、情景表演、朗诵比赛、体育竞技、社团活动等丰富多彩的校园实践教学活动。

与课内实践教学相比,校园实践教学有着下列优势:第一,学生能够从"听""说"的参与扩大到行动的参与,更容易做到杜威提倡的"做中学"提议。第二,教师身份的更多隐退,有利于学生降低依赖感、拘束感,使其更自主、自由地去发挥个人潜能和积极性。第三,课内实践教学之下,教室环境的听课氛围、座位的硬性空间限制、人员的密集度等,不容易形成较为真实的生活场景,容易降低实践的意义。而在校园之中,更为开放的实践空间为学生提供了真实的生活空间和生活气息,学生更容易忘却有意识的学习状态,而用自然生活状态去感受和实现相应的活动内容。

与校外实践教学相比,校园实践教学也有一定的优势:第一,在日常生活和学习的校园内,开展活动更加便捷,有利于活动的常态化实施。第二,减少了校外实践教学中因旅途行程造成的额外费用与安全问题。

在校园实践教学的过程中,最应该注意的是教师的作用发挥问题,集中体现为显性教育与隐性教育的有机结合,既不能不管不问,也不能过多介入。教师要做好活动过程的前、中、后时间段内的相应工作。在活动前,要充分备课,在思政课教学内容的主导之下,思考活动本身的教育意义和教育触发点及结合点;活动中,让学生自由发挥,不要再轻易出现课堂上的说教身份,要耐心做观察者和"辅导员",当学生有问题和出状况时,该出手时才出手;活动后,要留下相应的活动记录,对教学过程有较为翔实的记载,使其成为实践教学开展的实验性数据,为今后教学活动的开展积累经验,提供改进意见。这三个时间段的中间过程即"活动中"阶段,既是学生实践活动的实施阶段,又是考验教师作用的关键环节。如何发挥教师的作用,则要根据活动的具体情况。比如,组织篮球比赛,思政教育内涵集中在集体意识、团队精神、拼搏精神等方面,教师要注意通过各个环节去培养和锻炼学生,既要注意比赛焦点和核心中的参赛队员的精神状态,更要注意非比赛队员的大部分同学的参与形式和精神状态,让他们组成啦啦队或者负责秩序管理、后勤服务、安全保护等。在这些方面,教师可以让学生干部发挥组织作用,但教师不能当甩手掌柜、彻底隐身,要做全局性、动态性的观察者和掌控者。当学生干部组织不力时,可以适时提醒,既增强学生干部的能力,也加强了活动开展的整体性影响。当意外情况出现时,要及时处理,并清醒地意识到其中具有的更加真实和针对性的思政教育内容及价值,让这些突发状况的思政化处理成为影响学生思想和行为改变的现实契机。总之,无论哪一种形式,都只是搭建思想政治教育的平台,而要想让这种平台真正发挥作用,则要靠教师全过程的身心投入。尽管在实施过程中教师多以隐形身份进行隐形教育,但绝对不意味着教师可以不作为。实际上,只有教师付出更多的努力,才能使这些形式的东西具有深刻的思想内涵,思政课实践教学的目标才能落在实处。

当然,校内实践教学形式没有固定的场所和表现样态,完全可以在学校和教师的实践开展中进行更多的探索,开发出适合自身情况的教学平台和形式。在这里,推荐广西民族师范学院创建校园思想政治教育基地。

广西民族师范学院在学校建设的"木棉园"就是一个开展大学生思政课实践教学的极佳场所。"木棉园"用南国边疆独特的树木——木棉树(又名英雄树)命名,木棉树树干笔挺,其花鲜艳红似火,人称英雄花。此园命名"木棉园",意寓"红色教育之园"。木棉园通过石刻文字和雕塑介绍了中国共产党建党以来的历史脉络,展现了中国革命建设的历史画卷,在园中精心设置了"开天辟地""雄关漫道""开国大典""道路探索""理论创新""复兴伟业"六个篇章及一个入党宣誓平台,每个篇章所对应的重大历史事件依次是五四运动、中共一大、南昌起义、遵义会议、平型关大捷、中共七大、开国大典、中共八大、十一届三中全会、中共十九大等。木棉园共栽种木棉树68株,绿荫掩映下,一条蜿蜒曲折、长190多米的小道,将木棉园中记录着重大历史事件的石刻、石雕串联起来。漫步其中,党的光辉历史像一幅画卷一样依次呈现。如今木棉园成为全校师生、各基层党组织相继在此开展思政课实践教学、爱国主义教育、党史党性教育、新党员宣誓、重温入党誓词和重大节庆日等活动的热门场所。正如学校党委书记梁远海在《木棉园前言》中所言,木棉园是"党员干部牢记初心使命、赓续红色精神之党性教育园,也是学子人师触摸历史、感怀传统、滋养红色记忆之思政教育园"。①

(3)校外实践教学。与上述两类实践教学形式相比,校外实践教学由于走入社会大舞台,给学生提供了一个真实的原汁原味的观察材料、对象和空间,能让学生接触到在书本上、在校园内接触不到的人和事物,对于学生扩展视野、增长见识,接受社会的考验和锻炼,诱发真心的感悟和思考,早日摆脱书生的稚嫩之气,早日适应社会需要,有很大的帮助。由于与社会对接面上的宽度和厚度优势,校外实践教学一般被认为是最具意义的社会实践教

---

① 吴琼:《民族地区高校思政课实践教学模式构建——以广西民族师范学院为例》,《广西民族师范学院学报》2020年第1期。

学形式,对于思政课教学来说,也是很多高校需要大力开发,狠抓落实和推广的主要形式。

目前,影响各高校思政课校外实践教学广泛开展的主要因素,在于前面讲的"非技术性因素",在于学校的硬件支持和软件管理,而不在于实践课教师会教的"技术性因素"。因为后者可以在锻炼中成长,但"巧妇难为无米之炊",没有实践基地实践平台的搭建,校外实践教学当然无法开展。因各高校实力和领导重视程度的差异,目前各高校实践教学基地建设的情况差别甚远,教学经验的积累程度也不可同日而语。但对于很多条件较差的地方性院校来说,校外实践教学还有大力拓展的空间,需要思政课教师利用好目前少有的基地或单位提供的教学条件,好好修炼内功,把握好各种形式的校外实践活动,在有限范围内真正落实好此项教学工作。

总结各个高校的校外实践教学经验,我们可以大致看到如下形式的校外实践教学:参观革命纪念馆纪念地、博物馆、展览馆、新农村建设示范区、科技园区、新兴产业园区,参观法庭、监狱、戒毒所,参加社会服务、公益活动,深入社区、敬老院,走访慰问特殊家庭、贫困人口,参与社会救助,当志愿者,搞普法宣传,帮助维护交通秩序,从事勤工俭学、顶岗实习,参与"三下乡"活动、"精准扶贫"、社会调查等活动。不同的社会实践活动内容和形式,给学生带来的影响和感受会不同,如同色彩和香味给人不同的感官刺激差别。我们可以根据这些不同的活动形式所带给学生在知、情、意方面的感受差别,将它们大致分为三类:体认型、感触型和磨砺型。下面结合三种不同实践类型的特点,来分别讲一下教师应该致思的方向。

第一,体认型实践教学。参观博物馆、展览馆、科技园区,参观法庭审判,调查社会现象,了解一段历史,明白一种道理等形式的实践活动,侧重通过亲历体验的方式,确认从课堂上得来的知识,求得认识上的获得、能力的进步,我们将之称为体认型实践教学。一方面,它们侧重于知性、理性认识,侧重于对事物真相的揭示,属于认知类别;另一方面侧重于主体对历史陈列、事实呈现的事物的自我阅读、自我发现即"自知"过程,有别于道理讲授、思想传达等的"告知"途径。对于此类活动,教师既要学会放手,让学生向别人学习,向历史学习,向社会学习;又要随时补充和引导。因为这种体认来的知识,虽然带有学生的体温,有知识的感受厚度,印象较深,但容易出现见仁见智的认识差异,同时又会出现因片段事实和现象造成的只见树木不见森林的认识缺失,所以需要教师在安排此类活动之前,大致介绍本次活动涉及方面的背景资料。另外,有必要在参观考察活动结束后,趁着学生热度未减,组织他们进行讨论,要求学生呈交活动总结或调研报告,以使学生的认识能够更加全面和深化,使实践活动的意义得到复合性增强。那种安排一个写作任务,让学生交来了事的做法,必然使实践活动的价值大打折扣,是不可取的。

第二,感触型实践教学。参观革命纪念馆纪念地、新农村建设示范区,参观监狱、戒毒所,走访慰问特殊家庭、贫困人口,参与"精准扶贫"调研等活动,往往重心不再是知性加深的问题,而是情感触动,引发对革命者的敬仰之情、对社会主义的赞美之情、对弱势群体的阶级同情,触发远离罪恶的内心警醒。"触景生情""见贤思齐,见不贤而内自省"等道理,使思政课校外实践活动具有了特殊的意义,能够取得理论教育往往不易达到的情感教育结果。但是这类活动也不是任由学生自为自发的过程,也需要教师根据不同的情况自为式参与。像特定的监狱、戒毒所,他们有一套成熟的面向社会进行教育的案例式教学经验;另外一些有名气的革命纪念地、纪念馆,其自身建设比较完善,往往有充分的史料展示,又有优秀的导游解说。这些地方的实践活动,主题鲜明,内容充实,教师一般不需要太多的备课内容设计,对于思政课教师来说,组织起来就相对轻松。但一些地方偏僻的院校一般不容易找到这样成熟的地方建立合作基地。比如兴义民族师范学院的一个实践基地——兴义市威舍镇红军村纪念馆,由于资金和人力问题,条件相对简陋,史料欠挖掘和整理,缺乏专职讲解员。像这样的地方,教学内容的开发,就需要专职教学人员想办法整理相关资料,准备好教案,充当学生的贴身讲解员,才能使实践教学有较好的效果。同样,像参观新农村建设示范区,走访慰问特殊家庭、贫困人口,参与"精准扶贫"调研活动,等等,要想深度触发学生的内在情感,触发他们对社会主义中国的深爱情感,可能还需要一些活动加入和过程设计。拿参观新农村建设来说吧,如果仅仅让学生游历一番,就期望他们能生发出对社会主义优越性的情感认同,恐怕有点儿一厢情愿。因为学生不像大部分年长的老师,亲身感受了国家的巨变,体会到政策的优越性,他们现在已经是 00 后了,自小生活在蜜一样的环境中,眼中虽然见到的现象与我们一致,但感受却完全不同。要想让他们产生对教学期待的结果,就需要一些方式,比如在新农村展示一些旧图片,讲述陈年旧事,或者结合《概论》教材的"社会主义制度的确立"内容,在活动中或返校后播放一些《白毛女》《农奴》之类的经典电影,在鲜明的对比中让学生自己鉴别和感悟。

第三,磨砺型实践教学。人们有很多不当的行为方式,并不仅仅是认识问题,还存在着情绪、意志和习惯之类的非认识性、非理性问题。这些问题要想解决,讲道理已经不具有实际意义,而是需要具体的实践经历去改造了。正是在此意义上,明代王阳明说:"人须在事上磨炼做功夫,乃有益。"

(《传习录下》)王学末流后来将心学发展到"无事闲来谈心性"的空谈阶段，实际背离了王阳明的这一初衷。校外实践教学的很多形式，如参加社会服务、公益活动，参与社会救助，当志愿者，参加相关的知识宣传，帮助维护交通秩序，从事勤工俭学，顶岗实习，参与"三下乡"等实践活动，既教育别人、帮助他人、影响社会，同时也使学生自己受到教育，得到锻炼。这种事上磨砺的功夫，是经过客观事物、事件和过程形成的对学生的思想影响和行为改变，具有某种不以人的主观意志为转移的强制力，往往能起到教师的语言教育所不能起到的作用。当然，这些活动的开展有着自己的特点，需要教师具体把握，采取针对性措施方能提高其含金量。首先，要有针对性。这些活动，一般不适合以班级为单位开展，而应分小组。对于分组问题，教师如果能有辅导员的经历所形成的对学生的熟悉度则更好，因为可以根据学生性格缺陷和思想毛病安排适当的活动分组，比如，让不擅长交流的学生去搞宣传，让不太守纪律的学生去帮助交警维护交通，让有自私倾向的学生去参加公益活动，等等，采取针对性分组，就更容易对症下药，避免乱开方子，使活动的意义更加凸显。其次，这些活动对学生的思想影响往往具有即时性、零碎化特征，所以需要教师考虑如何让学生及时捕捉这些影响，进行反刍、反思。比如让学生在写日记、小组交流的过程中，深化思想认知，跳出就事论事的局限，通过思想深挖，总结出根本问题，从而对其思想行为产生广泛而持久的影响。然后，还要注意分组活动中，学生之间的相互影响，要注重性格、能力优势互补的人员分组方式，既有利于活动的开展，又能使学生之间形成相互帮带、相互影响和教育的关系。最后，教师也要学会总结。要根据学生完成的总结认识材料，去发现活动的闪光点和活动的不足，思考改进对策。特别是活动中出现意想不到的对学生思想的积极影响，教师应努力去发现产生这些想法的契机，然后对下一次的活动进行更细致的策划，有利于活动开展的微观化、具体化、深入化的推进，避免活动流于形式化、表面化和走过场。

总之，校外实践教学形式与校内实践教学形式一样，都充分体现了学生在活动中的主体地位，有利于他们自主发现问题、解决问题，改变自己。但是，这种形式比起课堂教学形式来说，教师容易产生角色迷失，不知自己该干什么而无事可做。也正因为如此，让这种社会实践形式失去了更多的意义。这是造成校外实践活动流于形式的内核因素，属于教师没有能力掌控活动细节的技术性因素。在此方面，教师应学会"无为之道"。"无为"既反对"拔苗助长"的刻意而为，也排斥无所作为，而强调顺势而为，顺其自然。在芽苗自长之中，做好培土、浇水、施肥、喷药的助长作用。也只有这样，才能既令这种形式的教学真实有效,又能让实践教学活动更像一门课程,赢得课程地位和尊重。

(4)网络实践教学形式。与实体性实践教学形式相比较,虚拟性的网络实践教学形式有其独到的优势,使其成为实践教学形式探索与创新的热门话题。首先,网络实践教学产生费用少,且组织过程少了安全隐患。仅此两点,即可打开阻碍实践教学实施的主要瓶颈。因为在影响思政课实践教学推进的诸多因素中,经费、安全问题是其主要方面。实体式实践教学过程中,涉及车费、住宿费、门票费和餐费,学生人数越多,总体费用越高,并且学生越多越不好带,存在安全隐患。而网络实践教学的主要费用集中在网站建设的前期投入,用于信息的采集、整理、分类、剪辑和制作,不仅一次性建设的费用要比开展一遍全校学生在同样内容下的实体性实践活动中所产生的总体费用要低很多,而且后期重复使用更能达到近乎免费的开销状态。同时,实体性实践活动的组织中的安全问题,在虚拟网络实践教学中也不复存在。其次,相比实体式实践教学形式来说,网络实践教学资源可以更丰富。这种丰富性体现在两个方面:①可以将现实中的实体式教学资源,通过直接拍照、录像形式进行原生态式搬迁,还可以使用动漫设计、微视频创制、声像结合文字处理功能,对难以原生态搬迁的资源进行变形式搬迁,从而使需要的资源尽显网络空间,能够极大地改善实体资源的地域局限性所造成的资源匮乏局面,为学生打造来自天南地北的丰富多彩的实践活动平台,实现"云旅游""虚拟参观"等效果。②可以按照思政课教师的教学设计,将实体式实践教学所在地的现有资源进行加工处理,使其与课程讲授理论有机融合,按照教学需要补充教学资料,制作自己所需要的实践教学资源,避免实体式实践教学基地或地方的资源局限性。最后,网络实践教学传递的信息更集中更突出。组织学生外出参加社会实践活动,一方面,参观考察的对象一般是历史遗存或自然事物的客观呈现,其自身呈现的思想教育内涵有限,缺乏深层次的教育引领;另一方面,因为每个人的想法不同、兴趣点、注意力不同,所感知到的信息、引发的感触也就不同。这就往往导致学生关注的信息与教师的期望方向无法达成一致,容易把参观考察当作游玩,产生和一般游客相似的印象,难以达成思政课教学的效果。"思政课网络实践教学则不同。网络实践教学资料是由教师、学生和专业技术人员搜集、分类、筛选、剪辑、制作的。搜集哪些信息?该如何分类?依据什么原则进行筛选?如何剪辑和制作?所有工作环节都围绕思政课实践教学目标进行。凡是有利于思政课实践教学目标实现的,我们就做;凡是不利于思政课实践教学目标实现的,我们就不做。依据该原则制作出来的网络实践教学资料,其信息是集中而聚焦于教学主题的,信息传递的效率是高的"①,能更有效地将学生的关注点引到思政课教学的方向上来,突出教育主题,强化教育目标。

网络实践教学形式最大的问题在于:它不能为学生提供以行为参与的方式,体现"做中学"的教育理念。它只是能够某种程度上代替"体认型实践教学"和"感触型实践教学"的主体功能,甚至在此两方面会比实体式实践教学形式更高效。所以,总的来看,网络实践教学形式尽管不能完全取代实体式实践教学形式,但足以能够成为实践教学形式的重要补充,预示着新的发展方向。

在刚才在阐明网络实践教学形式的优点时,细心的读者会发现,其实,这些优点的呈现正是思政课教师精心设计、全心投入的结果。在这个过程中,思政课所做出的致思内容和方向,与其在实体式实践教学中的致思内容和方向是完全一致的,只是表现的样态不一样而已。在实体式实践教学中,思政课教师的所思所想一方面只能体现在教案中和具体过程的操作中,另一方面基于"隐性教育"的需要,很多思想引导因为"隐而不现"不能明确表现而容易被学生无视。而采用网络实践教学形式,教师却能以各种音像图文的有形方式,将暗含的教育意图加以充分执行,且又无明显的教师介入问题,相对于实体式实践教学的引导作用来说,更容易操作,更容易找到抓手,更容易表现出教师的作用。当然,对于负责任的教师来说,两个形式的付出都不少,只是实体形式情况下教师行为较难外显,较难被教务管理部门有形观察和评价。

四、实践教学创新应注意的问题

(一)"理论性和实践性相统一"

习近平总书记在"3·18"座谈会讲话中,要求思政课教学"要坚持理论性和实践性相统一,用科学理论培养人,重视思政课的实践性,把思政小课堂同社会大课堂结合起来,教育引导学生立鸿鹄志,做奋斗者"。这个要求,在强调了理论教学的育人目标的基础上,指明实践教学在育人目标实现阶段的特殊作用,不仅对重理论轻实践的教学偏向有明确的校偏意义,而且对实践教学的深化推进也有重要的启示作用。

实践教学在落实过程中,最突出的问题是浮于表面、流于形式。从实践教学的技术性因素来看,造成这种状况的主要原因,是教师不能具体把握其

---

① 曹水群:《思政课网络实践教学及其优势发挥》,《高教学刊》2018 年第 17 期。

与理论教学的关系,找不到与理论教学的适当结合点,抓不好理论教学传递过来的接力棒。在无所适从的情况下,只重视社会实践中的学生主体作用,放弃了教师的主导作用,进而无法在理论教学的方向上续接其育人重任。

站在理论教学的角度,"理论性和实践性相统一"强调的第一个层面,就是提醒理论教学过程需要结合实践教学,以实践教学的内容和方式配合理论教学的任务完成。而站在实践教学的角度,"理论性和实践性相统一"强调的第二个层面,就是提醒实践教学要结合理论教学,以理论教学的目标为指向,随时把握理论目标在实践过程中的落实点,不能忘了续接理论教学的任务,这是实践教学创新必须首先致思的地方,这也是本章在谈实践教学创新的技术性因素中所反复强调的技术性要领。

(二)以情动人

如果说理论教学倚重的主要手段是以理服人的话,那么实践教学的法宝则是以情动人。首先,理论课讲的道理之所以在一些学生心目中留下"假大空"的印象,一个重要的原因在于,理论课教师不善于把理论通俗化地下讲到经验层面,而仍然让书本理论悬在半空,甚至提得更高更抽象。实践教学的一个重要任务,就是要让学生在社会实践活动所接触的现实生活的实情实景下,去切身体悟这些理念的实际表现和现实应用。一个不注重拉近与学生之间情感距离的人,不去多接触学生的实践课教师,是无法了解学生的教育接受能力和状况的,也无法在实践活动中做到用通俗化的语言让学生明白道理,而只能再次给学生留下只会讲大道理的印象,永远和学生保持着心理隔膜。其次,实践教学影响学生德性素质和政治素质的一个重要环节,在于现实事物或情景对学生的情感世界产生了触动,激起了其向善的心理需求。如果实践课教师在正确的教学方式下激发了学生的这种积极情绪,那么首先意味着一个注重用"情义"促进学生成长的教师的成功之道,其次意味着下一步更需要与学生的真情沟通,需要教师成为学生无话不谈的知心长者,才能施加更强的影响力。没有这种真情实意,恐怕既提供不了引发学生积极情绪的平台,也无法在学生完成的作业中看到他们愿意倾诉的真情实感。最后,改变一个人,比让一个人明白一个道理要难得多。因为让一个人明白一个道理,只需要考虑对方的理解力,而改变一个人,就不能忽略任何人都不是一个孤立的社会存在的现实。学生也是一样,如果其身上有某种缺点,那么它绝不是从天而降的,包含着学生个人生活的圈子,包括家庭、同学、朋友所施加于他的影响,因而这个缺点是一个圈子共同作用的结果。教师面对的不是一个人,而是一群人。不去和学生交朋友、不学会当学生辅导员的实践课教师,不可能对学生产生强大的引力,大到可以帮助学生去挣脱他背后那个圈子的反向拉力。真情所至,金石为开,只有在实践活动中,多接触学生,做他们的知心人,才能以教师的正能量将学生塑造为社会主义事业所需要的德才兼备的接班人。

第七章 高校思政课考核方式创新

思政课考核方式目前存在的不足,反映出教学理念与教学环节的种种问题。高校思政课考核方式创新对促进教学环节的改革有着特殊的意义。在"还原式"思维下,加强思政课考核方式创新,在知识、能力、德育素质等方面,采取形式多样的考核,检测出学生的本有与应有学习效果,才能达到以考促教、以考促学的直接目的,实现思政课的育人目标。

一、高校思政课考核方式创新的目的和意义

当前,各高校思政课考核方式各种各样,且水平参差不齐,反映出考核决策者对于思政课考核内容与形式认知的差异。原有的考核方式改还是不改,朝哪改,怎么改,最终取决于教师和教学管理部门对考核创新目的和意义的认知度。为此,在探讨具体考核方式改革与创新之前,有必要对其目的和意义进行一下梳理。

(一)是促进教学方式改革的需要

教与考之间具有统一性关系,怎么教就怎么考,怎么考就怎么教。正是因为这种关系,使本来针对学生而设的考试,反过来却成了检测教师教学水平的晴雨表,成为教师调整教学方式的反推器。但是这种统一关系能否良性互动,必须建立在对考核方式的合理把握的基础上。考核方式合理,则能对教师教学行为进行有效评定和及时校偏;考的方式不对,不能真实评价教师教学水平和方式,则会对教师以后的教学行为产生误导。当前,各高校思政课教学改革推进中,存在着一些教师迟迟不愿意进行教学改革的情况,其中一个不可忽视的重要原因就是,相对滞后的考核方式不能促进其教学行为同步前进和优化。比如,有些学校口口声声强调思政课教学要重视学生能力和德育素质的培养,但是在课程考核中学生德育成绩既没有体现在课堂成绩认定中,也没有在命题考试中突出对学生能力和素质考核的题型。这种考核方式,必然不能成为教师教学方向的指挥棒,教师也不会愿意花更多精力去做教学调整的无用功。因此,要想让教师的教学方式向着新的方

向改进,比如向着注重学生能力和行为优化的方向改变,就需要同时在考核方式中引入对学生能力和行为因素的考察。

但是,教考之间存在的统一关系,不能简单理解为:学生考得怎么样,就认定教师教得怎么样,教师就应该怎么改。因为,这种思维是考试思维,而不是考核方式思维。考试思维是重知识传授轻素质教育的思维,对于相对简单容易客观考量的知识考核来说,具有一定的合理,曾经是或者现在仍然是一些中小学教育中对教师考核采用的思维方式。目前,随着素质教育的推进,这种考试思维在逐渐淡化。那么对于尤其强调重能力重育人的高校思政课教学来说,这种考试思维就更不能成为左右考核方式改革的干扰因素了。如果不把考核方式下的结果等同于学生考试成绩如何,那么,合理的考核方式是完全可以反映出教师的教学能力和教学水平的。只要考核方法合理,摆脱弹性和主观性因素影响,更具科学性、客观性,则不仅可以反映出学生全方位接受思政课教学的真实状态和真实结果,而且可以反映出教师的教学水平,反映出教师教学方式选择的恰当与否,可以成为促进教师教学方式改革的重要推动力。

(二)是对学生进行合理评价和正确引导的需要

评价本身具有导向功能,能够在引起评价对象的心理情绪变化的基础上,对其原来的行为方式起到积极或消极的影响。合理的评价,能够激起评价对象的愉悦情绪,使其行为朝着评价者希望的方向前进;不合理的评价,反而会挫伤评价对象的积极性,使其行为朝着不可控的方向甚至违背评价者期望的方向转变。高校思政课教学要想达到期望的教育目标,必须进行思政课考核方式的创新,确立一套科学、客观、公正的评价机制。通过对学生的学习结果进行合理的评价,来对学生的学习状态、学习过程施加积极的影响。而在旧的教育理念和落后的考核手段之下,之前或者目前的考核方式并不能达到合理评价的结果,对造成学生学习的不良状态负有不可推卸的责任。比如,一些思政课教师还是以"一次考试定终身"的方式来进行课程成绩认定,并且采取考试之前划范围划重点的做法。这种形式的考核,对于记忆能力强、有"60分万岁"心理的同学来说,平时无须用功,只需考前忙一通即可轻松过关。所以这些学生平时在课堂上基本上都属于低头族,玩手机、看闲书或者闲聊,不认真听讲。再比如,有些教师虽然改进了考核方式,注意了过程成绩,但由于方法单一、手段落后,特别是面对大班教学,对课堂考查记录的情况存在着星星点点、考查不全的现象,只能对部分学生的突出表现进行认定,而对绝大部分学生的考查几乎是空白状态,很难体现成绩考核的科学性,造成很大一部分学生对教师的考核手段丧失兴趣。学生对思政课学习兴趣不高的种种表现,固然有很多来自学生的主观原因,以及教师教学方式不当的原因,但是,考核方式的不科学、不合理,使其不能发挥教学评价的积极导向功能,也是不可忽略的重要因素。

(三)是落实思政课育人目标的需要

考核只是手段,不是目的,考核的根本目的在于检验教学过程是否达到了预期的教学目标,并以此督促教学双方根据教学目标调整各自的方式。不科学不合理的考核方式,就像一剂不合格的检测剂,不能够针对相应的教学目标进行有效的检测,从而不能有力引导教学双方共同实现预设的教学目标。2005年,中共中央宣传部、教育部《关于进一步加强和改进高等学校思想政治理论课的意见》(教社政〔2005〕5号)中提出:"指导学生运用马克思主义世界观和方法论去认识和分析问题。开展马克思主义人生观、价值观、道德观和法制观的教育,引导学生树立高尚的理想情操和养成良好的道德品质,树立体现中华民族优秀传统和时代精神的价值标准和行为规范。"可以看出,该文件突出强调了思想政治理论课的世界观和方法论意义,及其作为大学生思想政治教育主渠道的育人功能,为思政课教学提出了目标和方向。作为对这些目标落实状况的重要考查途径,考核方式必须鲜明地指向这些目标。因此,该文件还指出:"要改进和完善考试方法。采取多种方式,综合考核学生对所学内容的理解和实际表现,力求全面、客观反映大学生的马克思主义理论素养和道德品质。"中共中央宣传部、教育部联合发布的这个文件,集中指明了思政课教学的总体目标,也因此要求对思政课教学的考核方式做出适应教学目标的方向性调整,一方面强调"改进和完善考试方法",另一方面强调用"多种方式"对学习内容进行"综合考核"。但是,由于种种来自主观和客观方面的原因,一些高校的思政课教学,既不注意"改进和完善考试方法",仍然用重知识考查轻能力应用的考试,也不注意通过运用"过程考核""德育考核"等多种方式综合考核,不能使课程成绩考核成为促进课程教育目标落实和实现的有效手段。加强思政课考核方式改革,正是力求去除这些考核方式的弊端,引导教师和学生调整教学和学习行为,最终完成思政课的应有目标。

二、思政课考核方式目前存在的问题及其原因

(一)存在的问题

1.考核的方式单一

在应试教育的思维下,思政课考核方式比较单一。考核方式主要是考试、考查,"一卷定终身",以一场考试、一次考查决定课程成绩。即使目前不少高校已经初步实施考核方式的变革,在一定的程度上加入了平时成绩,而由于平时成绩的认定主要针对课堂理论教学中的表现,尽管减弱了一次性考试的单一化倾向,但从总体上、从实质上并不能使现有的考核方式摆脱单一性特征。对于不了解或不能准确把握思政课特殊性的人来说,这种考核方式的单一性并不能直接观察得到,需要一些具体说明:①缺乏对学生的德育素质、政治素质的考核方式。一般的考试与考查基本上采取的是纸质的形式,最多只能体现对学生在理论学习中的知性状态进行考查,而对思政课应该偏重的情感认知、意志品质、行为表现等方面的德育与政育结果缺乏考核手段。②缺乏多角度多主体的考核。思政课教师对学生的成绩认定,多从理论学习的角度、课堂学习的角度、从试卷表面的角度、从教师主体的角度去观察和评定学生的成绩,不能放开眼光,不能多从实践教学的角度、课堂课外自学、课外活动的角度,不能结合辅导员、班主任的评价以及学生的自我评价相结合,只能体现出教师的一己之见、一纸之见、一堂之见。③缺乏阶段性、过程性考核。只设置期末考试,不设置期中考试;课堂教学过程考核的程度不够,课外学习过程的考查更是空白;在大班教学情况下,注意部分学生的过程性考查,忽略大部分学生的过程考查。

2.考试的形式和内容结构欠合理

考试形式是为考试内容服务的,反映着的是教师对教学内容的考查方向。但由于缺乏对素质教育、德育教育的认知,以及缺乏考试智慧,考试形式缺乏灵活性和多样化。①不能将开卷考试与闭卷考试结合起来。缺乏对闭卷考试的题型研究和精细化设计,不敢在学生的能力与素质考查上见分晓,因此不敢大胆采用开卷考试的形式,把开卷考试等同于"放水"举措,只能在考试与考查上进行选择。②不能将纸质考试与口试、情景考试、机器考试等形式结合起来。对于纸质考试形式的评判,姑且不论其在立体化考核方式下凸显的形式单一性问题,即使是用一次性考试的思维模式来衡量,口试、情景考试等形式在考查学生的实际应用和随时应变能力上的优势,机器考试在批阅成绩上的优势,都被简单的纸质考试所忽略和无视。③不能通

过不同的考试将不同专业学生区别对待。在统一考试观念下,同一课程、同一学期的考试采取同一考卷,而试卷偏于理论学习结果测定的情况,让体育类、艺术类的术科性质的专业学生很不适应。这些专业的学生本来入学前理论课程成绩就比较差,与其他专业学生在理论素养上就差一个层次,结果考试却用同一难度的试卷,存在着对这些专业学生考核的不合理的一面。

从考试内容的结构上看,考试试卷一般设置有选择、判断、名词解释、简答、论述等题型,一般情况下,很多老师不轻易出辨析题或材料分析题。这些考试题型存在的主要问题在于:①知识考查与能力考查的结构不合理,偏重知识考查,偏重学生的记忆结果。而在能力考查方面,由于平时很多教师不太注意学生能力的培养,所以即使在统一命题的情况下,也会通过教研室的统一商讨,极力减少或变相处理能力考查题型。要么不出或少出辨析题、材料分析题、论述题,要么尽可能减少这些题型的比值,要么设置从教材中能找到标准答案的题型内容,使这些能力考查题型变相地成为知识性考查题目,不再具有强烈的开放性、针对性、应用性、灵活性等特征,不再具有题型自身的实质性价值。②试卷难度偏低。除了上述在题型选择方面,减少或变相处理能力考查题而降低考试难度外,其他题型内容也存在着降低难度迎合学生口味的情况。只要不是太贪玩、太不把考试成绩当回事儿的学生,基本上经过考前的临时突击就能考试过关,导致学生不认真听课与教师降低考试难度之间的恶性循环。③知识面考查的不合理。任何书本知识想通过一次考试进行内容全覆盖都是不可能实现的,所以需要多次考试,才能对学生掌握书本知识的情况进行比较全面的测定。但是,不少高校思政课考试目前基本上还是一个学期只进行一次性的期末考试,其能考查到的知识面的广度可想而知。并且,由于一些课程内容太多,要么后面章节不学不考,要么专题教学形式下只考教过的内容。在此方面,我们可以从某个大学的试卷情况来窥其一斑。

以往的马克思主义基本原理概论课程的期末考试试卷包括15道单项选择题,5道多项选择题,4道辨析题和两道论述题,大大小小26道试题与思政课广博的知识空间并不相符合,这样的考评"既难于检测学生的能力和综合素质,也难于检测学生思想观点、政治倾向和思想进步状况,不能全面反映教与学的真实情况",更无法测量出学生真正的政治理论素养和运用马克思主义基本原理分析问题和解决问题的能力。①

3. 考教关系失衡

由于总体教育理念和考试理念存在着偏差,无论采取考教分离(即统一考试)还是考教合一(即单独考试,谁教的学生谁来考),都不能很好地处理考与教的关系,考与教的矛盾比较突出。在考教合一情况下,严格一点的教师,就会提前告知学生,讲的重点就是要考的重点,并强调课程考试之前不会集中辅导,逼迫学生平时上课好好听,好好做笔记。但是教学行为不太规范的教师,由于讲课不以教材为中心,过多地讲自己感兴趣的、自己有研究的东西,考试时让学生写一篇论文交差,而又不对论文写作加以辅导和认真批阅,随便放行。这两种情况导致,同一学期同一课程不同教师不同考试方式之下,学生的"命运"大不相同:前一种情况下,好好学的学生未必能过关,后一种情况下,不好好学的学生照样能过关。因此,考教合一呈现出不合理的一面。那么这种考教矛盾能否通过考教分离的统一考试就能解决呢?我们来看一下北京农学院马克思主义学院王建利老师对统一考试的问题所做出的反映和分析:

> 按照规定,思政课对应的是同一本教材、同一个教学大纲,应该是同一种考核内容、同一种考核方式……教学过程中,部分课程由于没有统一考试的要求,任课教师可以根据教材和大纲,按照自己的兴趣,进行了内容调整,导致了教学内容没有达到统一,期末统考没法进行。教学过程中,部分课程有统一的教学大纲,但是由于任课教师的学科背景不一致,教师在教学过程中的教学侧重点也是不一致,教学过程中对自己熟悉的内容就多讲,对自己不熟悉的内容就少讲或者不讲,教学内容的不一致导致统考内容无法统一,无法进行期末统考。②

王建利反映的情况,属于目前高校思政课在统一考试形式下面临的新的考教矛盾。由于真正的问题没去解决,仅仅试图通过考试形式的统一来

---

① 张婧,张亚军:《医学院校思政课考核评价方式改革探索》,《湖北函授大学学报》2015 年第 11 期。

② 王建利:《都市型农业院校思政课考核方式研究》,《山西农经》2016 年第 18 期。

解决问题,难免顾此失彼。一方面,统一考试规范了考试形式,倒逼着教学行为不太规范的教师至少冲着学生成绩问题,去调整自己的教学行为,出现了向好的一面。另一方面,对于认真的教师,本来在教考统一的情况下,更多去实施素质教育的,结果在考试内容上因为照顾教师之间的平衡性而出现大量识记性目标,出现考非所教现象。学生又要靠考前的死记硬背来过关,产生对教师不信任和抱怨的情况。对于统一考试的这一"拖后腿"现象,我们可以从下组材料再加深了解:

> 目前,很多学校对思政课的考核仍采用全校统一命题,统一考试,无法体现思政课教师教学特点,无论教师采用怎样的教学手段使教材体系转化为学生的信仰体系,把共性的普遍要求转化为个人素质,思政课考核的却是理论知识,这就使教师的教学尝试与实践无法从考核结果中体现出来。创新改革、认真负责的教师与毫无创新、照本宣科的教师所教学生的考核结果可能一样的问题,考核无法体现差异性。①

4. 考核的检测结果失真

由于种种主客观因素的影响,目前在各种考核方式下,都存在着考核的结果不能反映学生学习的真实水平的一面,具体表现为:①统一考试下,命题不科学的试卷(包括知识点的分布、难易程度、题型设计等方面造成的不科学性),不能对学生真实的学习水平进行有效检测。任课教师没强调过、学生自己没重视过的内容在考试时出现了,并且题量占比较重,而任课教师教过、学生自己学得比较好的部分又没出现,不能真实反映学生所学状况;考试内容的难度系数低,考前又划重点,导致深入研究而学的学生与为考试而学的学生,考试成绩却差不多,不能有效鉴别优劣差距;题型设计偏于知识考核,对于在注重理想信念教育、注重价值观教育和行为养成的教师那里学习的同学来说,不能真实反映其所学习和表现的状况。②在对课堂教学过程考核的平时成绩中,一般包括:考勤、纪律、答问、作业四个部分。在思政课的普遍大班教学情况下,这部分成绩的认定存在着明显失真的情况。考勤方面:由于人数众多,教师点名不方便,往往采取抽查点名的情况,有时

---

① 柳荔:《当前高校思想政治理论课考核存在的问题及对策研究》,硕士学位论文,华中师范大学,2011,第19页。

点有时不点,有时点一部分,学生有很大的投机空间;即使每堂必点、每次全点,有胆大的学生让人代替签到,教师也无法辨别(因为一学期一个教师教的学生太多无法认识绝大部分学生)。纪律方面:无法对学生上课表现进行有效认定。表现好、认真听的与表现不好、经常玩手机说话的,教师不能详细甄别,顶多能识别出一少部分,而不愿得罪学生的教师就更不用提了。这也是造成思政课课堂纪律普遍差,学生争着到后面坐的主要原因。答问方面:从笔者的教学情况看,积极发言的学生每个班占比在20%左右,更多学生的认知状况无法考证。常规手段下,因为老师一次问题只能点到一个学生,其他学生本来能够回答该问题,却不能被抽中,得不了表现分,其能力和表现状态都不能体现在成绩册中。当然,这种情况在近两年才热起来的相关手机软件能够利用的条件下,已经有所改善,这也是需要推动更多教师创新教学手段的情况之一。作业方面:一方面,作业都是在课下完成的,学生照抄现象严重。另一方面,很多高校的思政课教师每学期所教学生都比较多,造成作业批改任务重。有些教师对作业批改在疲于应付的情况下,会出现减少题量、降低难度和不仔细批改的情况。这些情况下,通过作业来检测学生接受水平的想法就难以实现。③在信息网络时代,以论文形式进行课程成绩认定的办法,更容易在学生复制粘贴抄袭之下变得失去考核价值。

5.考核的反馈功能失调

考核的反馈功能是指通过考试来促进教学双方的改进,主要体现在:教师依据对考核结果的分析,采取调整讲课内容、改进教学方式等努力,以求此后的教学水平和质量达到更高层次;学生则根据考核情况以及教师对考核内容的批阅与讲解,发现自己存在的知识错误和学习空白,然后进行查缺补漏,以求下次考核中因自己的针对性改变而有更好的表现。但是在目前各高校思政课的考核方式下,这种反馈功能处于严重失衡状态。目前各高校思政课对学生的成绩考核,大都采取期末一次性考核的办法,在每学期结束一门课程的情况下,考核基本上丧失了其应有的反馈功能。因为学期结束后,教师无法给学生讲解考核内容的详细答案,帮助他们分析考核中失分的原因,学生也没有下一次改进的机会了,除非他要参加补考。当然,现在因为教学评估的要求,对于教师来说,课程考核之后要完成考核后的反馈,要进行考核结果分析。考核是以考试方法进行的,就需要进行试卷分析,包括对学生成绩情况进行分析,通过学生成绩情况来分析试卷命题合理性,分析自己教学中的问题,并提出改进措施。这种做法,从一定意义上来说,有利于思政课教师通过考试来发现自己教学行为的问题,从而有利教学方法的改进和教学水平的提高。但思政课不像数学、英语之类的课程,通过平时大量布置和批改作业、进行测验,然后不断进行作业与测验反馈,对教学双方都有反复调整的意义,而是作业很少,平时没有测验,最后一次考试后教师与学生再也见不到。所以,教师对试卷分析的反馈形式往往不予重视,使之流于形式,不能充分发挥思政课考核对深化思政课教学改革的作用。

6.考核的导向功能失调

考核的内容和方式对于学生的学习内容、方法以及学习态度都有很强的引导作用,这种作用就是考核导向功能的体现。考核的导向功能是否能充分发挥,在于考核方式是否合理。合理的考核不仅能有效引导学生的学习方向,而且能够对学生的学习兴趣、学习动力起激励和加强作用。反之,不合理的考核内容,一方面会误导学生朝着考核内容指引的错误方向去走;另一方面,失去科学性、合理性的考核方式会遭到学生藐视而失去应有的引导力和压迫力。

思政课考核方式存在的偏差,影响了其导向功能的正常发挥。首先,从目前思政课普遍的考核情况看,考核内容偏重于知识性的考核,而忽视对学生的思想道德水平以及爱党爱国爱社会主义等方面情感教育结果的考查,让学生认为通过理论考试就能过关。因此,不仅理论教学中的育人导向会失灵,而且在实践教学中渗透的情感教育和道德教育,更会被学生所忽略。社会实践活动被当作与考试无关的对象遭到学生轻视,要么不愿意积极参加,要么参加了也是走过场。思政课考核内容的这种欠缺,使其不能引导学生朝着思政课预设的育人方向上去走。其次,从考核导向功能的动力机制来说,通过适当的考核压力,让学生重视学习内容,从而完成学习任务,实现应有的教育目标。但是,目前思政课考试偏向识记性的考试,学生往往能够通过短暂的考前突击就可以轻松过关,学生没有多少考试压力,学习过程就形成有兴趣就学、没兴趣不好的自由状态,不能使长期的教学过程中所渗透的更多教育目标得到应有的落实。

(二)问题形成的原因

目前高校思政课考核方式中存在的种种问题,有着很多具体的原因,既有管理上的原因,又有教师的原因,还有学生的影响因素;既有考核方式把控的方法、技术原因,也有教学管理和教师的态度原因;既有教育理念的影响,也有考核理念的影响;既有宏观的考核理念的影响,也有微观的实践操作问题;等等,不一而足。这里,尝试总结一些导致问题的根本因素,供同行们评判。

1. 教育理念是考核问题产生的思想根源

考核方式的选择是教育理念、教学思想的体现，不同的教育理念决定不同的考核方式。思政课作为一种理论课应该如何在自己的方式下完成立德树人的根本任务？是强调思想教育还是强调行为教育？如果强调思想和行为教育的结合，那么如何才能实现？实际上，关于这些方面的考虑，在新中国成立以来的教育史上存在着一个逐渐认识探索的过程。下面我们对这一过程做一个简要回顾。

1950年暑假，教育部主持召开了高等学校政治课教学讨论会，对政治课教学实施近一年的情况进行总结，指出了教学中的一些主要问题，其中包括：①教条主义倾向。不知道联系学生的思想实际进行系统理论知识教育，主张抄写、背诵方式学习。②在思想改造方式上，出现过极"左"情绪，试图用斗争会或思想总结等方式，短期突出解决思想问题。教育部在讨论后的总结中，对全国政治思想教育提出了总体要求，其中针对上述两种现象强调了政治思想教育应当坚持的基本原则："政治思想应根据理论与实际一致的教学方法，启发学生分析自己的思想，搜集、整理、研究各种思想，然后针对主要问题，有的放矢地以系统理论知识有重地加以解决，使理论学习成为改造的武器，改造思想成为理论学习的目的。""理论学习还应在可能的情形下，酌量配合实际行动（不宜太多），如参加劳动生产、群众斗争及社会活动等，使感性认识与理论知识相印证，取得巩固提高的效果。"①这次会议，突出强调了思政课教学中应当坚持的基本思想基本理念基本原则，即理论与实际相结合，并提出了在理论的学习与应用两个阶段实现结合的具体建议，为思政课教学指明正确的发展方向。

但是在随后的教学实践中，由于在具体领悟和运用理论与实际相结合的基本原则上存在着差异，产生了政治理论课评分把握上的问题和困惑：一些平时思想行为表现不好的学生，背书水平高，就考了优等；而有些思想行为表现较好的和平时学习态度较好的学生，反而都考得不好。因此，有人要求在考试评分时，结合学生平时的思想行为道德品质和学习态度的实际表现来决定课程分数。对此，1956年8月，高等教育部专门下发《关于高等学校政治理论课考试评分问题的意见》，其中指出：结合学生的平时思想行为、道德品质和学习态度的实际表现来评分，是不恰当的。理由是：会造成学生

---

① 石云霞：《新中国成立以来中国共产党思想理论教育历史研究（上）》，北京，中国社会科学出版社，2007，第98页。

忽视理论学习的现象或缩小平时运用理论原理的范围;而学生平时的思想行为、道德品质和学习态度不容易用分数判定,造成了评分的困难。因而强调,"高等学校课程的考试考查,是检查学生学习成绩的唯一标准"①,考试考查过程中,"教师在出题及口试提补充问题时,要注意测验学生理解和运用理论原理的能力"。该文件反映出两种明确的思想:①在课程教学内部(而非外部)强调学生理论应用能力的培养与考核,以此反映理论与实践相结合的教学思想。②学生道德行为的养成与考核并非理论课本身的分内之事。"要求政治理论课解决学生的一切实际具体思想问题,而不考虑学校的政治工作的配合,这种要求是不切合实际的……有的学生可能在正确的考试方法下理论学习考了优等,平时的思想作风改进不多,我们应当多从改进学校的政治工作来着想,加强党团组织和全体教师对学生进行政治思想教育的责任。"②可以看出,当时的高等教育部在思政课教学的基本原则的把握上,既有主导思想的正确性,也在具体实施方法上存在着一定的局限性。

实行改革开放以来,高校思政课一方面越来越重视思想政治教育理论对中国特色社会主义建设实践的总结,提出将这些理论"进教材、进课堂、进学生头脑";另一方面,强调教学方式的改进与创新,强调实践的作用,通过抓活动、实践、抓社团、抓骨干、抓网络,引导大学生在学习中加强实践、在实践中深化学习。与此相对应,高校思政课的考核方法也不断朝着重视实践与理论相结合的方向上深化改革。如:2005 年,中共中央宣传部、教育部《关于进一步加强和改进高等学校思想政治理论课的意见》中,关于改进和完善考试方式的要求,主张采取多种方式,综合考核学生对所学内容的理解和实际表现,力求全面、客观反映大学生的马克思主义理论素养和道德品质,等等。

总之,高校思政课的教学方式与考核方式是贯穿思政课教学的两条主线,它们相互呼应,共同体现高校思政课强调理论教学与社会实践相结合的教育理念。任何对此教育理念持有怀疑或理解不清的想法和做法,都会导致在教学活动中重知识轻应用轻思想教育的错误做法,也最终会导致在学生成绩考核中表现出同样的思想偏差,背离国家的教育方向。

---

① 石云霞:《新中国成立以来中国共产党思想理论教育历史研究(上)》,中国社会科学出版社,2007,第 100 页。

② 同上书,第 101 页。

2. 管理机制的原因

任何教学行为,都不能缺少相应的管理机制。只有加强教学管理,运用科学的管理方法,充分发挥教学管理机制在教学活动中的计划、组织、协调、控制等职能,对教学过程各要素加以统筹,才能使之有序运行,促进教学质量的提高。高校思政课的考核过程同样需要科学的管理,但这一方面,不少高校教学管理部门普遍存在着管理弱化的现象,缺乏相应的科学管理机制,成为造成各种考核问题的关键因素。主要体现在:①缺乏对考核工作的高层设计。考核方式的选择、命题、成绩量化与认定基本上都是由思政课教学部门来掌控,教学部门的这些工作又是由一线的教师来处理的,而一线教师则往往缺乏经验和创新思维。校级教务部门基本上只负责考务安排、成绩统计等方面的事务性工作,对考核工作缺乏科学指导和监管,直接影响考核方式的优化选择与创新。比如,在思政课实践教学成绩认定方面,实践教学在全国范围内都已普遍开展,但各高校教学管理部门却少有出台具有操作性和普适性的考核管理意见,存在着在实践教学方面只教不考的现象。②缺乏对考核工作的协调机制。在实践活动考核方面,如果要将学生的思想表现、道德行为和政治表现加入课程成绩,需要团委及专业教学部门提供相应的情况证明,需要学校层面去进行统一协调,但很多学校没有这样的联动机制,造成实践考核形式处于放任状态。③缺乏对教师成绩认定工作的细化监管。任何一种考核形式,都有利有弊,都需要实施操作的教师认真负责,才能从教师态度上避免各种形式产生负面问题。但校级教务部门往往不加强这一根本问题管理,不加强对教师考试命题、成绩认定工作的监督,而只是试图通过将考查变为考试、将单独考试变为统一考试等来避免问题发生,不能有效解决考核乱象问题。④缺乏课程成绩透明机制,学生对自己的课程成绩只知道结果,不知道详细得分情况。只有对自己成绩表示怀疑的学生在经过层层审批并出一定的费用后才有权接触到自己的试卷,并且查卷中只能查看自己的试卷,无权看别人试卷来进行比对,所以一般来说,只有少数不及格的学生才试图走此程序。这种情况,很容易导致教师在具体评分过程中,特别是在平时成绩和考查科目成绩的认定中,缺乏科学的、认真的操作。

3. 教师自身的原因

思政课考核是一个系统工程,教师在其中居于中心地位,考核内容的选择、考核方式的选取、考核活动的开展都是由教师具体操作的。因此,教师在考核过程中的表现就成为影响考核效度的关键因素。而一些教师的主观态度与能力水平的负面表现,则是造成课程考核质量不高、出现种种问题的直接原因。主要表现为:①教师主动性、积极性不强。由于种种原因,比如职称评定、待遇问题、工作压力、教育理念、教学方式等因素,对考核的重要性没有充分认识,对考核方式的创新缺乏主动性,被动地接受学校相关方面的硬性要求。其结果造成了:在很多方面学校没有出台考核方式改进的硬性规定时,从不主动进行自我改进;即使有硬性规定,也会弹性操作。②由于缺乏相应的外出学习、培训,学校又无详细的实施方案、实施细则,再加上缺乏相关的教学改革活动,有些思政课教师缺乏考核方式改革的能力和水平。比如,有些教师因为缺乏指导学生调查研究活动及调查报告写作的经验和能力,因而对学生论文的评分比较草率。再比如,如何将学生的操行表现进行考核认定,无现成模式可以借鉴,不少教师望而却步,不愿做这方面的创新努力。

4.考核手段的原因

工具是人类借以克服自身条件局限性的重要手段,在思政课考核实施过程中,依然需要先进的工具作为手段依托。改革传统考核模式,加强学生的成绩认定的过程性考查和思想行为的日常记录,需要多方面的信息收集和处理,需要花大量精力细致工作。这在过去电脑、智能手机、网络信息技术尚未普遍推广的情况下,是很难实现相对细致、相对全面的统计的。因此,导致一些教师在采用过程考核等形式的成绩认定中,出现了一些不科学不全面不公正的现象,导致包含考核结果失真等各种问题。

三、思政课考核的基本思路与"还原式"思维

(一)高校思政课教学考核的基本思路

高校思政课教学考核是对思政课教学结果的测定,是对思政课教学任务完成情况的衡量,无论采用何种方式,都必须围绕思政课的教学目标、教学任务来进行。思政课的教学目标与任务既有大目标大任务,也有小目标小任务。大目标大任务,就是立德树人,就是如习近平总书记在"3·18"座谈会讲话中所说:"努力培养担当民族复兴大任的时代新人,培养德智体美劳全面发展的社会主义建设者和接班人。"从小目标小任务来讲,就是注重思政课教学的知识目标、能力目标、价值目标和情感目标,就是要让学生学好马克思主义的理论知识,学会运用这些知识去分析和处理实际问题的能力,并培养良好的道德品质和政治觉悟。思政课的教学目标和任务决定了教学考核的大方向和基本思路。考核的大方向:考查学生是否"德""才"兼

备。基本思路:从知识、能力、德行三个基本方面去考查,从而判定培养的学生是否为"才""德"兼备的社会主义建设者和接班人。

在这个基本思路中的三个考查点上,知识、能力、德行都必须得到检测,才能准确判定我们的教育过程是否培养出了合格人才。成熟、完善的考核方式必然是能让三个方面都能得到恰当检测的方式。三个方面漏检、误检任何一方,都是失败的考核,都无法实现思政课考核要完成的任务,无法判定我们培养的学生是否真正合格。

(二)高校思政课教学考核中的"还原式"思维

与高校思政课教学的其他环节一样,在考核过程中,仍然需要"还原式"思维。只有坚持这种思维方式,才能把握考核中应该坚持的基本原则、基本思想,才能使种种考核方式不会成为玩儿花样,为创新而创新,从而保证考核方式的选择始终有一种灵魂,不至于偏离正确的方向。

1. 还原考核目的

目的性是人的意识所具有的能动性的体现。它是人们根据某种需要,预先设想的行为目标和结果。人的实践活动以目的为依据,目的贯穿实践过程的始终。因此,目的性有两个重要的内涵或特征:"需要""依据"。目的包含着"需要",是人的实践活动的"依据"。

教学考核作为教学整体过程中的行为,包含了教学考核的目的性,包含了为了什么而进行考核的"需要"性特征。正是对于考核所"需要"的结果期望,考核的实施者会以此为中心竭尽所能地想办法,选择各种考核方式、策略和手段。能否实现考核目的,满足考核需要,则是判断各种考核方式、办法、策略和手段是否恰当的基本"依据"。

高校思政课教学考核的目的,包含直接目的和最终目的。直接目的,是通过考核来检查思政课教学方式是否得当、教学结果如何、学生学得如何。最终目的是检查思政课教学是否完成了立德树人的根本任务,是否完成了为中国特色社会主义培养合格的建设者和接班人的总目标。由于直接目的服务于最终目的,所以高校思政课教学考核的最终目的是否能够实现,才是衡量考核方式是否恰当的基本依据,是进行各种考核方式选择和使用过程中基本的方向点和着力点。

在高校思政课教学考核中,紧紧依据考核最终目的,去选择相应考核方式,去判断各种方式的合理性,这种思维方式就是"还原式"思维在思政课教学考核中的具体表现,因为它体现了对考核目的在考核方式选择之初的动机性和出发点的思考和还原。它强调,只有回到这个目的点、动机点和出发点,才不至于在具体的考核实施过程中迷失方向,才能以此为依据去衡量各种考核方式的利弊得失,从而选择最恰当的考核方式。

2.还原"本色"考查

考核方式与考核对象之间的关系可以类比为量尺与物体间的关系,考核过程就好比拿量尺去测量物体长度的行为。决定测量结果是否具有真实性、正确性,最终取决于物体自身长度的真实状态,而不是取决于一把量尺自身的尺度标准。一把量尺要想成为最合格的、最标准的、最理想的长度测量工具,不是依据自身的主观设定,而是要依据其所测定的客观对象自身的真实长度。只有能够反映客观对象真实长度的量尺,才具有标准性、准确性和可信度。考核方式就是一把测定学生学习真实情况的量尺,它是否恰当、科学、具有可信度,不在其自身的设定值、设定标准,而在于它能否反映、摹写、还原学生的真实状态、本色状态。这是衡量考核方式是否合理的基本判断方式,也是"还原式"思维在思政课考核方式选择与判断上的基本思想进路。

之所以强调对学生真实状态、本色状态进行"复还式""还原式"考查,是因为在实际的考核过程中,存在着很多因素容易导致对学生非真实状态的鉴定。这些因素如果从考核方式的量尺功能,可以归于三类:①量尺的准度——考核内容的合理度。考核内容的难易程度、与教学内容的相称度、分值分布的合理度等方面,会成为影响考核方式的直接有效度或准度。②量尺的使用者——成绩的认定者。教师是考核成绩的认定者,在成绩认定过程中存在主观尺度的问题,会使考核方式的客观尺度主观化,而以个人的主观态度、智识水平、情感好恶、价值观念影响成绩认定,造成考核结果失去客观准度。③量尺的多维度、多时段运用——考核的多角度、多层次。思政课考核的对象既具有人而非物的特殊性,又具有政治素质、道德思想的呈现复杂性,因而要求对其进行思想政治方面的考核就必然要考虑各种因素多个方面。既要注意知、情、意、行多维度的综合考核,避免单维模式造成"盲人摸象"的片面判定,又要注意结合过程考核而在一定程度上弥补一次考试定成绩造成的维度、向度上的偏差。

总之,思政课考核之所以要强调方式的改革与创新,无非是旧的考核方式不能对学生的真实、"本色"状态进行多维度多向度的考查,从而不能完成对思政课应有教学效果、教学目标的完成情况进行准确鉴定。只有进行考核方式的变革与创新,改变考查角度和程度,使学生的"本色"状态尽可能地得以全维度呈现和观测,才能实现考查的目的。还原被考核对象的"本色"

状态,是考核方式选择与使用中一个重要的致思点,也是"还原式"思维在考核方式中的具体体现。

四、思政课考核方式创新的应用

2018年,教育部在《关于印发〈新时代高校思想政治理论课教学工作基本要求〉的通知》(教社科〔2018〕2号)(以下简称《通知》)中,对高校思政课教学工作提出了全面详细的要求,其中对教学考核环节也做出了明确要求。《通知》指出:

> 改进完善考核方式。要采取多种方式综合考核学生对所学内容的理解和实际运用,注重考查学生运用马克思主义立场观点方法分析、解决问题的能力,力求全面、客观反映学生的马克思主义理论素养和思想道德品质。坚持闭卷统一考试为主,与开放式个性化考核相结合,注重过程考核。闭卷统一考试须集体命题,不断更新题库,提高命题质量。开放式个性化考核应具有严格的组织流程和明确可操作的考核评价标准。要合理区分学生考核档次,避免考核走形式,引导学生更加重视思想政治理论课学习。

教育部这份《通知》,对于高校思政课考核的内容及形式都做出了明确而且具体的要求,为各高校改进和完善思政课考核方式指明了方向,应该成为高校思政课考核方式改革与创新的基本指导思想。依据教育部的这个基本指导思想,下面试结合思政课考核内容探讨一下考核方式创新的具体应用。

(一)基本理论知识的考核

1.坚持对基础理论知识进行考核的正确理念

从技术层面上看,影响对基础理论知识掌握与考核思想的原因主要有两个方面:①死读书。不注重在加强理解、寻找记忆技巧的基础上想办法记忆,而是拼脑子拼记性,看谁的记忆力强,其结果造成对枯燥无味的死记硬背学习与考核方式的厌恶和一致讨伐。②读死书。学习理论知识的根本目的在于应用和解决实际问题,但不少人要么把读书当作求得个人功名的通道,要么把读书当作为了知识而求知识的纯学术研究,把读书变成所谓概念的考据和逻辑的演绎,结果,理论学了一大堆,却学来无用。"尽信书,则不如无书"(《孟子·尽心下》),成了一些人不读书、不注重书本理论知识学习的最好托词。

　　马克思主义理论知识有着很强的实践性特征,是无产阶级用来埋葬资本主义制度求得自身解放并最终实现全人类解放的思想武器。思政课进行系统的马克思主义理论知识教育,目的就是培养符合社会主义事业需要的人才,服务于中国特色社会主义事业的大背景。因此,学好思政课宣传的马克思主义理论知识有着很强的实用性。但是无论是从教师角度还是从学生角度,都有一些人不注重思政课理论知识传授的德育功能和政治功能,只注意其中的知识性内容,不注重能力培养,不注重行为养成教育,使思政课教学与考核背离了正确的方向,也最终引发思政课考核变革的强烈呼声。

　　思政课考核方式创新,不能犯因噎废食的错误。不能因为过去的考核方式只注重理论知识考核不注重能力应用和德育转化,就反过来只注重后两者而忽略前者。"知识就是力量""知识就是美德""性相近,习相远""真知必然真行"等思想,告诉人们的一个基本道理就是,知识学习是能力应用和德育转化的基础。离开知识的教育和学习,很容易导致"不学无术""缺乏教养"。思政课考核不能缺少理论知识层面的考核,不能因而误导学习方向。理论基础知识的学习是学生能力形成并将理论内化为信念指导行动的前提。如果学生对理论知识的学习只是浮于表面,浅尝辄止,不认真研究教材,不深入学习马克思主义的基本理论,那么对马克思主义的理解将会是片面肤浅的,势必会造成死读书、读死书的结果,进而不能让学到的知识转化为能力和信念,不能让马克思主义理论成为改造学生世界观人生观价值观的有力武器。

　　因此,思政课考核应在创新与守正的关系上,守住理论知识考核的"正"。也就是说,原来的考核内容表现出对理论知识考核重视的一面,总体思想是没有错的,是"正"确的,是基本路径,是"正"道,是应该坚持的。只不过需要思考和改变的是:如何改变单一、僵化的考核形式问题,不能过分偏重对知识的考核而忽略了其他更为重要的方面。

　　2. 考试改革

　　对基础理论知识进行考核的最主要、最直接、最有效的方法,就是考试。通过考试,可以检测学生在思政课课程知识的掌握程度,包括对马列主义基本理论的熟悉、了解与应用程度,对理论之间的内在逻辑关系及脉络的掌握情况。为了检测这些方面,试卷命题主要表现为对知识储存的考查,以及在非实际应用意义上对理论知识理解掌握运用的能力,包括知识提取、文字阅读、归纳概括、分析理解等能力的检测。比如知识提取能力,学生上课听懂了,可是作业未必做得好、考试未必考得好,其中一个主要原因在于,作业与考试并不是检测学生储存了多少知识,而是检测他能够提取出多少知识。知识储存是知识提取的必要非充分条件,没有知识的储存肯定没有知识的提取,但有了知识的储存并不必然获得知识的提取。知识提取能力的测试,就是一种不跨界到现实问题解决范围而在纯知识范围的逻辑思辨推理能力的测试。

根据前面所谈到的目前考试方式中存在的普遍问题,对基础理论知识考核方式的改进创新,要坚持在统一考试、闭卷式考试为主要形式的基础上,考虑如下方面的改进:①提高命题质量。要实行集体命题,加强题库建设和更新,尽量避免统一考试造成的个性化教学不适,并以此引导教学行为的规范化;考核内容要根据教学大纲、考试大纲设置;注重教学内容在教学章节中的分布比重;注重考试题型的合理性,既要有识记性内容,也要有理解性应用题内容,理解性应用题的比例应适当高于识记性试题的分值。②运用新兴的教学软件,如"雨课堂""学习通"等加强在课堂提问、课堂练习、平时作业与测验形式下的知识学习与巩固,并将这些成绩按适应比例计入课程成绩。如此,既可以将平时的提问、练习、作业、测验变成考试的变相形式,使考试成为与学生学习过程紧密结合的一个部分,又可以通过多次的大量的练习促进学生对基本内容加深记忆和理解,从而避免将所有知识性目标的测试压力累加到期末的一次性考试之中。要在课堂提问、课堂练习中提高学生自觉性、主动性的同时,注意学生参与的广度,给部分表现不太好的学生以一定的压力。充分利用新兴教学软件批阅客观性试题的优势,适度加大作业与测验的次数与任务量。③要注意平时作业与测验的反馈,使用 QQ、微信、学习通等多种交流渠道,随时解答学生在课后作业与测验中遇到的问题,并将其中的共性问题集中到课堂上讲解,不断克服学生在知识提取、运用中的理解能力不足问题。④口试的运用。这种考试方法不仅能有效地检验学生对基本知识、基本理论的掌握程度,而且对锻炼和培养学生的口头表达能力和临场应变能力也有促进作用。口试形式目前在大班教学情况下,不易采取单独、集中操作的形式,而适合在平时提问与课堂讨论的形式下展开和记录。需要教师注意在提问与讨论过程中巧妙设计和灵活运用。⑤利用新技术考试软件的功能,改变期末一次性纸质化考试方式。把其中的基本知识、基本理论的考试内容以客观题形式进行"驾校式理论考试"的机考。在完善题库建设的基础上,既在期末考试前给学生提供手机端模拟考试的锻炼机会,又可以在正式考试中以三次机会取最高分的形式潜在增加学生的参考次数,降低因考试试题的不合理性以及学生的个性化差异造成的考试不公平性。⑥加强成绩透明度。既要让学生随时看到自己的平时成绩积分,发挥考核本身所具有的激励与促进的动力作用,又能让学生看到期末考试成绩的详细情况。在增强学生对考试重视意识的同时,有利于促进教师对成绩认定的严肃态度。

（二）能力考核

轻视能力考核,是目前思政课考核中的突出问题。为了改变这一短板,需要在加强思想认识、把握考核要点、改进考核方式方面下功夫。

1.加强对能力考核重要性的认识

在思政课考核中,存在着能力考核方面的缺失,其原因固然很多,但不可否认的是,这与教师和学生在此方面的认识不够有着直接的关系,尤其是教师对学生能力培养的重视程度不够。由于重视不够,所以不重视在教学中培养学生运用所学理论分析和解决现实问题的能力,因而在考试中不重视此方面的测试。

思政课虽然是理论课,以理论知识的传授为基础,但思政课强烈的实践性特征告诉人们,它不仅是从中国革命和社会主义建设的实践中总结出来的,而且更要服务于世界社会主义运动和中国特色社会主义建设的实践。与理论知识的考核相比,思政课的能力考核更具有实际意义,因为它不是停留在"知"的层面,而是前进到"用"的层面。只有让学生学会运用思政课的理论知识,才能透过社会生活的复杂现象看清其本质,才能以唯物辩证法的方法准确地判断是非,从而使自己更好地适应社会、服务于社会。因此,对于学生来说,学好思政课,才能够真正地学会做人,做一个有益于社会的人。掌握这种能力,比起掌握其他专业能力、学会生活技能更加重要。无论是教师还是学生,都应当认识到这一点。不认识到这个问题的重要性,讲再好的办法,也是无用的,也会最终流于形式。

能力考核是知识考核的延伸,更是生活考核的演练。只有能力考核过关了,才能让知识考核的过关具有实际意义,才能架起从知识到生活的桥梁。由于思政课立德树人的特殊性,其理论知识最终是要帮助学生明白做人的道理,所以就需要在对学生进行知识考核的同时,考查学生有没有运用这些知识去分析和理解社会生活现象的能力,从而提前检测到学生踏入社会时有无运用这些知识指导自己人生的能力。只有思政课能力考核真正过关了,学生踏入社会面对生活、面对人生的考核才有可能过关,才能让学生避免种种物质诱惑和是非干扰,实现完美的人生,才能最终证明思政课的育人价值。

2.能力考核的要点及含义

能力是能够被考核的，这一点毫无疑问，但如何考核，却是一个难题，需要找对考核的方式。而正确的考核方式需要加强对考核点的精准化处理，以期在考核方式与学生能力之间找到相关性。因此，需要首先对能力考核的要点进行解析。

思政课学习过程中，需要对学生进行考核的能力内涵包含着多层次性，可以分为：①理解力，即对理论知识的理解、掌握和领会能力。这个能力既可以体现在理论知识层面，考察运用知识概念进行判断和推理的思维能力；也可以体现在结合没有个人经验体温的实际材料分析问题时所体现的对理论知识的理解、掌握和领会能力。②联结力，即将抽象的理论知识所包含的感性认识内容与现实感性事物或现象联系起来的能力，它是从理论认识到实践应用的思想连结点。当然，这种联结能力会存在差异性，因人而异。对理论知识的领悟程度，以及对现实事物或现象的了解程度，都会影响这种能力的强弱。按图索骥、纸上谈兵、教条主义都是联结力不足的表现。③判断力，即对各种是非观念和不同的价值观念进行分辨、定性的能力。判断力的高低主要受人的思维能力、境界意识和情感态度影响。在思维能力方面，只有接受马克思主义的辩证唯物主义和历史唯物主义的方法论，才能洞察世间万象、明辨是非；在境界意识方面，只有提升个人境界意识，才能在具有强烈主观需要特征的价值判断上，达到真善美相统一的认识水平；在情感态度方面，判断力容易受个人情绪、好恶等非理性因素的影响而被强化或减弱。④抉择力，是指一个人综合把握各种因素、权衡各方面的利弊得失情况下的一种选择能力，是一个人在面临多种选择时所体现的在思维、善恶、爱恨、意志等多方面的综合素质。⑤自控力，是指一个人在面对人生境遇顺逆变化、个人祸福得失等情况所影响情绪波动时进行自我控制和调适的能力。⑥协调力，这里是指协调各种人际关系的能力。⑦意志力，对学生来说，就是指在面对学习和竞争时能否不畏艰难，坚持不断学习和自我发展的能力。

人的能力是多方面的，无法一一穷尽。在这里提到的七个方面，是思政课教学所注重培养和考核的主要方面。这七个方面可以集中表现为学生做事、做人的能力，一方面，做人的能力是思政课考核强调的重点，但做事的能力也不可忽略，因为它既是全面素质教育的内容，又是和做人直接相关的；另一方面，这里的做事是与做人的道德水准政治素质直接相关的处理人与人之间关系的社会性事物的能力，有别于专业教学所注重的处理人与自然关系的谋求物质创造与获取的做事含义。

由于能力在人的身上所体现的综合性,所以尽管我们能在思政课能力考核方面做出上述七个方面的分解,但一方面,在实际生活中,这些能力都存在相互影响、相互渗透的关系,不能简单地把一种思想或行为表现归于单一的某种能力的结果;另一方面,不能将能力考核与知识考核、德育考核截然分开。但是,为了强调思政课考核的不同侧重,在这里,需要做出一个"能力考核"的注释:对大学生运用马克思主义的理论知识分析和解决社会生活实际问题的能力所进行的考核。根据这个定义,需要对上述七个能力考核点进行说明:第一条既可以在理论知识考核范围得到细化检测,更能够在理论的实际应用中得到综合检测。第二、三条能够直接通过学生形成的书面材料进行考核,所以既容易把握,又是能力考核的要点。第四至七条需要做两点解释:①这些能力是具体行为中才能充分表现出来的,所以其考核不能完全靠作业、论文、报告等结果性材料来完成,而应该在完成这些材料的过程中去考查。当然,这也是好说不好做的地方,正是需要考核创新所努力加强之处。②它们与德育考核的关系。这四项能力作为通过行为方式方能表现出来的能力,与德育考核需要观察的行为过程具有一致性,所以尽管将这些能力从理知中与德育能力分辨开来,但实际操作中,可以在德育考核的实施过程中加以判定,让德育考核过程变成"一箭双星"的考查过程。

3. 能力考核的方式

能力考核,可以通过开卷考试、撰写小论文、平时作业、讨论辩论、学习体会、调查报告等形式,以及在完成这些理论认识的行为过程中,对学生的能力进行合理评价。

第一,以联系社会实际的案例分析题、材料分析题和论述题等题型,实行开卷考试。

开卷考试的特点与优点主要有:①开放性。学生解答问题的过程与考题的答案均具有开放性。从学生答题过程看,开卷考试中除了在不能看别人的试卷、不允许与其他同学商量方面与闭卷考试相同外,在允许学生自由地翻看资料、课本方面则显示出与闭卷考试不同的开放性特征。从问题的答案上看,开卷考试的答案具有多元化特征,一般不是唯独如此的单一性答案。②创造性。出题和答题都需体现创造性。出题来说,为了考查学生的应用能力、创新能力,同时为了避免学生翻看教材、资料找到现成答案,需要教师设计出原创性的、具有多维拓展空间的题目,需要教师的创造性设计。就答题来说,要求学生在综合运用书本知识进行思考的前提下,能够充分理解并阐述在材料中包含的生动、具体、现实的内涵,只有在关注现实、关注生活的前提下才能有自由而广阔的发挥空间。这种题目,需要创造性的思维方能做好。无论是不读书,还是死读书,都不可能提供较好的作答。

开卷考试本来是个很好的形式,可以充分发挥学生灵活运用知识的能力,提高学生对知识的现实意义的关注,避免死读书。但在实际应用之中,一方面,由于教师在教学中没有真正体现开卷考试所需要的素质教育精神,不能对教材讲授进行突破性的改进,依然照本宣科死讲书本内容,以讲完书本内容为教学任务完成的标志,缺乏培养学生独立思考问题和解决问题能力的强烈意识。另一方面,开创性试题的完成,既需要学生学透理论知识,关注社会现实,又需要有写作议论文的辩论能力和技巧,而显然这对学生来说,其要求比闭卷考试更高,结果造成开卷考试的实际效果差强人意。开卷考试题型设置时具有开创性,但是很多学生在答题时都循规蹈矩,思路闭塞,除了照着书本胡乱抄写拼凑或在现实层面东拉西扯一些不着边际的内容外,很少能在现实层面和理论层面浑然结合基础上充分展开,因此考试成绩并不理想。

考试的革命就是教学的革命。开卷考试的问题不是由其形式本身造成的,而恰恰暴露出了教学过程中的根本问题。只要认识到开卷考试的真正意义,就应该大刀阔斧地进行相应的教学方式改革,以适应开卷考试所引领的教育方向。

第二,以平时作业和撰写小论文形式,考查学生对基本理论知识的理解和应用能力。

此考核形式的特点:①考核的手段性。以平时成绩的计入方式,将平时作业和撰写小论文相结合,使之共同完成锻炼学生议论说理能力的目的。此时的考核手段性大于目的性,因其在课程总成绩中的实际占比不多,所以其作为平时锻炼和提高学生运用和应用知识能力的手段意味更强,有利于引导学生对能力培养的过程性积累。②说理性。平时作业与撰写小论文,看似有形式上的差异,其实在思政课范围内,只要注意以素质教育为中心,平时作业不布置抄写性任务,而强调作业中运用知识的能力训练,那么二者并无实质的区别。略有区别的是,平时作业侧重于对刚刚讲授的理论内容的理解运用能力进行训练,理论的即时性或针对性稍强。而小论文则通常结合一些社会现象和国内外事件,现实的即时性或针对性稍强。③小型化。题目容量不大,学生思维方向容易为题目或材料所引导,因此能够起到积累和锻炼的作用,帮助学生逐步拓展思维空间,最终为在开卷考试题型或大论文写作积累理论知识及其应用能力,使学生在那时的考核中,既有所依——有理论基础,又有所扩——将道理向现实方向延伸。

平时作业与小论文相结合,不是什么新发明,但是现在很多思政课教师并没有真正用好,因此,能够用好此类形式,就会让它们充满生命力,就会成为真正意义的符合事物发展方向和趋势的创新性事物。针对时弊,特提几点要求:①纳入平时成绩,使之具有过程性考核意义,同时发挥考核的导向作用,引导能力素质培养方向。②改变平时作业以理论知识的识记性为主的内容,代之以理论运用的能力训练内容。③创新批阅形式。因为此类题型目前尚不能以机改方式高效批阅,而思政课教师工作任务又较重,可以采取学生互评、教师抽评的方式进行。既节省教师时间,又能让学生在批阅中因横向比较而使自己的认识水平得以提高。④加强反馈。一是改变过去因不注重考核的反馈作用而使考核价值大打折扣的现象,从重视能力培养的角度改变因怕占据课堂教学时间而忽略考核反馈过程的思想。二是反馈时要注意代表性和针对性,注意好、中、差的集中点评比例,特别是注意那些有思想闪光点的内容。三是可以安排在互评中表现好的学生参与课堂点评(最好是让学生提前准备)。

第三,以专题或随机的形式,组织讨论。旨在培养学生在马克思主义理论知识背景下发现问题、解决问题的能力,增强学生在理论知识的理解、运用以及在论证、辩论技巧方面的能力。

讨论的具体操作:①专题形式的讨论要列入教学计划,确定讨论的主题、目标、学时,并于开学之初布置给学生。学生经过查阅书籍、文献资料,对相关主题的思想内容提出自己的观点,做出相应的理论和事实论证,形成自己的发言稿。大班教学情况下,可以先让学生在课余时间分组,然后在课堂上进行选择性发言讨论。②随机性讨论。可以通过手机软件,在师生互动平台设立讨论专区。主题可以由师生分别提出。教师要培养学生主动提出讨论话题的意识和能力。

讨论的考核建议:①讨论形式因主题的单一性,不适合作为单独的课程考核形式,而应计入平时成绩的一部分。②专题式讨论下,要注意学生在讨论中的参与度,使讨论性考核形式具有全面性。可以采取多种形式的考查,如:在小组讨论时,由小组组长打分或组员共同打分;在课堂讨论时,采用课堂教学软件的投屏互动功能,增强一个话题下的学生即时参与度,并利用共同评分功能对发言学生打分,教师对用手机参与讨论时体现了思想价值的学生及时发现并打分;利用每个学生最后上交的发言稿进行打分。③随机性讨论中,由于学生是自主参与,成绩可以纳入平时成绩的加分项。成绩计算可以考虑学生对于讨论的贡献值(创立讨论主题所引发的关注度及参与讨论时拓展的思维深度与广度),在适当范围内加分。

第四,要求学生就所学的基本理论或阅读的相关资料、书籍,撰写学习体会。

学习体会形式的特点:①与论文撰写相比,学习体会的写作相对简单,容易操作。因为学习体会可以不写成论文形式的文章,可以不提炼出一个贯穿全文的论点,而是对学习到的多个相关理论点进行展开,既可以降低理论知识综合运用的难度,又可以不在一个问题点上深度挖掘,需要考查的概括能力与分析能力相对简单,学生容易完成一定字数规定的写作。②因为是理论知识学习的体会,所以学生在写作时必然从能读懂有感悟的理论知识点去进行注解与扩展,有利于集中考查学生在课堂所学理论和课外学习理论中的理解能力,有利于理论知识在学生头脑中形成较为深刻的印象。

考核方式:学习体会可以作为学期教学科目的期末考查任务,计入期末考核成绩;也可以布置为平时作业,计入平时成绩。

学习体会的考核建议:①布置写作任务之前,最好提供一些优秀的学习体会范文,或者由教师介绍一下具体的写作格式和写作方法。②严格要求学生必须独立完成,杜绝抄袭现象。③如果是平时作业,可以灵活把握批阅形式,选择学生互评,教师抽评。作业返还给学生后有质疑的,可以进入复评环节。如果是期末考查,教师要单独批阅。④成绩认定的科学性一直是此类形式的课程考查备受质疑之处。教师最好进行等级评定,不要用分数评定,并要提前列出等级标准,力争给学生以信服的成绩认定,体现考核的科学性、严肃性。

第五,结合实践教学活动安排,要求学生完成调查任务,撰写调查报告。

调查报告是在调研活动的开展下完成的,因此,要让学生顺利完成调查报告的写作,必须对调研活动进行合理组织。调研活动的组织实施要注意以下几点:①学期初或放假前布置任务,提供若干选题。选题要贴近学生实际,贴近社会现实。要坚决避免一些既远离学生实际又对学生人身安全有危险的调查选题,如对涉及黄、赌、毒、黑等现象的调查。②因为学生缺乏调研活动的开展经验,缺乏调查的写作经验,所以教师应对调研活动的组织程序和写作方法进行培训。最好拟出一份"开展调研活动流程图",提出一份较为规范的调研报告作为范文。③为了学生安全考虑,也为了学生锻炼团队精神,将学生以3~5人组成若干小组,以小组分工合作的方式完成调研报告。让学生在较为详细的报告模板下进行报告撰写,突出小组的看法和意见建议内容,并附上原始调查材料。

调查报告的考核建议:①单独作为实践教学成绩,计入实践教学学分。②改变以书面报告考核学生文字写作能力的做法,将调查报告的批改与一般性的作文区别开来,也要与思政课其他形式的论文相区分。通过调查报告,既要考查学生运用理论知识的认识能力,也要对学生的做事、做人的各方面认识能力与行为能力加以综合考查。③为了使此项考核担负的综合能力考察任务更好实现,教师最好想办法让学生提供活动过程中的更多资料,除了体现调查报告写作的基础性材料外,最好提供活动过程中的图片、视频、日记等可以反映学生思想动态和行为过程的资料,从而通过此项活动的特殊性,完成在其他协作性任务下所不能完成的能力考核目标。④最好能把教师不好观察的"抉择力""自控力""协调力""意志力"等方面的内容,以具体的行为考察的问卷形式,让小组成员自评和互评。比如,问卷内容可以涉及:"你们这次活动遇到困难没? 有哪些困难? 如何克服的?""这次活动的开展以及报告撰写过程中,你们如何分工的? 是如何开商讨会的?"等等。当然,这些问题如果能通过学生的实际活动更加细化处理则会效果更好。

总之,开展调查研究活动是一项非常有效的社会实践活动形式,但它在实施与考核过程中呈现出的负面状态,亟须找到针对性的改进措施,以便能够使这种形式在运转和操作过程中,实现它应有的教育与考核功能。这里提到的一些方面,旨在克服活动开展的监控不力以及调查报告的批阅考核结果不佳的突出问题,以期对读者有所启示所用。诚然,其中的建议难免存在着局限性,需要大家在具体的实践中去修正和完善。

4. 德育的考核方法

思政课教学的根本目的,就是要在育人为本、德育为先的原则下,培养德智体诸方面全面发展的"四有"新人。德育是思想道德教育的简称,其内涵包括政治、思想和道德方面。注重德育考核,是思想政治理论课教育目标最重要和最直接的体现,体现了理论课从知到行的落脚处,因此应当成为思政课教学最重要的考核方面。但是,正如前面在总结思政课考核问题的根本原因时提到的,由于对如何在理论教学框架下实现与实践教学的结合,存在着认识不清的问题,实践教学活动还没能真正引起各高校的普遍重视和有效落实,所以能够更具体地锻炼和呈现学生德育素质的实践教学也就无法落在实处,这是思政课德育教学的实际状况,也是德育考核相对薄弱的首要原因。只有直指德育目标的思政课实践教学真正落实了,德育考核的方法研究与落实才能相应地扎实推进。

德育考核不是无法开展,而是难以开展,难以量化,需要教师的工作做得更细致、更全面,需要对理论教学、实践教学以及日常学习与生活等凡是学生能呈现出来的思想行为表现,尽可能全面地做好统计,才能避免考核的片面化、浅表化和失真现象。下面提出的方法实际上就是基于不同的观察角度所进行的思考。

第一，检查法。检查学生的课堂出勤、预习笔记、课后总结、原著阅读等方面的表现。这一方法的优势在于：可控性强，教师能够得到真实、全面的情况统计。如果使用新兴多媒体技术，则更能提高统计效率。不足之处在于：预习笔记、课后总结、原著阅读容易反映的是学习态度和理论认识，不容易反映学生的思想道德政治认识和表现。考核建议：有计划地在部分有德育相关度的任务安排中去检查预习笔记、课后总结、原著阅读材料的德育成长体现。

第二，考察法。考察学生参加校内教学实践、校外教学实践活动等方面的情况，通过对学生参与这些实践活动的积极性和表现，既能够考察学生的能力，也可以考察学生的德育素质。此方法的优势在于：能直接反映出学生的德育范围的思想和行为状态，并且在思政课教师组织的集体活动中可以得到来自教师和学生群体的一手观察信息。不足之处在于：难以让学生一次性、群体性地表现出需要观察的思想行为，并且学生的表现在群体性活动中可能有非真心想法和行为，考察有可能缺乏科学性。考核建议：尽可能地搜集多次活动的数据；可以用问卷形式获取来自学生对学生评价的较为全面的调查统计，努力克服教师在精力及观察角度、时空方面的局限性。

第三，观察法。观察学生课堂纪律表现、学习态度以及课外学习态度、纪律意识、文明行为等方面的表现。此方法的优势在于：学生表现有长期性、真实性特征，可以形成较为全面、真实的数据。不足之处在于：教师无论课内课外观察都具有精力上、能力上的局限性。在课堂上，教师既不可能在教学状态下集中精力观察每一个学生，又因认不出学生而不能将观察信息及时准确地记录下来。在课下，教师虽然可以通过与学生的信息沟通等进行观察，但观察到的学生有限。考核建议：加强学生之间观察数据的收集。

第四，调查法。与学生辅导员、学生处、宿舍管理部门建立稳定的沟通渠道，随时与班委会相联系，调查学生在学期中的奖惩情况、组织纪律情况，作为学期德育考核的数据。此方法的优势在于：学生表现有长期性、全面性、真实性特征，可以形成较为全面、真实的数据。不足之处在于：一是需要思政课教师费时费力去做，二是需要各联系人和部门真心配合。考核建议：学校必须真正重视德育考核，给教师计算考核工作量。只有学校当回事儿，思政课教师才当回事儿，才能下功夫去把事情做好。

第五，交流法。通过家访、当面谈心、多媒体信息技术下的信息沟通等途径，了解学生在理想信念、情感意志、思想道德、政治素质等方面的情况。

此方法的优势在于:通过稳定的交流,能由教师直接把握学生的真实内心世界。不足之处在于:受教师沟通意识与能力的直接影响,与教师直接沟通的学生人数未必定可观,大多数学生可能得不到考核体现;家访、当面谈心,更需教师的负责态度。考核建议:教师要倾注对学生的关爱之心,才能吸引更多学生与教师真心交流,才能够以默默付出的精神去做这些出力不见功的事情。

五、思政课考核创新应坚持的原则

(一)坚持以"以人为本"的原则

"以人为本"的含义在思政课教学与考核中,指的是以学生的能力及道德素质为重,而不是以知识学习及其考核结果为重的思想。这一思想对于思政课作为思想政治教育主渠道、旨在立德树人的课程来说,显得尤为重要。

在思政课教学考核中,坚持以"以人为本"的原则,就是要求:

第一,考核内容多元化,考核方式多元化。既考核理论知识,又考核学生运用知识的能力以及将知识内化为思想道德素质的情况;既坚持期末考核,又注重过程考核;既关注课堂考核,又关注课外表现考核;既注重教师的直接考核,又注重多方共同提供情况的考核;既注重传统人工方式考核,又注重借用新兴技术工具进行考核。

第二,要坚持开放、动态考核理念。思政课考核的具体方式,没有十全十美的,而是各有其优点,也各有其不同程度的缺陷,因此要求在考核方式的使用上扬长避短,组合使用,并不断变化组合形式及其内涵,保持考核方式的开放性。"将考核看作是一个循环的日臻完善的过程,在一轮考核结束后,对考核在实践中遇到的问题进行讨论解决,对考核中的有效性做法予以保留并加以完善与时俱进,对不同时代背景下的学生采用不同的考核方法。"[1]同时,考核不是目的,目的是以考核为督促学生进步,因此,要在动态考核的成绩认定中,对表现差的学生不能以成绩盖棺定论的方式,而要以成绩示警的方式,促成学生改进,给学生能够发展但尚未发展的能力留一定的时间空间。

第三,要求教师提高思想认识,真心投入考核。思政课教师是思政课考

---

① 柳荔:《当前高校思想政治理论课考核的问题及对策研究》,硕士学位论文,华中师范大学,2011,第24页。

核实施的直接关系人,其对待考核意义的认识程度直接影响考核的质量效果。目前,思政课考核的改革方式迟迟不能深入推进的主要原因,还是在于教师对思政课教学"以人为本"的观念并非真心领悟。如果真心领悟,即使有很多不利因素,都能被克服,就像他们在理论知识传授过程中克服很多困难一样。为什么很多思政课教师在教学条件艰苦、个人待遇不好的情况下,在讲授理论知识方面却能忘掉这一切而全心投入倾其所有?之所以如此,除了有思政课教师的责任心使命感以外,我想,还有他们对理论知识传授的重视和衷情。如果教师们能真心把学生的能力培养和道德养成当作思政课教学的真正目的,进而将育人目标与自己作为思政课教师的责任和使命联系起来,那么,他们对待思政课考核方式改革与创新的态度一定会发生根本性的改变。所有考核过程存在的不利因素,以及所有方式存在的缺陷,都会在思政课教师的主观能动性发挥下被一一克服。

(二)坚持理论与实践相结合的原则

思政课考核的根本目的是检测思政课教学培养的人才结果,课程属性决定了它要求检测的内容必须包含才、德两个方面,甚至从一定的意义上讲第二个方面比第一个方面意义更重大。因此,要求在考核中,一定要坚持对学生的智育、德育结果并重考查。轻视、忽略两个方面中的任何一方,都是不正确的选择,都不能直到真正的检测意义。

今天,我们的教育工作以及思想政治理论的教学,已经在党和国家的正确指导下,步入了科学、有序、健康的发展轨道,为我们坚持正确的教学方式与考核方式提供了健康的政策环境。思政课教师应当坚持党中央指明的理论和实践相统一的原则,改变在个人教学行为中出现的重理论轻实践的偏差,在坚持理论教学的同时,真正把实践教学活动开展好,才能使思政课的教学方式合理化科学化,才能使课程考核方式找到正确的跟进方式。

在考核问题上,坚持理论与实践相结合的原则与坚持"以人为本"的原则侧重点不同,后者侧重考核所监控的培养内容,而前者侧重考核所监控的培养途径,但二者目的和方向一样,都服务于思政课的育人目标和育人方向。

(三)坚持创新与守正相统一的原则

思政课的考核创新不能要求对原有考核方式彻底否定、完全抛弃,这既不符合辩证法的精神,也不符合事实情况。思政课目前对理论知识考核的坚持,以及在能力考核和德育考核方向上的整体起步与努力,在各种实践活动初步开展的基础上对过程考核和学生思想行为表现的考核的初步重视,等等,虽然还存在着一些偏差和不足,但总体方向是没有问题的。即使有问题也是在发展方向明确而一致的情况下存在的,属于发展中的问题、实践中的问题,是任何事物在发展中不得不经过的探索和积累经验的过程。因此,思政课的考核创新,需要首先坚持原有考核形式中的合理性因素,表现出守正的一面。比如,无论如何加入德育考核成绩,都不能放弃对理论知识掌握和运用的考核,而且还应当保持对其成绩认定在总成绩中所占比例要大于德育考核成绩的占比,以保证在理论教学课程性质和任务方面的需要。

但另一方面,应在才德并重、知行合一的思想下,加强和改善能力考核和德育考核的落实,改变对于死知识的考核偏重;注意平时考核对期末考核的补充;注意实践考核对理论考核的补充;注意各种考核方式的组合运用,注意新旧手段的结合;注意对各种考核办法的细化操作,避免因为人为因素造成考核办法的失真失灵;等等。这些都是思政课考核创新所致思的方向和内容。特别值得说明的是,在考核方法的选择中,可以看到,无论是作业、论文、调查报告等考核形式,还是在德育考核中的检查法、考察法、调查法、交流法等办法,从形式上来说并不是什么新鲜事物,但是在坚持利用这些固有方式的优点优势基础上,使之成为思政课教师原有考核方式的多重补充,以改变现有考核中的方式单一化、操作粗放化现象,就能够实现结构调整变革中质的变化,展现结构变革意义下的创新内涵。

(四)坚持考教统一、考学统一的原则

与所有课程考核一样,思政课考核也不是一个孤立的环节,而是整体教学过程的一个部分,是对教学环节完成情况的鉴定环节。因此,考核环节的价值和意义与教学环节的展开密切相关,不仅体现了对教学环节的检测,而且是对教学环节的促进,在检测与促进之下与教学环节手挽手走向共同的教育目标。

考核与教学的这种一致关系,应该使考核与教师的教学、考核与学生的学习保持统一的关系。一方面,考核要能够准确反应教学水平、学习水平;另一方面,考核要能够促进教学改革、学习改进。但是,目前高校思政课考核过程存在的种种问题,恰恰反映出这两个方面所体现的考教不一、考学分离的问题。正如前面内容中提到过的,一方面,因为各种原因,比如成绩认定粗放、考核缺乏全面性科学性,导致考核失真现象;另一方面,无论是期末考核还是课程考核,都存在着反馈机制缺乏现象,考核方式被当作句号使用,成了教学过程的终结者,不能通过考核的反馈作用,再反过来促进教师与学生在下一个教学过程进行改进和提高,导致考核功能的部分丧失,失去完整意义和价值。

坚持考教统一、考学统一的原则,要求教师既要采取多种方式和手段,保证考核结果的科学性全面性真正性,又要求教师加强过程考核,进行多次考核,并不断进行教学反馈,让教学双方都能在适时发现问题的情况下进行改进,最终使考核环节与教学环节相互联结而融为一体。

参考文献

[1]马克思恩格斯文集(第4卷)[M].北京:人民出版社,2009.

[2]马克思恩格斯全集(第17卷)[M].北京:人民出版社,1963.

[3]石云霞.新中国成立以来中国共产党思想理论教育历史研究:上册[M]. 北京:中国社会科学出版社,2007.

[4]周彬.课堂密码[M].2版.上海:华东师范大学出版社,2012.

[5]张耀灿,等.现代思想政治教育学[M].北京:人民出版社,2001.

[6]张岱年全集:第一卷[M].石家庄:河北人民出版社,1996.

[7]冯友兰.中国哲学史[M].上海:华东师范大学出版社,2015.

[8]何东昌.中华人民共和国重要教育文献:1949–1975[M].海口:海南出版 社,1998.

[9]张忠华等.现代大学教学方法论[M].哈尔滨:黑龙江人民出版社,2009.

[10]齐格蒙·鲍曼.生活在碎片化之中:论后现代道德[M].郁建兴,等译. 上海:学林出版社.2002.

[11]王策三.教学论稿[M].北京:人民教育出版社,1985.

[12]李秉德.教学论[M].北京:人民教育出版社1991.

[13]张据,蔡明.教学方法研巧[M].开封:河南大学出版社,2001.

[14]约翰·杜威.我们怎样思维经验与教育[M].姜文闵,译.北京:人民教 育出版社,1991.

[15]约翰·杜威.杜威全集(中期著作):第七卷[M].刘娟,译.欧阳谦,校. 上海:华东师范大学出版社,2012.

[16]李曼丽.通识教育:一种大学教育观[M].北京:清华大学出版社,1999.

[17]杨寿堪,王成兵.实用主义在中国[M].北京:首都师范大学出版 社,2002.

[18]曹燕丽.案例教学在高校思想政治理论课教学中的运用研究[D].长 沙:湖南大学,2012.

[19]董前程.高校思想政治理论课教学模式改革研究[D].哈尔滨:东北林 业大学,2017.

[20]丁国浩.问题意识导向下的高校思想政治理论课教学[D].上海:上海 大学,2013.

[21]高原平.高职院校不同专业学生思政课教学改革研究[D].长沙:湖南 大学马克思主义学院.2011.

[22]黄爱华.高校思想政治理论课教学模式变革研究[D].南京:南京理工大学.2015.

[23]雷儒金.高校思想政治理论课教学方法改革研究[D]武汉:武汉大学,2012.

[24]覃宇华.研究性学习在高校"思政课"教学中的运用研究:以云南大学为个案[D].昆明:云南大学.2017.

[25]涂阳军.先前背景知识、兴趣与阅读理解之关系研究[D].武汉:华中科技大学,2006.

[26]余瑞君.中国高校通识教育的探索:困境与对策[D].重庆:重庆大学,2014

[27]葛晨虹.后现代主义思潮及对社会价值观的影响[J].教学与研究,2013(5):96-103.

[28]樊杰,兰亚果.杜威基于关系与生长视角的兴趣与教育理论[J].全球教育展望,2018(5):47-55.

[29]纪安玲.以改革考核方式增强思政课教学实效性[J].教书育人(高等论坛),2015(9):110-112.

[30]李银兵.文化比较与文化建构:中国文化现代化问题研究[J].广西社会科学,2016(4):183-188.

[31]田友谊,姬冰澌.重识中小学创客教育:基于杜威"做中学"思想的审视[J].教育科学研究,2019(12):53-58.

[32]王竹立.移动互联时代的"碎片化"学习及应对之策:从零存整取到"互联网+"课堂[J].远程教育杂志,2016,36(4):9-16.

[33]赵倩男.格式塔理论视角下碎片化现象分析[J].视听,2018(6):178-179.

[34]赵修渝,徐小钦,曹跃群.高校研究生政治课程学习心理阻抗研究[J].重庆大学学报(社会科学版),2003,9(2):147-151.

[35]周良发,韩剑尘.高校思想政治理论课"四课联动"教学机制探究[J].扬州大学学报(高教研究版),2019,23(4):96-102.

[36]张国安.马克思关于人的本质的四重含义及其现实意义[J].甘肃社会科学,2015(6):27-31.

[37]杨仁厚.弘扬红色文化 推进民族复兴[N].贵州日报,2016-11-10(10).